Dieter Richter

Die Insel Capri

Dieter Richter

Die Insel Capri

Ein Portrait

Verlag Klaus Wagenbach Berlin

MIX
Papier | Fördert gute Waldnutzung
FSC® C014889

2. Auflage 2024
Wagenbachs Taschenbuch 795

www.wagenbach.de
Umschlaggestaltung Julie August unter Verwendung einer Fotografie © Tibor Bognár/AGE/F1online. Autorenfoto © Ezzelino von Wedel
Das Karnickel auf Seite 1 zeichnete Horst Rudolph. Gesetzt aus der Dante von Sebastian Maiwind, Berlin. Gedruckt und gebunden bei Pustet, Regensburg. Printed in Germany.

ISBN 978 3 8031 2795 2

Die Insel Capri, 1834

Einleitung

Capri, eine Einsiedelei: Unter diesem Titel veröffentlichte der Historiker Ferdinand Gregorovius die Eindrücke seines vierwöchigen Aufenthaltes auf der Insel im August 1853. Das Motto konnte man durchaus wörtlich nehmen: Das abgelegene Felseneiland mit seinen vielen Höhlen hatte seit alters immer wieder fromme Eremiten angezogen. Auch Gregorovius war einem solchen begegnet, in den Ruinen der Villa des Kaisers Tiberius, einer etwas zwielichtigen Figur allerdings, von der es hieß, sie betreibe Schlangenzauber und andere schwarze Künste. Aber natürlich zielte der Titel des Essays auf etwas anderes: Die Insel selbst sei eine solche Einsiedelei, in schöner Einsamkeit fern vom Getriebe der Welt gelegen. Auch Gregorovius konnte sich hier als Einsiedler fühlen, Leitfigur romantischer Literatur und romantischen Lebensgefühls.

Wenn Inseln in ihrer Abgeschlossenheit und ihrer Distanz zur *Terra ferma*, dem Festen Land, schon immer Orte des Rückzugs, der Emigration, eines anderen, alternativen Lebens waren, dann ist es die Insel Capri in ganz besonderer Weise. Seit zweitausend Jahren verdankt sie ihren Ruf ihrem ersten und prominentesten »Einsiedler«, dem Kaiser Tiberius, der sich im Alter auf die Ziegeninsel im Golf von Neapel zurückgezogen hatte, um in der Abgeschiedenheit – so wollte es die Fama – ungestört seinen Lüsten und Ausschweifungen leben zu können. Auch durch die Jahrhunderte des Mittelalters blieb Capri in der historischen Erinnerung immer »die Insel des Tiberius«.

Seit der Mitte des 18. Jahrhunderts gesellten sich zu den christlichen Anachoreten die ersten modernen weltlichen hinzu. Es waren Zivilisationsflüchtlinge aus den großen Städten des Nordens, die auf Capri ihren Traum von einem Leben in einem ländlichen Arkadien verwirklichen wollten. Beinahe magische Vorstellungen von der heilenden Kraft des Inselklimas waren im Umlauf, im Namen des einstigen Sanatoriums und heutigen Hotels »Quisisana«, »Hier wird man gesund«, leben die alten Träume von Elysium, der Insel der Seligen, weiter. Zugleich wurde Capri zur Toteninsel, ein eigener Friedhof für die Fremden erinnert daran.

Mit der Entdeckung der Blauen Grotte wird Capri zum Wunder der Welt. Künstler und Dichter finden auf ihr die Szenographie einer scheinbar archaischen, unberührten Landschaft und ihrer unverdorbenen Bewohner, glauben sich hier versetzt ins Irdische Paradies. Keine andere kleine Insel ist häufiger gezeichnet, gemalt, beschrieben, bedichtet, besungen worden. Den Wenigen folgen die Vielen: Capri wird zur ersten Inseldestination des modernen Tourismus, Prototyp aller späteren Ferieninseln.

Dennoch bleibt sie auch weiterhin eine Einsiedelei. Abenteurer und Aussteiger landen an ihren Küsten, kampieren in ihren Höhlen, Lebensreformer, Weltverbesserer und politische Revolutionäre entdecken auf ihr die Insel Utopia. Auch die Regenbogenfarben der Liebesinsel leuchten über ihr: Das verschwiegene Eiland im »heidnischen« Süden wird zum Experimentierfeld unkonventioneller erotischer Beziehungen. Das 20. Jahrhundert schließlich lässt sie noch in einem anderen Licht leuchten: Capri wird zur Fluchtinsel für Verstoßene und Emigranten aus den Diktaturen der Welt. Keine andere Insel trägt so viele Facetten des Insulären, Capri ist die Insel der Inseln.

Heute ist Capri im Halbstundentakt mit dem Festland verbunden, die Einwohnerzahl hat sich seit Gregorovius' Tagen fast verfünffacht, der Strom des Massentourismus flutet täglich über sie hinweg. Dennoch kann man auf ihr noch immer jene Aura des Insulären finden, die Capri einzigartig macht. Das liegt vor allem an der Präsenz des Meeres. Capri ist klein, sehr klein, misst mit rund zehneinhalb Quadratkilometer Fläche nur ein Zehntel des griechischen Santorin oder des spanischen Formentera. Das Meer ist hier immer gegenwärtig. Viele Wege, die die Insel wie ein Netz überziehen, enden an einsamen Orten, die auf Capri den schönen Namen *Belvedere* tragen (oder die es sind, ohne so zu heißen): atemberaubende Panoramablicke entweder zur offenen See im Süden oder zu den Küsten des Golfs von Neapel im Norden. Amphitheatralisch schmiegen sich diese Küsten um die Insel, heben sie an ihrem äußersten südlichen Ende weit ins Meer hinaus. Von Tag zu Tag, von Stunde zu Stunde changieren diese Aussichten, meteorologisch und mental, aber immer fallen sie auf eine der großen europäischen Erinnerungslandschaften – vom Kap Misenum über Pozzuoli, Neapel und den Zerstörerberg Vesuv bis zur Punta Campanella, wo sich das Panorama zur Amalfiküste und zur Landschaft von Paestum hin öffnet. Es mag einige Inseln geben, deren reine Physis jener von Capri gleicht; es gibt keine, in die eine derartige Fülle historischer und kultureller Zeichen eingeschrieben ist. Und wenn eine Landschaft dann schön ist, wenn sich, wie Hegel meint, dem gebildeten Blick ebenjene Zeichen offenbaren, dann ist Capri die schönste Insel unserer Welt.

Dieses Buch ist eine Inselgeschichte eigener Art. Es möchte der Faszination nachspüren, die von diesem Stück Land im Meer ausgeht, von der Ästhetik seiner Landschaft, von seiner Kultur und seinen Bewohnern. Es möchte die Bedeutung zeigen, die Capri, wie keine andere kleine Insel, für die europäische Kultur- und Geistesgeschichte hatte. Mein besonderes Augenmerk gilt daher der Geschichte jener Begegnungen und Inspirationen, deren Schauplatz die Insel für Menschen aus aller Welt war und noch immer ist, also jenem »Fremdencapri« (Rilke), das die Insel überformt und zu einer einzigartigen Kosmopolis auf kleinstem Raum gemacht hat. Auch die Geschichte des Tourismus gehört dazu. Und schließlich möchte es dem neugierigen, kritischen Capri-Besucher dabei helfen, die Insel für sich selber noch einmal zu entdecken.

Das Buch folgt dabei nicht einer strengen chronologischen Linie. Die Darstellung ist kaleidoskopisch und orientiert sich am Primat des Sichtbaren. Die einzelnen Kapitel sind thematisch zugeschnitten, emblematisch wird ihnen jeweils eine bestimmte Lokalität zugeordnet, an der sich das Dargestellte verdichten lässt. Zahlreiche unbekannte Quellen sind in die Arbeit eingeflossen, ergänzt durch Erinnerungsspuren der Alltagskultur wie Grabsteine, Gästebücher, Bilder, Gedenktafeln, außerdem Zeugnisse aus mündlicher Erzählüberlieferung. Persönliche Erfahrungen und Begegnungen, die mich seit nunmehr fast vierzig Jahren mit der Insel verbinden, kommen hinzu.

Nach *Neapel, Biographie einer Stadt* (2005) und *Der Vesuv, Geschichte eines Berges* (2007) bildet *Die Insel Capri, ein Portrait* den abschließenden Band meiner Trilogie über den Golf von Neapel, eine der ältesten und reichsten Kulturlandschaften eines Europa ohne Grenzen.

Ravello, Costiera Amalfitana, 28. September 2017
Dieter Richter

Faraglioni
Die Insel und das feste Land

***Giro dell'Isola,* die Insel umrunden**

Inseln sind eigene Wesen, sind Töchter des Meeres. Auch wenn der geographische Blick sie gern einem Stück Festland zuordnet, sind sie doch immer von ihm getrennt.

Capri, die »Insel im Golf von Neapel«, ist dieses Eigene, Andere bereits von ihrer physischen Gestalt her. Die umgebenden Festlandsregionen des Golfs sind geologisch junge Landschaften, der weiche, poröse Tuffstein prägt ihr Gesicht, auch das Bild ihrer Häuser und Mauern; seine Farben spielen von einem matten Rot über Ocker- und Gelbtöne bis zu einem stumpfen Grau. Weiche Konturen dominieren die Panoramen der Buchten und Hügel rings um Neapel, abgeschliffene und erodierte Formationen einer Region, die durch beständige Vulkanausbrüche, durch Erdbeben und das Heben und Senken des Meeresspiegels in beständiger Bewegung ist. Wasserreich ist diese Landschaft, fruchtbar und seit Jahrtausenden kultiviert, Campania felix, das »glückliche Kampanien«, das es einmal war, und nicht nur für Goethe »die schönste Gegend von der Welt«.[1]

Ganz anders Capri.

Geologisch gehört die Insel zu jenem Kalksteinmassiv aus dem Erdmittelalter, das den südlichen Bogen der Amalfiküste zum Golf von Salerno hin bildet und sich im lukanischen Apennin fortsetzt. Seine natürliche Farbe ist ein grelles, blendendes Weiß, das auch die Inselarchitektur mit ihren flachen

Felsenlandschaft bei den Faraglioni

kubischen Häusern, den Terrassen und Säulen prägt, wie sie sich auch in der Ägais und im östlichen Mittelmeer zeigt. Der schrundige, zackige Kalkstein der Insel ist verletzend, unfruchtbar, gefährlich. Wer Capri an einem heißen Sommertag auf einem *Giro dell'Isola* mit dem Boot umrundet, sieht es auf weite Strecken als abweisende, steil aus dem Wasser aufsteigende Formation nackter Felsen, die jede Annäherung unmöglich machen. Nur an drei Stellen öffnen sich natürliche Landeplätze, alle bereits in römischer Zeit bekannt: im Norden der flache Uferstreifen der Marina Grande, im Süden die klippenreiche »Sirenenbucht« der Marina Piccola und die benachbarte kleine Tragara-Bucht mit den mächtigen Faraglioni-Felsen, wie von Zyklopenhand ins Meer geschleudert. Nirgends sonst kann man den Charakter von Capri, der »Felsenkönigin« (Pablo Neruda),[2] in ihrer strengen, nackten Schönheit aus Stein besser erkennen als hier, zu Füßen der Faraglioni. Es sind Inseln der Insel, jede ein Individuum, jede mit einem eigenen Namen. Auf der äußersten, dem Scopolo, lebt als zoologischer Endemit die blaue Capri-Eidechse.[3] Wer von hier den Blick über die steinigen Abhänge schweifen lässt, kann auch den römischen Namen der Insel verstehen: *Capreae,* die Insel der wilden Ziegen.

Kein größerer Gegensatz also als der zwischen Insel und Festland, zwischen der weichen, lieblichen, fruchtbaren Region des Golfs von Neapel und den harten, schroffen Formationen des Golfs von Salerno mit dem vorgelagerten Capri.

Der neapolitanische Schriftsteller Raffaele La Capria, der lange Zeit auf Capri lebte, sein Haus in einer hoch am Berg gelegenen Gegend hatte, die Due Golfi genannt wird, weil man von dort den seltenen Panoramablick auf beide Golfe haben kann, hat in einem schönen poetischen Bild die »weiche« Landschaft des Golfs von Neapel die »vergilische«, jene »harte« des Golfs von Salerno die »homerische« genannt:[4] beides »klassische« Landschaften, aber unterschiedlicher nicht denkbar, erinnernd zum einen an Vergils *Georgica*, das Werk von den Schönheiten des Ackerbaus auf italischer Erde, zum andern an die mediterranen Schrecken in Homers *Odyssee*.

Die Sphinx. Blicke hinüber und herüber

Nicht dem Neapolitanischen zugehörig also (wie das sanfte »grüne« Ischia) ist Capri, wenn es ihm auch geographisch zugeneigt ist, verkehrsmäßig vielfältig mit ihm verbunden. Die Distanz zwischen der großen Hafenstadt und der kleinen Felseninsel ist mit rund dreißig Kilometern groß genug, um selbst heute noch bei stürmischem Wetter immer wieder zu ernsthaften Verbindungsproblemen zu führen; in der Vergangenheit kam es nicht selten vor, dass Besucher die Insel tagelang nicht verlassen konnten. Vom Festland aus erscheint sie in der Ferne als Silhouette breit gelagert am Horizont, einem aus dem Meer aufsteigenden Monsterwesen nicht unähnlich. Wie eine Sphinx sieht sie der junge Reisende Albano in Jean Pauls Roman *Titan* im Meer liegen (der Autor selbst hatte nie diesen Blick gehabt),[5] und dieses Bild des exotischen, geheimnisvollen Wesens hat seitdem die Wahrnehmung sensibler Geister immer wieder inspiriert. Axel Munthe will dann, wie er in seinem *Buch von San Michele* schreibt, eine solche

Sphinx nach dem Fingerzeig eines geheimnisvollen Besuchers tatsächlich gefunden haben, sie liegt heute auf der Brüstung im Garten seiner Villa San Michele in Anacapri, Teil jener »Liturgie der Einsamkeit« (Thomas Steinfeld), die Capri zelebriert.[6] In anderer Gestalt sieht der Historiker Ferdinand Gregorovius 1853 die Insel am Horizont liegen, als antiken Sarkophag, »darinnen aber liegt Tiberius«,[7] und auch dieses Bild der Toteninsel bringt jenes rätselhaft Andere, Fremde zum Ausdruck, das den Blick auf Capri geprägt, auch die romantische Sehnsucht beflügelt hat.

Der Blick in die umgekehrte Richtung, von der Insel aufs Festland, fällt in anderer Weise auf Fremdes, weit Entferntes. Es ist nicht der Sehnsuchts-, sondern der Rückblick. Tagsüber verschwimmen die Konturen des Festlands im hellen Dunst oder verschwinden ganz, erst in den Abendstunden treten sie allmählich wieder hervor, nehmen Farbe an, nachts zittern dann unzählige Lichter am sichelförmig gerundeten Horizont des Golfs. Bei klarem Wetter dominiert der Vesuv das Panorama, aber der Capri-Vesuv ist ein anderer als der des Festlands. Hier geht keine Gefahr von ihm aus, die Kalksteininsel kennt (wiederum anders als Ischia) keine Bedrohung durch die zerstörerischen Kräfte aus dem Erdinneren, durch Vulkanismus oder Erdbeben. Auf Capri bewegt man sich auf festem Boden. Bereits die Gestalt des Vulkans hat, von Capri aus gesehen, etwas Sanftes, Rundes, geradezu Liebliches, nicht vergleichbar jener

Die Sphinx

majestätischen doppelzackigen Masse des Zerstörerberges, die auf dem Festland das Panorama bestimmt. Unendlich weit entfernt erscheint er hier, ein schöner, ein harmloser Berg, »our dear smoky old mountain«, wie ihn Miss Virginia in Compton Mackenzies Capri-Roman *Vestal Fire* (1927) liebevoll nennt, wenn sie jeden Abend bei Sonnenuntergang in ihrer Villa Torricella die Fenster zum Meer hin öffnet, um die Kühle des Abends einzulassen.[8]

Der neapolitanische Barockschriftsteller Pompeo Sarnelli hat in einem seiner gelehrten Märchen, in denen er die Landschaften Kampaniens in mythische Wesen zurückverwandelt, das Verhältnis von *Vesuvio* und *Capra* (= Capri) als die unglückliche Geschichte zweier Liebender erzählt, die durch den Zorn ihrer Familien voneinander getrennt werden. Capra stürzt sich aus Verzweiflung ins Meer und wird in die Insel Capri verwandelt, Vesuvio wird zum zornigen, brennenden Berg. So können sich beide zwar sehen, was ihren Schmerz noch vergrößert, aber nie zueinanderkommen.[9] Der Vesuv und Capri, das Festland und die Insel, sind zwei auf ewig getrennte Welten.

Isolamania, das Inselgefühl

Das gilt nicht nur für die physische Gestalt, sondern auch für die gegensätzliche Erfahrung von Festland und Insel. Wer nach einer etwa einstündigen Überfahrt aus dem lauten, von Autoabgasen geschwängerten Neapel, wo bereits das Überqueren einer Straße alle Sinne fordert, seinen Fuß auf die Insel setzt, betritt eine andere Welt. Die beiden Ortschaften, Capri und Anacapri, sind auf weite Strecken mit Autos nicht zu befahren, stattdessen sorgen *carrelli*, schmale Elektrokarren, für den Transport von Gütern und manchmal auch Menschen – von der Beförderung von Baustoffen und Warenlieferungen bis hin zu Ambulanzfahrzeugen, die mit Blaulicht gemächlich unterwegs sind. Die Straßen sind, von einigen Hauptverkehrsadern abgesehen, schmal, oft nicht mehr als zwei Meter breit, von hohen Mauern gesäumt, welche die Wärme speichern und die Geräusche dämpfen. Blühende Bougainvilleen, Oleander, Glyzinien, Agapanthus, duftender Jasmin, in höheren Lagen wilde Macchia entzücken das Herz, nicht zuletzt das der Neapolitaner selbst, die aus einer Stadt kommen, in der es kaum Grün gibt. Die Nächte sind still, vom August einmal abgesehen, wenn Musik in der Luft hängt. Man kann sich sicher fühlen, jedenfalls vor bestimmten Gefahren. Noch heute gibt es in den eher ländlich geprägten Gegenden von Anacapri die alte Sitte, Garten- und Haustüren auch nachts nicht abzuschließen.[10] Welch ein Kontrast zur Metropole auf der anderen Seite des Meeres!

Es ist ebendieses »Andere« Capris, seine Alterität im Physischen ebenso wie im Sozialen, seine entschiedene Distanz zum Festland, die hier beim Besucher jene rätselhafte *Isolamania,* das »Inselgefühl«, aufkommen lassen kann, ein Vergessen und Sich-Verlieren im Fremden, wie es Walter Benjamin bei seinem Aufenthalt im Sommer 1924 beschrieben (und verspürt) hat: »ein auffallend sich Wiederholendes, daß Menschen, die für ganz kurze Zeit herkommen, nicht zum Entschluß der Abreise kommen«.[11] In der Tat ist die Geschichte der Insel voll von Schicksalen dieser Art. William Somerset Maugham (der seit 1895 immer wieder Gast auf Capri war) hat in einer Erzählung mit dem emblematischen Titel *The Lotus Eater* das literarische Portrait eines solchen, die Welt und sich selber hier verlierenden Menschen gezeichnet, eines Bankdirektors aus London, der seine erfolgreiche Karriere aufgibt, sich auf Capri niederlässt, belanglosen Tätigkeiten nachgeht und die

Rückkehr in die Heimat von Tag zu Tag verschiebt. Am Ende stirbt er einsam und verarmt auf der Insel.[12] Als »Land ohne Gnade«, das den Ankömmling seiner Erinnerung beraubt, hat auch die Mailänder Lyrikerin Ada Negri die Insel besungen: »Wenn du dich retten willst, verschwinde, morgen wird es zu spät sein«.[13] Es ist die Wiederkehr des alten Bildes der homerischen Insel der Lotophagen, welche die Gefährten des Odysseus die Rückkehr in die Heimat vergessen lässt.

Es wundert nicht, dass das lethargisierende Inselgefühl, die Alterität eines Ortes, der von einer voraussetzungslosen Schönheit zu leben scheint, immer wieder als in hohem Maß ambivalent empfunden wurde. »Es ist eine verfluchte blaue Limonade«, schreibt Bertolt Brecht im Sommer 1924 an Helene Weigel in Berlin. »Aber jetzt ist Cas [= Caspar Neher] gekommen, und morgen gehe ich mit ihm los auf Neapel. Dort gibt es Drinks, Musik und Syphilis.«[14]

Das Verhältnis von Insel und Festland steht hier auf dem Kopf, die »Isolamanie« erweist sich als Langeweile, gebiert die Sehnsucht nach dem Festland, nach der großen, wilden Stadt. Nicht nur Brecht hat das so empfunden, immer wieder lagen Capri-Liebe und Capri-Hass dicht beieinander, entpuppte sich Capri in der alten Tradition der Inselmythen als Paradies und Gefängnis zugleich.

Zwischen Autonomie und Abhängigkeit

Die Ambivalenz des »Insulären« prägt nicht nur die individuelle Wahrnehmung der Insel, sie ist auch konstitutiv für ihre Geschichte selbst. Capri ist Eigenes und hat doch teil am Festland, dem es geographisch, sprachlich, kulturell und politisch verbunden war und ist. Seine Geschichte oszilliert zwischen

»Isolation« und »Partizipation« – mit der Tendenz einer zunehmenden Partizipation in einer sich globalisierenden Welt, die ohnehin keine »Inseln« mehr kennen will.

Ein markantes historisches Ereignis macht die Spannung zwischen diesen beiden Polen der »Isolation« und der »Partizipation« besonders deutlich: Als 1656 die Pest in Neapel wütet, versucht die Bevölkerung von Capri, ein Übergreifen der Epidemie zu verhindern. Jeder Kontakt mit dem Festland wird untersagt – vergeblich. Die Pest überwindet auch den Korridor des Meeres und rafft, ähnlich wie in Neapel, fast die Hälfte der Bevölkerung dahin. Die Legende weiß von einem jungen Liebespaar, das trotz des Verbots heimlich miteinander Kontakt aufgenommen und auf diese Weise die Krankheit eingeschleppt habe.[15]

Es ist kein Zufall, dass die Politik der Abschnürung misslingen musste. Capri lebte auch in früheren Jahrhunderten vom beständigen Kontakt mit dem Festland. Im hohen Mittelalter war es Teil der »Seerepublik von Amalfi«, also jenem Verbund von Küsten- und Bergorten an der Südseite der heutigen Halbinsel von Sorrent, die intensive Handelsbeziehungen ins östliche Mittelmeer und nach Nordafrika unterhielten. Später teilt es die politischen Schicksale des Königreichs Neapel. Auch wirtschaftlich war es nicht autark, der Mangel an Gütern wie Holz oder Getreide machte Importe vom Festland notwendig. Bereits 1775 existierte eine quasi fahrplanmäßige Verbindung zwischen Neapel und Capri, Marktschiffe verkehrten zweimal pro Woche und wurden von der Kommune subventioniert.[16]

Enge Beziehungen zwischen Insel und Festland im Bereich der Popularkultur deckte die Erzählforschung auf: Die auf Capri kursierenden Märchen, Sagen und Sprichwörter (sie wurden 1925 von dem sächsischen Volkskundler Heinrich Zschalig herausgegeben) weisen vielfältige Übereinstimmungen mit den neapolitanischen Volkserzählungen auf, wie sie in Giambattista Basiles Sammlung *Lo cunto de li cunti* (1634) dokumentiert sind.[17]

In der Politik demonstrierte der König von Neapel die Zugehörigkeit »seiner« Insel zum Königreich auf eigene Weise: Zweimal im Jahr kam er zur Wachteljagd nach Capri.

Während der Zeit der napoleonischen Herrschaft in Unteritalien gerät der politische Status der Insel zum ersten Mal in eine spektakuläre Krise, und auch dabei geht es um Isolation versus Partizipation: Als die Franzosen 1806 im Königreich Neapel einmarschieren, den Bourbonen-König Ferdinand IV. zur Flucht zwingen und Napoleons Schwager Gioacchino Murat als König einsetzen (1806–1815), okkupieren im Gegenzug die Engländer die Insel Capri; sie stationieren dort eine Garnison von fast zweitausend Soldaten und bauen das kleine Eiland als militärischen Stützpunkt aus. Noch heute kann man an der Felsenküste im Westen (seit kurzem verbunden durch einen Wanderweg) die Reste einer Reihe von Batterien, der sogenannten *Fortini*, sehen, mit denen die Insel gegen das Festland verteidigt werden sollte. Durch einen spektakulären Coup gelang den Franzosen dennoch die Eroberung der Insel und deren Wiederanschluss an das Königreich. Am 4. Oktober 1808 landeten sie an einer als unzugänglich geltenden Stelle in Anacapri, stiegen durch die schmale Passetiello-Schlucht nach Capri ab und vertrieben die Engländer. Am Arc de Triomphe in Paris erinnert bis heute die Inschrift *CAPREE* an den französischen Sieg, die *Prise de Capri*. Und auf dem Friedhof in Anacapri liegt das Grab des irischen Majors John Hamill, der bei der Verteidigung fiel.

Man kann einen Moment darüber spekulieren, wie die Geschichte zwischen Festland und Insel verlaufen wäre, wenn die Insel im Besitz Großbritanniens geblieben wäre. Ihre

Besetzung und ihr Ausbau zu einem »kleinen Gibraltar« waren ja Teil einer militärischen Strategie, die nach der Schlacht von Trafalgar 1805 die englische Vorherrschaft im Mittelmeer sichern sollte. Wäre Capri vielleicht, ähnlich wie Malta, zu einer englischen Kronkolonie geworden? Aber dafür lag es doch wieder zu nah am Festland.

Certosa, Chiostro Grande

Die Hegemonie des Festlands bestimmt auch ihre weitere Geschichte. Im Zuge der napoleonischen Reformen wird die Certosa, das capresische Kartäuserkloster, aufgelöst, das über den größten feudalen Landbesitz der Insel verfügte. 1818 verliert Capri auch seine kirchliche Autonomie als Bischofssitz. Der letzte Bischof der Insel, Nicola Saverio Gamboni, hatte 1799 mit den Jakobinern der »Parthenopäischen Republik« sympathisiert und war daher bei den Bourbonen in Ungnade gefallen.

Nach dem Ende der französischen Herrschaft und der Rückkehr der Bourbonen verstärkt die Regierung in Neapel die Anbindung der Insel: Eine militärische Garnison wird auf Capri stationiert, »als Wache für die Forts und zum Zwecke der guten Aufrechterhaltung der öffentlichen Ordnung«.[18] Nach den Ereignissen der britischen Besetzung und der jakobinischen Revolution hatte die Regierung in Neapel die strategische Bedeutung des kleinen Eilands vor ihrer Küste endgültig erkannt.

Figli di poverelli. Arbeit und Migration

Der Inselstatus Capris prägte auch die Arbeitsverhältnisse der einheimischen Bevölkerung. Die Ressourcen auf der kleinen Felseninsel waren begrenzt, der Boden auf dem abschüssigen Gelände schwer zu bearbeiten. Fischfang und Wachteljagd (die Zugvögel fielen zweimal im Jahr auf Capri ein, wurden in Netzen gefangen und in Neapel verkauft)[19] waren wichtige Erwerbszweige, brachten aber wenig ein. *Figli di poverelli, fan pescator o caccia d'uccelli*, lautete ein capresisches Sprichwort, »Söhne armer Leute machen Fischer oder Vogeljagd«.

Und aus solchen armen Leuten bestand fast die gesamte Bevölkerung.[20]

Wie auf anderen Inseln im Mittelmeer zwangen daher auch auf Capri die prekären Arbeitsverhältnisse vor allem die jüngeren Männer zur Emigration.[21] Bereits dem französischen Philosophen Montesquieu war bei einem Gang durch Anacapri 1729 aufgefallen, dass rund zwei Drittel der Bevölkerung aus Frauen bestanden.[22] Die Männer verdingten sich auf Schiffen der Handelsmarine oder heuerten auf dem Arbeitsmarkt in Torre del Greco als Korallenfischer an – eine extrem gefährliche Arbeit, der sie von April bis Oktober meist auf Schiffen vor den Küsten Nordafrikas nachgingen.

Die meisten Arbeiten auf der Insel mussten daher von Frauen und Mädchen verrichtet werden, auch der Lastentransport[23] – »und kann man dieselben überall sehen, wie sie Kalk rühren oder Steine, Erde, Wasser und dergleichen die steilen Fußwege hinauf in Körben oder Krügen tragen«.[24] So der Münchner Maler August Weber[25] in einer kleinen »Sozialreportage«, niedergeschrieben 1888 nach fünfjährigem Leben auf der Insel.

August Weber
Von Weibern und Mädchen verrichtet

Wie in allen Elendsländern wird auch in Capri ein grosser Theil der Arbeit von Weibern und Mädchen verrichtet und kann man dieselben überall sehen, wie sie Kalk rühren oder Steine, Erde, Wasser und dergleichen die steilen Fußwege hinauf in Körben oder Krügen tragen [...] *Leider wird jedoch die Arbeit nicht ebenso gut bezahlt als sie förderlich für Schönheit und Gesundheit ist: für einen ganzen Tag angestrengter Arbeit in glühender Juli- oder Augusthitze erhalten diese Mädchen 14–15 Soldi, etwa 60 Pfennige, und dauert dieselbe von Sonnenaufgang bis Sonnenuntergang; auch an allen anderen Gebräuchen merkt man deutlich, dass Kapital weit mächtiger ist als die dienende Arbeit, jede Viertelstunde Unterbrechung durch Regen wird am Lohne abgezogen.*

August Weber: Fünf Jahre auf Capri, 1888 (Capri CCIC, cartella »August Weber«).

Auch das Gepäck der ankommenden Fremden wurde durch Mädchen und Frauen vom Hafen in die Ortschaften hinaufgetragen,[26] außerdem waren sie in Heimarbeit in der Seidenweberei tätig, nach der ökonomischen Statistik von 1840 das drittwichtigste Gewerbe der Insel.[27]

Früh in die »insuläre« Arbeit einbezogen waren auch die Kinder. Die Jungen halfen mit bei der Wachteljagd, die Mädchen sammelten Salz auf den Klippen.[28] Zahlreiche Reiseberichte erzählen außerdem, wie pfiffige Kinder durch kleine Dienstleistungen vom aufkommenden Fremdenverkehr zu profitieren versuchten: Sie tauchten im Hafen oder in der Blauen Grotte nach Münzen, schlugen Rad, tanzten die Tarantella oder sangen deutsche Lieder; für Friedrich Spielhagen deklamierte 1873 ein 12-jähriger Junge in Anacapri sogar den Anfang von Goethes »Kennst du das Land, wo die Zitronen blühn?«, wofür er mit einer kleinen Münze belohnt wurde.[29] Auch als Führer über die Insel boten sich Kinder an: »An intelligent small boy can be hired for the day for one or two lire«, heißt es in einem Reiseführer von 1914.[30] Es ist der Beginn einer Entwicklung, die die lokale Ökonomie von Grund auf verwandeln sollte, wovon später noch die Rede sein wird.[31]

Christian Wilhelm Allers,
Ankunft an der Grande Marina, 1891

Die Insel und ihr Wasser

Sehr lange »isoliert« sollte die Insel noch auf einem Gebiet bleiben, das für Mittelmeerlandschaften besonders prekär war und noch immer ist: dem der Wasserversorgung.

Aufgrund seiner geomorphologischen Besonderheit ist das capresische Kalksteinmassiv weitgehend wasserlos. Lediglich in den unteren Lagen der Insel existierten einzelne Quellen (der Name der abschüssigen Via Acquaviva erinnert noch daran). Das hochgelegene Anacapri verfügte hingegen über keine einzige Quelle, die Bewohner (genauer gesagt: die Frauen) waren in Notzeiten gezwungen, das Wasser in Krügen über die »Phönizische Treppe« nach oben zu transportieren[32] – eine Szene, die folklorisierend noch auf alten Fotografien zu sehen ist. Zur Wasserversorgung war man daher weitgehend auf Regenwasser angewiesen, das in Zisternen gesammelt wurde – auch die typische Architektur des Capreser Hauses mit seinem gewölbten Flachdach verdankt sich ja der Wassernot. Vor allem während der römischen Antike, als die kleine Insel unter Kaiser Tiberius elf Jahre lang Regierungssitz des Imperium Romanum war, setzte ihre Versorgung mit Trinkwasser logistische Überlegungen und technische Konstruktionen gewaltigen Ausmaßes voraus. Eine Vorstellung davon bekommt man bei einem Gang durch die Ruinen der Villa Iovis, dem größten der tiberianischen Paläste: Rund zwei Drittel der Anlage bestanden aus nichts anderem als riesigen Zisternen. Bis gegen Ende des 18. Jahrhunderts waren solche unterirdischen römischen Anlagen zur Speicherung des Regenwassers auch in tiefer gelegenen Teilen der Insel erhalten.[33]

Die Armut an Wasser erklärt auch, dass Capri bis ins 20. Jahrhundert hinein ein wenig einladendes Bild bot. »Felsig, öde und unfruchtbar« nennt es der 1826 erschienene Reiseführer von Ferdinand Neigebaur,[34] die Insel war auf weite Strecken von wilder Macchia bedeckt und arm an Bäumen. Nicht ohne Grund wurde jene eine Palme, die vor dem Hotel »Pagano« stand, »der meistgemalte Baum Italiens«, wie es in Paul Heyses Novelle *Hochzeit auf Capri* heißt.[35] Es waren dann die ausländischen, vor allem die englischen Residenten, die damit begannen, auf eigenem oder fremdem Terrain Bäume zu pflanzen und damit die Insel nach nördlichen Idealen zu »verschönern«. Der Schriftsteller Norman Douglas[36] hat auf diese Weise Teile der Insel regelrecht aufgeforstet, ähnlich der Maler Christian Wilhelm Allers, der über hunderttausend junge Bäumchen auf Capri gepflanzt haben will.[37] Noch heute kann man die einstigen botanischen Initiativen am reichen historischen Baumbestand von Villen und Territorien erkennen, die früher in ausländischer Hand waren.

Aber zugleich steigerte natürlich diese moderne Rekultivierung zusammen mit der wachsenden Bevölkerungszahl den Wasserbedarf der Insel. Ende der 1920er Jahre war es daher auch auf diesem Gebiet mit ihrer Autarkie vorbei: Tankschiffe wurden eingesetzt, um Süßwasser vom Festland auf die Insel zu bringen. Sie verkehrten noch bis 1978, seitdem ist Capri durch die Nabelschnur einer submarinen Pipeline, die im Jahr 2002 erneuert wurde, mit der Halbinsel von Sorrent verbunden. Das Leitungsnetz außerhalb der lokalen Zentren ist vielfach sorglos verlegt, läuft mancherorts sogar ebenerdig neben Wegen und Straßen her, als flösse das Wasser noch immer durch die Bewässerungskanäle von einst. Es wundert nicht, dass es in den Sommermonaten immer wieder zu Problemen mit der Wasserversorgung kommt. Die runden weißen Wasserkessel auf den flachen Dächern vieler Häuser halten daher nicht nur die Erinnerung an vergangene Zeiten fest, sondern sprechen auch vom Misstrauen gegenüber den globalen Netzen. Nicht zuletzt in diesem Misstrauen beweist Capri seine Eigenart. Es ist und bleibt eine Insel.

Die Phönizische Treppe

Phönizische Treppe
Capri – Anacapri. Die geteilte Insel

Porta della differenza

Man wird auf ihren Stufen so gut wie niemandem begegnen, auf keinem Fall einem Einheimischen. Dabei war sie bis in die zweite Hälfte des 19. Jahrhunderts die einzige Verbindung zwischen den beiden Dörfern der Insel, dem »unteren« Capri und dem »oberen« Anacapri: die Phönizische Treppe. So heißt sie seit alters, auch wenn sie nicht aus phönizischer, sondern »erst« aus der Zeit der griechischen Kolonisierung der Insel stammt. Es ist eine der kühnsten Treppenanlagen der Mediterranée, überwindet mit rund 500 Stufen einen Höhenunterschied von fast dreihundert Metern und ist teilweise in den nackten, senkrecht abfallenden Fels gehauen. Auf ihrer obersten Partie wird sie bergseitig von merkwürdigen, in den Stein geritzten Kreuzeszeichen flankiert (vielleicht Symbole eines alten Abwehrzaubers), endet dann in Anacapri an der sogenannten Porta della differenza, einem einst wehrhaften Doppeltor mit Zugbrücke. Unten läuft sie in der Gegend von Marina Grande aus, was den Bewohnern von Anacapri einst den direkten Zugang zum Meer ermöglichte. Auf diese Weise ist, bedingt durch die Geomorphologie des Kalksteinmassivs, eine besondere Struktur der Besiedlung der Insel entstanden: »Sie hat sozusagen drei Etagen«, bemerkt Rainer Maria Rilke kurz nach Ankunft[1] – und wie in manchen Wohnhäusern unterscheiden sich auch hier die »Etagen« in räumlichem Zuschnitt und Profil der Bewohner.

Die Porta della differenza hat zwar ihre frühere strategische Bedeutung längst verloren, der Name hat jedoch noch immer einen eigenen Klang: Die »Differenzen« zwischen den beiden Ortschaften (deren Existenz in griechischer Zeit bereits der antike Geograph Strabon erwähnt) sind ein Dauerthema der lokalen Bevölkerung. »Due anime, un'isola«, »zwei Seelen, eine Insel«, betitelte der capresische Publizist Renato Esposito 2015 einen Artikel in einem örtlichen Magazin über die mentale »Polarität« der beiden Ortschaften,[2] und wenn in früheren Zeiten die Rivalitäten nicht selten aggressiv ausgetragen wurden, dann bestimmen heute eher Sticheleien und Spott den Ton, auch Händel in den politischen Auseinandersetzungen zwischen den beiden Kommunen, die, zweieinhalb Kilometer voneinander entfernt, tatsächlich seit 1496 zwei getrennte Ortschaften mit jeweils autonomen Verwaltungsapparaten bilden.[3] »Anacapri«, wörtlich »Obercapri«: Ist die Namensgebung nicht bereits eine Anmaßung seitens der tonangebenden Capresen, die doch eigentlich in »Katacapri«, also »Untercapri« leben? So stichelt der in Anacapri beheimatete Schriftsteller Francesco Durante. *Ciamurre* werden die Bewohner Anacapris in Capri genannt. Das ist heute keine echte Beleidigung mehr, aber wenn man fragt, was das Wort bedeute, erhält man zur Antwort, es sei arabischen Ursprungs und verweise auf die sarazenische Herkunft der Bevölkerung im »oberen« Capri – auffallend »afrikanische Physiognomien« will dort 1834 auch der Oldenburger Gymnasialprofessor Karl August Mayer bei einem Besuch ausgemacht haben.[4] Wie auch immer: Dass diese Menschen eben anders seien, anders sprächen, eine andere »Seele« hätten – davon ist man nach wie vor überzeugt, auch wenn, anders als früher, Heiraten

Die Ortschaft Capri, um 1870

zwischen Capresen und Anacapresen kein Tabu mehr sind[5] und die Kinder in beiden Ortschaften nicht länger – wie noch bis in die 1960er Jahre – mehrheitlich auf unterschiedliche Vornamen getauft werden.

Stadt und Land

Tatsächlich sind die Differenzen zwischen Capri und Anacapri signifikant. Es sind, wenn auch vielfach verwischt, die Differenzen zwischen Stadt und Land, zwischen *città* und *campagna* oder, im archaischen mediterranen Sinn, zwischen *urbs* und *ager*.

Capri, in einem schmalen Sattel auf halber Höhe der Insel gelegen, ist die »Stadt«. Sie entstand als befestigtes Zentrum im hohen Mittelalter, als die Einfälle der Sarazenen die Bevölkerung veranlassten, die rund um den Hafen gelegenen Ansiedlungen mit der Kirche des Ortspatrons San Costanzo aufzugeben und sich in größerer Höhe niederzulassen.[6] Das Bild der wehrhaften, auf engem Raum gebauten Stadt prägt das Zentrum der Ortschaft Capri bis heute: Die Gassen sind schmal und gewunden, die Reste der Stadtmauer und das alte Stadttor noch immer unterhalb der Terrazza funicolare zu sehen. Der Ort war auf Verteidigung eingestellt, nach den verheerenden Plünderungen der Insel durch die Sarazenen im 16. Jahrhundert waren Überfälle osmanischer Piraten in Süditalien bis in die Zeit um 1800 an der Tagesordnung.

Das Zentrum der Insel bildete die Ortschaft Capri auch im geistlichen Sinn: Sie war Sitz des Bischofs, dessen Diözese die gesamte Insel umfasste. Auch die politische Verwaltung der Bourbonen hatte ihren Sitz in der »Unterstadt«. Und auch der Hafen, Marina Grande, war – und ist bis heute – verwaltungsmäßig Teil der Kommune Capri.

Ganz anders Anacapri. Die Ortschaft liegt breit gelagert auf einem Hochplateau, das zum Monte Solaro hin ansteigt, der höchsten Erhebung der Insel. Viele Häuser sind von Gärten oder landwirtschaftlich genutzten Flächen umgeben oder fügen sich verstreut in größere Grünzonen ein. Auch das Zentrum selbst ist längs einer ausladenden Straße breit auseinandergezogen, eine Art »Straßendorf« nach mitteleuropäischem Verständnis. Kurzum: Die Region von Anacapri ist das »Land«, die *Collines d'Anacapri* (wie Claude Debussy[7] sie in einem seiner »Préludes« genannt hat) werden zum Teil noch immer zur Subsistenzwirtschaft genutzt. Und über die Phönizische Treppe lange Zeit nur mühsam zu erreichen war das hochgelegene Anacapri doppelt isoliert, war Insel auf der Insel. Der aus dem Cilento stammende Gelehrte Rosario Mangoni, dem wir die erste ausführliche Beschreibung der Insel verdanken, berichtet 1834, dass es in Anacapri Menschen geben solle, die noch nie in der Ortschaft Capri waren.[8]

Einsamkeit, die noch keinem gehört

Die Opposition von Stadt und Land erklärt vieles, was den Gegensatz von Capri und Anacapri ausmachte oder auch nur in ihn hineingedeutet wurde. Durch ihren Kontakt mit Fremden hätten die Bewohner Capris die Listen und Schliche angenommen, wie sie für Meeresanwohner und Kaufleute typisch seien, schreibt Mangoni; die Bewohner Anacapris hingegen lebten zurückgezogen und seien daher ehrlicher, bescheidener und arbeitsamer. »Und dieser natürliche Unterschied hat zur Folge, dass es zwischen den Bewohnern der beiden Ortschaften wenig Verbindungen gibt und sie untereinander nicht auf vertrautem Fuße stehen.« Selbst bei den Patronatsfesten, so Mangoni, würden sie sich gegenseitig nicht besuchen, wie das doch andernorts bei benachbarten Ortschaften üblich sei.[9] (Denn natürlich hatten und haben Capri und Anacapri auch unterschiedliche Ortspatrone, in Capri wird San Costanzo, in Anacapri Sant'Antonio verehrt.) In der Tat bestätigt die Auswertung der einschlägigen kommunalen Sterberegister, dass früher fast alle in Anacapri Verstorbenen auch dort geboren wurden,[10] das heißt, es gab so gut wie keinen Zuzug von außerhalb, auch nicht aus dem benachbarten »Untercapri«.

Das Muster der skeptischen gegenseitigen Wahrnehmung zieht sich durch die jüngere Geschichte und gilt in gewisser

Weise bis heute, wobei im Zeitalter des Tourismus die entsprechenden Wertungen gern anders akzentuiert werden: Die Rede ist vom Gegensatz zwischen dem »mondänen«, »überlaufenen« Capri und dem »stillen«, »einfachen« Anacapri. Auch Besucher der Insel haben das häufig so empfunden, wobei der durch Armut und Entbehrung geprägte Lebensstil der Anacapresen nicht selten romantisierend verklärt wurde.[11] Als gegen Ende des 19. Jahrhunderts das »untere« Capri zum immer beliebteren Reiseziel wird, dort zahlreiche Hotels entstehen und vermögende Ausländer ihre Villen bauen, suchen sensiblere Geister in Anacapri die Ursprünglichkeit des mediterranen Südens. Rilke findet, abgestoßen von den touristischen Turbulenzen des »Fremdencapri« (wie er es nennt), auf den Berghalden Anacapris »Einsamkeit, die noch keinem gehört«, eine »alte Sprache« und die Landschaft des antiken Griechenland.[12] Auch Axel Munthe wählte für den Bau seiner Villa (1895/97) das »obere« Capri, eine Entscheidung, die allerdings der »Einsamkeit« des Ortes keineswegs zuträglich sein sollte: »Dem schönen Buch Axel Munthe's zu lieb kamen wir nach Anacapri«, trägt ein österreichischer Besucher bereits 1933 ins Gästebuch des ersten Anacapreser Hotels »Bellavista« ein,[13] nur zwei Jahre nach Erscheinen der deutschen Übersetzung von Munthes Weltbestseller *The Story of San Michele*. Millionen weiterer Besucher sollten ihm folgen, bis heute ist Munthes Villa San Michele neben der Blauen Grotte der zweite touristische Brennpunkt der Insel.

Auf Capri und doch nicht in Capri

Aufgrund seiner abgeschiedenen, schwer zugänglichen Lage wurde Anacapri erst rund ein halbes Jahrhundert später als Capri und dann auch nur sehr zögernd von Fremden »entdeckt«.

Die ersten bekannten Namen ausländischer Residenten sind die des englischen Arztes Henry Thompson Green[14] und seines amerikanischen Kollegen John Mackowen.[15] Für den Zeitraum 1866 bis 1918 verzeichnen die Sterberegister der Kommune lediglich 22 ausländische Residenten,[16] unter ihnen den ungarischen Maler Antal Haan[17] und den deutschen Künstler Ernst Hanfstaengl.[18] Einer dieser Zugezogenen, der aus dem Schwäbischen gebürtige Hermann Moll,[19] eröffnete 1879 auf der Piazza San Nicola eine Schenke im Stil eines deutschen Weinhauses,[20] einige Zeit später der Rheinländer Paul Bitter ein Wirtshaus am Rande der Ortschaft[21] – ländliche Ausflugslokale, die dank ihrer Beschreibung in einem frühen deutschen Kneipenführer zu einer gewissen Popularität gelangten.[22] Erst in den 1870er Jahren etablierten sich auch die ersten (und sehr einfachen) Hotels in Anacapri – die Ortschaft Capri verfügte zu dieser Zeit bereits über eine reiche, international renommierte Hotelszene. Die Besucherströme konzentrierten sich nach wie vor auf die untere Ortschaft, bezeichnenderweise nimmt der »Baedeker« erstmals in seiner Auflage von 1887 ein anacapresisches Hotel in seine Empfehlungen auf.[23] Auch der europäische Capri-Mythos, also jenes im 19. und 20. Jahrhundert aus Reiseliteratur, Belletristik und bildender Kunst entstandene Bild der Insel, konzentrierte sich im Wesentlichen auf das »untere« Capri mit den Ruinen der tiberianischen Paläste, der Blauen Grotte, den berühmten Hotels und dem exzentrischen Lifestyle des Ortes – ein »Ausflug« des Besuchers in die höheren Regionen um Anacapri und den Monte Solaro diente allenfalls als pittoreske Ergänzung des Bildes.

Seinen ländlichen Charakter sollte Anacapri noch lange Zeit behalten, bevorzugt von Menschen, die, in Rilkes Worten, jene »Einsamkeit« suchten, die noch keinem zu gehören schien. Es war Alternative für jene Capri-Verächter, die es schon immer gab und die in Anacapri sich schmeicheln konnten, auf Capri und doch nicht in Capri zu sein, um dort, wie die Schriftstellerin Elsa Morante notierte, »jene Atmosphäre der Unschuld« (*quell'aria ingenua*) zu finden, die es in dem »großen« Capri angeblich nicht mehr gebe.[24]

Eine Straße, wie es noch keine gab

Aber natürlich war und blieb die Idee der Insel auf der Insel ein Traum. Auch Anacapri erlebte den Prozess seiner fortlaufenden Modernisierung, und wie in vielen mediterranen Bergregionen begann dieser auch hier mit dem Bau einer Straße, die den bisher nur unter Mühen zugänglichen Ort schneller mit der Außenwelt verbinden sollte.

Es wurde eine Straße, wie es noch keine gab, 1874 eröffnet und über waghalsige, pfeilergestützte Konstruktionen den zum Teil senkrecht ins Meer abstürzenden Felswänden ein- oder vorgesetzt. An einigen Stellen schneidet sie die alte »Phönizische Treppe«, die damit ihre jahrtausendealte Funktion verloren hat, allenfalls Wanderweg geworden ist und als solcher vor einigen Jahren saniert und beleuchtet wurde. Dem deutschen Schriftsteller Friedrich Spielhagen, im Jahr 1873 Zeuge der Straßenbauarbeiten, erschien die Idee einer Fahrstraße von Capri nach Anacapri »einfach verrückt«, und auch er berichtet, dass es vorwiegend Frauen und Mädchen waren, die dabei als Lastenträgerinnen für das Baumaterial schufteten.[25] Es ist eine technische Meisterleistung, realisiert wenige Jahre nach Erfindung des Dynamits, und ihr sollte 1902 noch eine weitere folgen: der Bau der Via Krupp, die ebenfalls teilweise in den nackten Steilabsturz des Felsens geschlagen wurde. Die »idyllische« Insel Capri ist auch die Heimat zweier

Die neue Straße von Capri nach Anacapri, 1887.
Kolorierte Zeichnung aus dem Gästebuch des Cafés »Zum Kater Hiddigeigei«

Hochleistungsprojekte in der Geschichte des frühen modernen Straßenbaus.

Gefährlich blieb die Straße allemal. Am 5. April 1930 kam dort der 13-jährige Hauk, einziger Sohn des norwegischen Schriftstellers Andreas Haukland, durch einen Steinschlag ums

Leben; auch die Familie Haukland, seit 1924 in Anacapri ansässig, gehörte zu jenen Liebhabern des »oberen« Capri.[26] Und am 24. Februar 1943 stürzte an der obersten Kehre der Straße ein Militärfahrzeug in die Tiefe, 21 italienische Soldaten verloren dabei ihr Leben.[27]

Inzwischen wurde die Straße mehrfach modernisiert, der Felsabbruch an den gefährlichsten Stellen mit Stahlseilen gesichert. Kurz vor der Einfahrt nach Anacapri steht bergwärts eine Statue der Madonna von Lourdes. Traditionsbewusste einheimische Fahrgäste bekreuzigen sich hier, bevor der Bus in den obersten Kehren der Straße nur knapp den Felsabsturz streift, der hier fast dreihundert Meter senkrecht in die Tiefe fällt.

Konkurrenz der Profile

Straßenbauprojekte haben auch im 20. Jahrhundert dazu beigetragen, dass das ländlich zersiedelte Anacapri durch Verkehrsanbindungen erschlossen wurde, nicht zuletzt für die wachsende Zahl der Besucher. Auch dabei wurden gelegentlich die alten Konflikte zwischen Capri und Anacapri mobilisiert. So wurde 1957 gegen den Widerstand der Capresen, die damit das Monopol des Zugangs über das Meer zur Blauen Grotte verloren, eine Straße gebaut, die von Anacapri über Damecuta (die Ruinen einer tiberianischen Villa) zur Blauen Grotte führt.[28] Eine Abzweigung verbindet sie mit dem Eliporto, dem Hubschrauberlandeplatz der Insel. Eine weitere Straße, ebenfalls aus der Nachkriegszeit, verbindet Anacapri mit dem Leuchtturm an der Punta Carena, der einsamen Südwestspitze. Von dort kann man seit einiger Zeit auf einem Lehrpfad über das felsige Gelände am Meer entlang fast bis zur Blauen Grotte wandern: capresischer Prototyp einer touristischen Attraktion, die in Süditalien nicht eben häufig anzutreffen ist. Ältere anacapresische Wanderwege führen zur Migliara, einem Belvedere am Fuß des Monte Solaro oder über die Einsiedlerkapelle Santa Maria a Cetrella auf den Solaro selbst.

Due anime, un'isola, »zwei Seelen, eine Insel«: Das Bonmot gilt also heute nicht zuletzt in der Konkurrenz um das touristische Profil. Capri und Anacapri, beide einst bewohnt von *gente povera*, »armem Volk«, leben beide heute vom Tourismus, und sie leben davon nicht schlecht. Schon lange gilt nicht mehr, dass nur »die wenigsten fremden Gäste [...] das weite, an Abwechslung reiche Gebiet von ›Obercapri‹ durchstreifen«, wie es Reinhold Schoener vor dem Ersten Weltkrieg beobachtet hat.[29] Auch in Anacapri gibt es längst den Massentourismus, auch hier die Luxusdestinationen. Aber den bizarren natürlichen Formationen, welche die Gestalt der Insel prägen, ist es zu verdanken, dass die »Differenzen« zwischen den beiden Ortschaften lebendig geblieben sind. Es sind immer noch zwei kleine Welten auf der Welt einer kleinen Insel.

Entwurf einer Rekonstruktion der Villa Iovis
durch den sächsischen Architekten Carl Weichardt, 1900

Villa Iovis
Die Insel des Tiberius

Römische Bruchstücke

Tiberius ist der Dämon der Insel Capri. Als Märchenheld und Weinmarke, Hoteladresse und Badeplatz, ein Berg, eine Bar, eine Schlucht, eine Straße, eine Villa, eine Boutique, ein Wanderweg und noch manches mehr ist er der heimliche Patron eines Eilandes, das durch ihn in die Geschichtsbücher gekommen ist. Nur eines ist er hier nie: ein männlicher Vorname. Man kann Augusto heißen oder Claudio, auch Giulio und sogar Cesare, nicht aber Tiberio. Da liegt über dem Namen noch immer der alte Fluch des Wüstlings und Tyrannen, als den ihn die Tradition gesehen hat.

Die Geschichte des Tiberius kennt auf Capri jedes Kind. Der Kaiser, der als Nachfolger des Augustus von 14 bis 37 n.Chr. das Römische Reich regierte, verließ im Jahr 26 die Hauptstadt Rom und zog sich bis zu seinem Lebensende nach Capri zurück. Die Insel war im Besitz des Kaiserhauses, Tiberius' Stiefvater und Vorgänger Augustus hatte sie im Tausch gegen Ischia erworben, beeindruckt von ihrem kosmopolitischen griechisch-römischen Flair und der starken Präsenz alter griechischer Institutionen. Außerdem – welch glückverheißendes Zeichen! – soll eine uralte, verdorrte Steineiche wieder ausgeschlagen haben, als Augustus seinen Fuß an Land setzte[1] – zum ersten Mal in seiner langen Geschichte erscheint Capri dabei als glücklicher Ort wieder erblühender Kräfte, der Verjüngung, der »Rehabilitation«. Die Insel wurde zu einem Lieblingsaufenthalt des Augustus, noch kurz vor seinem Tod verbrachte er hier vier festlich-vergnügte Tage.[2]

Das glückliche Vorzeichen, das sein Vorgänger empfangen hatte, mag dem als extrem abergläubisch bekannten Tiberius in den Sinn gekommen sein, als er sich im damals hohen Alter von 68 Jahren auf Capri niederließ. Elf Jahre lang war die kleine Insel damit Regierungszentrum des Imperium Romanum. Zwölf Paläste soll Tiberius auf Capri besessen haben, berichtet Tacitus,[3] den zwölf wichtigsten Göttern gewidmet, und auch wenn Historiker diese Zahl immer wieder bezweifelt haben, müssen gewaltige Baumaßnahmen nötig gewesen sein, um für den Kaiser, seine Entourage, seinen Verwaltungsapparat, sein Militär und nicht zuletzt für sein Heer von Sklaven die alte »Ziegeninsel« in ein Resort zu verwandeln, das nicht nur die Luxusbedürfnisse der römischen Oberschicht zu befriedigen verstand, sondern auch über Hafenanlagen, eine Sternwarte, einen Leuchtturm und ein Signalsystem mit dem Festland den Notwendigkeiten des Verkehrs und der Kommunikation gerecht werden konnte, welche die Regierungsarbeit erforderte. Über den Signalturm an der Nordostspitze der Insel, der erst vor kurzem archäologisch genauer erforscht wurde,[4] konnte man innerhalb weniger Stunden mit der Hauptstadt Rom in Verbindung treten.

Portraitbüste Kaiser Tiberius'. Rom, Vatikanische Museen

Anderthalbtausend Jahre lang war die Insel übersät von Gebäuderesten, Säulen, Altären, Statuen, Mosaiken, Friesen und Marmorböden, *roba di Timberio*, »Zeugs von Timberius«,[5] von den Bauern eingeschmolzen, verlegt, vermauert, verbaut oder sonstwie umgenutzt, wie man es überall im Süden bis in die jüngste Zeit mit den Überbleibseln der Vergangenheit getan hat. Immer wieder kann man solchen Spolien bei einem Gang über die Insel begegnen, so im Altarraum der Kirche Santo Stefano, dessen Boden aus antiken Marmorplatten zusammengesetzt ist, darunter dem kostbaren kaiserlichen *giallo antico*. Vieles ist in modernes Mauerwerk eingearbeitet, manches auch noch, kaum beachtet und permanent dezimiert, »in situ« erhalten, so römischer Fußboden in fischgrätartig verlegtem *opus spicatum* am Badeplatz der Faraglioni oder Mauerwerk in *opus reticulatum* in der Nähe der Punta Gradola, vor einigen Jahren ramponiert durch den Bau der Erweiterung eines Restaurants. Vieles befindet sich in Privatbesitz, noch mehr wurde verschleppt, darunter der berühmte »Capri-Altar« aus der Villa Iovis, den Sir William Hamilton, britischer Botschafter in Neapel, 1775 dem British Museum in London vermachte.[6]

Eine Villa über dem Meer

Wenn es unter den zwölf Villen, die Tiberius auf Capri besessen haben soll, eine gibt, die immer in besonderer Weise mit dem Namen des Kaisers verbunden war, dann ist es die Villa Iovis, die »Jupiter-Villa«, wie sie seit alters genannt wird. Sie ist eine Meisterleistung römischer Baukunst, auf einer kluftigen Fläche von rund 7 000 Quadratmetern errichtet, mit einem Hauptgebäude, das nicht weniger als acht Stockwerke umfasste.[7] Aber das eigentlich Staunenswürdige der Villa ist ihre Lage: Sie wurde auf dem höchsten östlichen Felsplateau der Insel gebaut, die hier auf drei Seiten über dreihundert Meter fast senkrecht zum Meer hin abfällt. Von hier habe der Kaiser auch die zum Tod Verurteilten ins Meer stürzen lassen, die als Salto di Tiberio verrufene Stelle war schon im 2. Jahrhundert makabres Highlight einer Capri-Besichtigung.[8] Noch eindrucksvoller, da es uns Einblicke in das Verhältnis der Römer zur Landschaft und speziell zum Meer gibt, ist eine etwa einhundert Meter lange, nach Norden gelegene *ambulatio*, ein säulenbestandener Wandelgang unter freiem Himmel, der einen stupenden Ausblick auf den Golf und die gegenüberliegende Küste von Sorrent bot, die in römischer Zeit mit einzelnen prachtvollen Villen bebaut war.[9] In der Mitte dieses »Spazierwegs« befand sich ein offener Sommerspeisesaal, flankiert von zwei kleinen Räumen, die man sich gern als Privatissimum des Kaisers denken möchte.[10] Eine Ebene tiefer befand sich eine Anlage, die als *Specularium* gedeutet wird, ein Observatorium zur Beobachtung der Sterne und anderer Vorzeichen. Es gibt in der Welt des Imperium Romanum wohl nur noch eine einzige Herrschervilla, die der Villa Iovis vergleichbar wäre, auch sie in abgelegener, einsamer Berglandschaft mit panoramatischem Blick gelegen: die Villa des Herodes in Masada am Toten Meer.

Auch wenn, ungeachtet ihrer Prominenz, die Villa Iovis bis heute archäologisch keineswegs zureichend erschlossen ist (und im Übrigen für Besucher wenig ansprechend präsentiert wird), markiert die Architektur der Anlage doch deutlich den Bruch, den der Kaiser mit seinem »Umzug« vom Palatin in Rom auf die Felseninsel im Golf von Neapel vollzogen hat. Lebte der Herrscher in der Hauptstadt in einem Milieu, das durch Urbanität, soziale Rituale und eine wenn auch reduzierte Form der Öffentlichkeit von Herrschaft bestimmt war, so war er hier gleichsam eine »private« Person, abgeschlossen und einer Welt entzogen, die doch strukturell auf den Kaiser hin orientiert war. Eine Anekdote, die Sueton überliefert, um die »Grausamkeit« des Kaisers zu illustrieren, bringt das gut zum Ausdruck: Ein Fischer, der einen besonders großen Fisch gefangen hatte, wollte ihn aus Dankbarkeit dem Kaiser schenken. Tiberius jedoch, erbost darüber, dass es dem Mann gelungen war, in seine scheinbar unzugängliche Felsenresidenz einzudringen, ließ ihm daraufhin mit den Borsten des Fischs das Gesicht zerfleischen.[11]

Auch die Erschließung der Villa Iovis ist, wie vieles auf Capri, eine Geschichte eigener Art. Nachdem im 18. Jahrhundert Herculaneum und Pompeji entdeckt worden waren, ließ der antikebegeisterte bourbonische König Karl III. auch in der Villa Iovis gezielt nach Kunstschätzen graben, ein saalgroßer Marmorfußboden, der dabei zutage kam, wurde in den königlichen Gemächern auf Schloss Capodimonte neu verlegt.[12] Später fanden in anderen tiberianischen Villen auf Capri Raubgrabungen durch den österreichischen Gesandtschaftssekretär in Neapel Norbert Hadrawa statt. In seinen *Freundschaftlichen Briefen über verschiedene auf der Insel Capri entdeckte und ausgegrabene Alterthümer* (1794) berichtet er mit der größten Unbefangenheit davon, wie er Bauern und einen Ingenieur regelrecht in Anstellung nahm, die für ihn nach antiken Kostbarkeiten auf dem Castiglione und in der Villa marina des Tiberius gruben, über die er anschließend frei verfügte.[13] Ende des 19. Jahrhunderts erstellte dann der sächsische Architekt Carl Weichardt,[14] Professor an der Technischen Hochschule in Dresden, eine erste visuelle Rekonstruktion der Villa: eine phantastisch auf einem Felsabsturz thronende Burg mit spätromantischem Charme (von der er sich für den Entwurf seiner eigenen »Villa Tiberius« in Dresden-Loschwitz inspirieren ließ). Wissenschaftliche Ausgrabungen fanden erst in den 1930er Jahren durch den neapolitanischen Chefarchäologen Amedeo Maiuri statt, die zwar nicht mehr zum Fund spektakulärer Kunstschätze in der längst ausgeplünderten Villa, wohl aber zur Entdeckung der kaiserlichen Gemächer, der Thermen (die auch hier nicht fehlen durften) und vor allem zu einer relativ verlässlichen Planimetrie der riesigen Anlage führten.[16] Anfang des 21. Jahrhunderts hat der Schweizer Archäologe Clemens Krause die Villa neu vermessen und in ihrer auch für die römische Welt einzigartigen Bauform dokumentiert.[17]

Die lokale Bevölkerung pflegte den Glauben an die in den tiberianischen Villen verborgenen Schätze auf ihre Weise: Unter den auf Capri verbreiteten Märchen und Sagen gibt es auch mehrere einschlägige »Schatzsuchersagen«, die alle natürlich tragisch enden.[18]

Der Einsiedler und die Madonna

Wie sehr die Villa Iovis lange Zeit nicht nur als historischer, sondern mehr noch als mythischer Ort wahrgenommen wurde, zeigen auch die religiösen Einrichtungen auf dem Monte Tiberio. Musste nicht dieser fluchbeladene Ort von den Dämonen der Erinnerung an den frevelhaften Kaiser gereinigt werden? Und galt es nicht gerade hier den Triumph des Christentums über das Heidentum zu feiern, in den Ruinen der Residenz eines Kaisers, unter dessen Regentschaft Jesus Christus gekreuzigt worden war? Wie an anderen Schauplätzen unheimlicher Gewalten (etwa dem Vesuv)[19] befand sich seit alters auch in der Villa Iovis der Betplatz eines Einsiedlers – »dessen

Rekonstruktion der Villa Iovis durch den Schweizer Archäologen Clemens Krause, 2003

Zelle einst das Kabinett eines Herrschers war, der fast dem ganzen Universum Gesetze gab« (Hadrawa, 1793).[20] Und wie ebenfalls auf dem Vesuv und anderswo wurde auch der »Eremit« auf dem Tiberio im Laufe der Zeit zu einer Art von skurrilem geistlichem Wirt, der den Besuchern billigen Wein anbot, von den Schandtaten des Tiberius erzählte und dafür gern ein gutes Trinkgeld nahm.[21] Auch ein frommer Klosterbruder musste er nicht unbedingt sein, der niederdeutsche Dichter Klaus Groth will dort 1896 einen als Mönch maskierten Schuster getroffen haben.[22] Auch sonst stand der »Eremit« nicht im besten Ruf. Gregorovius berichtet von einem geheimnisvollen Schlangenzauberer in der Kutte eines Franziskaners,[23] von einem anderen ging das Gerücht, er arrangiere erotische Treffen,[24] und von einem dritten wurde erzählt, er habe in den Ruinen ein goldenes »Götzenbild« gefunden und sei damit geflohen.[25] Auch ein Gästebuch führte der Eremit,[26] leider ist davon nur das letzte, für den Zeitraum von 1905 bis 1923, erhalten; es verzeichnet bereits vor dem Ersten Weltkrieg bis zu dreißig und mehr Besucher an manchen Tagen und dokumentiert damit die Beliebtheit eines Ausflugs auf den Monte Tiberio.[27]

Wer diesen Ausflug heute unternimmt, stößt zwar nicht mehr auf den Eremiten, wohl aber auf seine kleine Kapelle, Santa Maria del Soccorso, triumphal auf dem höchsten Punkt der Anlage errichtet »wie das Christentum auf den Trümmern der heidnischen Welt« (Gregorovius).[28] Überragt wird sie von einer Bronzestatue der Madonna, und auch sie hat eine dem mythischen Ort angemessene Geschichte. Ihre Vorgängerin, nach dem Vorbild der Madonna von Lourdes gestaltet und 1901 aufgestellt, wurde 1978 von einem gewaltigen Blitzstrahl getroffen und, wie berichtet wird, so gründlich zerstört, dass nicht einmal mehr kleinste Überbleibsel davon aufzufinden waren.[29] Natürlich hatte sich *Iupiter tonans*, der Blitzeschleuderer, für die Schändung seiner Villa durch die christliche Gottesmutter gerächt. Aber die Gegenseite war rasch zur Stelle. Bereits ein Jahr später wurde eine von dem Bildhauer Alfiero Nena in Rom gefertigte und von einem NATO-Hubschrauber nach Capri transportierte Statue (jetzt mit Jesuskind und Blitzableiter) an der alten Stelle positioniert. Der Sturm bei Ankunft des Helikopters soll so stark gewesen sein, dass der Pilot nur mit großer Mühe seine fromme Fracht auf dem Tiberio habe landen können.

Tod auf dem Tiberio. *La bella Carmelina*

Was es seit den 1990er Jahren auf dem Tiberio nicht mehr gibt, ist eine Institution, die früher ebenfalls ein mythischer Capri-Ort war: eine kleine Locanda mit dem sinnigen Namen »Da Augusto«, »bei Augustus« (auf den Kaiser ebenso wie auf den Vornamen des Wirts gemünzt). Schon in den 1830er Jahren gab es hier eine kleine Restauration, Kinder tanzten für die Fremden die Tarantella, ältere Frauen begleiteten sie mit dem Tamburin, sangen neapolitanische Kanzonen oder boten antike Fragmente aus den Ruinen zum Kauf an.[30] Gegen Ende des Jahrhunderts hatte sich daraus »eine reinliche, gute Wirtschaft« (»Baedeker«)[31] mit dem Namen »Salto di Tiberio« entwickelt, man konnte sich mit Capri-Wein erfrischen und über eine kleine, eigens angelegte Brüstung schaudernd in den Abgrund blicken, in den Tiberius seine Gefangenen habe stürzen lassen. Die Seele des Hauses war *La bella Carmelina,* mit bürgerlichem Namen Carmela Cerrotta,[32] die als capresisches Original und als Tarantellatänzerin berühmt war. HIER IST DIE TARANTELLA VON CARMELINA stand – auf Deutsch und in Großbuchstaben über die ganze Wand – auf ihrem Haus,[33] und natürlich hatte sie ein Gästebuch.[34] Auch die Märchen und Sagen der Insel kannte sie, wurde dadurch zur wichtigsten Gewährsfrau für die Sammlung der populären Überlieferungen.[35]

Zu Carmelinas besonderen Attraktionen für die Fremden gehörte es, dass sie, um die Schandtaten des Tiberius zu illustrieren, große Steine in den Salto di Tiberio warf, die dann polternd dreihundert Meter in die Tiefe fielen.[36] Steine als imaginäre tote Seelen, als symbolische Substitution für die Opfer des Tiberius – Carmela Cerrotta muss sich nach einem langen Leben auf dem Monte Tiberio auf seltsame Weise mit

»Salto di Tiberio«. Felsabsturz an der Villa Iovis

dem Kaiser identifiziert haben. Dem Schriftsteller Norman Douglas erzählte sie im Alter, dass Tiberius sie allnächtlich besuche – »und ich sehe ihn mit meinen eigenen Augen«. »Und jetzt, wo der Herrgott ihm die Macht über die Menschen genommen hat, macht er es mit den Steinen, die ich ihm neben das Mäuerchen des Salto hinlege, und er wirft sie in die Tiefe, wie ich es tagsüber mache, als Ersatz für die armen Menschen damals; dann beruhigt er sich und verschwindet zufrieden.«[37] Es war eine besondere Form der Buße, die Carmela dem Kaiser angedeihen ließ.

Am 31. Juli 1950 stürzte sich Carmela Cerrotta, 75 Jahre alt, selbst vom Balkon ihres Hauses in die Tiefe.[38] Noch einmal forderte der Kaiser, wie in der Geschichte mit dem Fischer, ein Blutopfer von jemandem, der sich allzusehr in seine Nähe gewagt hatte.

Der ruchlose Kaiser und seine capresische Rehabilitation

Warum Tiberius im Jahr 26 die Hauptstadt Rom verließ und sich bis zu seinem Tod nach Capri zurückzog, ist eine Frage, welche die Historiker bis heute beschäftigt – und auf die es in Capri immer ganz besondere Antworten gegeben hat. Glaubt man den Skandalberichten von Sueton und Tacitus, so war es die Abgeschiedenheit und Unzugänglichkeit der Insel, die dem Kaiser die ersehnte Freiheit gegeben habe, »allen seinen Lastern, die er lange Zeit nur schlecht verhehlt hatte, freien Lauf zu lassen«.[39] Dazu zählt Sueton außer der Trunksucht des Kaisers und seiner Liebe zum Luxus vor allem seine sexuellen Ausschweifungen: Homosexualität, Päderastie, Sadismus und Voyeurismus, die er mit verschiedenen Anekdoten illustriert. So habe sich der Kaiser bei Tisch von nackten Mädchen bedienen lassen, in capresischen Grotten »Kabinette der Wollust« eingerichtet oder seine im Alter »erschlafften Kräfte« durch sexuelle Inszenierungen »allerlei widernatürlicher Unzucht« aufgepeitscht, darunter Sex mit Kindern und sogar Säuglingen.[40] Historiker haben immer wieder kritisch darauf hingewiesen, dass solche Berichte aus dem Kontext einer dezidiert kaiserfeindlichen Berichterstattung der antiken Autoren zu verstehen seien,[41] ganz abgesehen davon, dass Tiberius in seinen früheren Jahren eine Politik der Rückkehr zur altrömischen Strenge, der berühmten *mos maiorum* betrieben habe, zu welcher solche Ausschweifungen schlecht zu passen schienen. Oder sollte es (wie Sueton bereits vermutet)[42] der frühe Tod seiner beiden Söhne Germanicus und Drusus gewesen sein, der den Kaiser im Alter habe resignieren lassen? Oder war es (so Tacitus) die Furcht vor dem mächtigen und intriganten Prätorianerpräfekten Sejan, die ihn Capri als Zuflucht wählen ließ? Spielte die Erinnerung an Augustus und dessen Liebe zu Capri eine Rolle? Wie auch immer es gewesen sein mag, das Bild des alten, misstrauischen, seinen Lastern ergebenen Kaisers auf der unzugänglichen Felseninsel im Golf von Neapel hat zahlreiche Biographen und nicht zuletzt Schriftsteller und Dichter gereizt, sich dem Thema »Tiberius auf Capri« zu widmen.[43]

Es wundert nicht, dass das auch auf Capri selber geschehen musste. Wer heute mit der Funicolare, der Standseilbahn, vom Hafen aus die Ortschaft Capri erreicht, kann am mittelalterlichen Torturm eine Marmortafel sehen, die, in hymnischem Latein verfasst, »dem guten Angedenken des Kaisers Tiberius« gewidmet ist, »dem besten Fürsten und bedeutendsten Manne, der hier ein sicheres Leben im Alter führte«. Eine Hommage an Tiberius also, gestiftet von »Senat und Volk von Capri, feierlich zurückweisend die infamen Lügengespinste der Nachwelt«.[44] Die Inschrift trägt das Datum 1912 und den Namen Thomas Spencer Jerome, gesetzt wurde sie allerdings erst am 20. Oktober 1985. Es ist die Ehrenrettung des Kaisers per Stadtratsbeschluss, und hinter dem Namen und den beiden so weit auseinanderliegenden Daten steht erneut eine besondere Capri-Geschichte.

Es ist die Geschichte von Thomas Spencer Jerome,[45] eines Rechtsanwalts in Detroit, der während einer italienischen Reise 1899 und fasziniert von der Insel Capri beschloss, den Vereinigten Staaten und seiner juristischen Karriere für immer Adieu zu sagen und sich auf Capri niederzulassen. Es ist eine jener Biographien, wie sie für das »Fremdencapri« nicht untypisch waren; William Somerset Maugham, der Jerome auf Capri begegnete, hat sie in seiner Erzählung *Mayhew* literarisch gestaltet.[46] Jerome erwarb die Villa Castello (auf dem Weg zum Castiglione gelegen), übernahm das Ehrenamt eines amerikanischen Konsularagenten und widmete den Rest des Lebens seiner großen neuen Passion: dem Studium der Geschichte der römischen Kaiserzeit.[47] Seine umfangreiche Bibliothek ist heute Teil der University of Michigan, die ihn, im Verbund mit der American Academy in Rome, durch die alljährlich stattfindenden »Jerome Lectures« zur klassischen Altertumswissenschaft ehrt. Begraben ist er auf dem Fremdenfriedhof in Capri, auf seiner Grabplatte empfiehlt er sich selbstbewusst der Nachwelt mit einem Zitat aus einer Rede des Tiberius an den römischen Senat: »Mit Lob und guten Erinnerungen möge die Nachwelt meiner Taten und des Rufs meines Namens gedenken.«[48]

Denn die Rehabilitation des Tiberius war eine seiner Herzensangelegenheiten. Jerome war aufgrund seiner Studien zu der Überzeugung gelangt, dass die Berichte von Sueton und Tacitus ganz und gar parteiisch seien und den Kaiser in einem falschen Licht darstellten.[49] Mit dieser – heute durchaus akzeptierten – Auffassung stand der »Anwalt des Tiberius« (Carlo Knight) keinesfalls allein. Bereits Charles Merivales *A History of the Romans under the Empire* (1862) und Adolf Stahrs *Tiberius. Leben, Regierung, Charakter* (1863) – beide Autoren übrigens ebenfalls fachhistorische Außenseiter – hatten den »Versuch einer ›Rettung‹ Tibers« (Stahr) unternommen und seinen Rückzug nach Capri als Ausdruck der Resignation des alternden Kaisers vor den Intrigen und Anfeindungen in der Hauptstadt gedeutet.[50] Auch auf Capri ansässige Autoren hatten schon früh in eine ähnliche Richtung argumentiert.[51] Jerome aber wollte noch mehr. In guter angloamerikanischer Tradition suchte er 1912 den Stadtrat von Capri zu einer »offiziellen« Rehabilitation des Kaisers durch die Errichtung einer Ehrentafel (mit oben zitierter Inschrift) zu bewegen, für die er bereits 1 500 Lire durch freiwillige Spenden zusammengebracht hatte. Ein Sturm der Entrüstung war die Folge. »Die Päderasten von Capri wollen ihren Kaiser glorifizieren«, hetzte ein anonym kursierender offener Brief,[52] und unter Federführung des lokalen Klerus formierte sich die Opposition gegen das Vorhaben. Im Juni 1912 reichten 154 Bürger der Stadt eine Petition beim Stadtrat gegen die Errichtung der Ehrentafel für Tiberius ein; zu den Unterzeichnern gehörten neben den Priestern und den Ortsnotabeln (darunter Ignazio Cerio) zahlreiche Handwerker, Arbeiter, Bauern, Fischer, Seeleute – bis hinab zu den drei örtlichen Totengräbern. Unter den ausländischen Residenten findet sich lediglich der Name des britischen Konsularagenten Harold E.Trower.[53] Vergebens suchte Jerome Beistand für sein Anliegen durch Gutachten von ausländischen Altertumswissenschaftlern, er starb nach einer dreijährigen erbitterten Auseinandersetzung um die »Ehre« des Tiberius, ohne dass er Erfolg gehabt hätte. Erst 1985 wurde die von ihm verfasste Laudatio vom Stadtrat genehmigt und auf der erwähnten Marmortafel publiziert, zusammen mit einer Hommage an den »illustren Wissenschaftler, der von Capri aus dem Kaiser Tiberius Würde und Ehre zurückgegeben« habe.

Dabei sollten sich freilich die »Lügengespinste« über die Laster des Kaisers hartnäckiger halten als alle ernsthaften Versuche zu deren Widerlegung. Und mehr noch: Gerade die vermeintlichen oder tatsächlichen Exzesse des Tiberius waren es, die in der Epoche des Fin de siècle den Ruf Capris als Insel der sexuellen Libertinage begründeten und in der Folgezeit nährten. Hatte Jerome noch bei seinen Bemühungen um die Rehabilitation des Tiberius ins Feld geführt, die Skandalberichte über dessen Ausschweifungen würden »nicht nur die Insel und ihre Bewohner diffamieren, sondern auch die Touristen abschrecken«,[54] so war genau das Gegenteil der Fall: Der Mythos des Tiberius sollte Capri zunehmend für jene attraktiv machen, die ihr Leben außerhalb der herrschenden sexuellen und moralischen Standards leben wollten.

Quisisana
Die therapeutische Insel

Hier wird man gesund

Krankenhausweiß – so leuchtet das Hotel »Quisisana«, und auch die breit ausladende Konstruktion des Gebäudes erinnert eher an eine Anstalt, der Name ohnehin: *Quisisana*, »Hier wird man gesund«. In der Tat wurde das heutige Luxushotel im Zentrum Capris als Sanatorium geplant und erbaut, von dem aus Liverpool gebürtigen Arzt George Sidney Clark,[1] der in den 1850er Jahren auf die Insel gekommen war, sich dort in eine dreizehn Jahre jüngere Bauerntochter[2] verliebt und beschlossen hatte, seine ärztliche Tätigkeit auf angenehmere Art im Süden fortzusetzen. Der Kunsthistoriker Carl Justi, Autor einer großen Winckelmann-Biographie, der Sidney Clark im September 1867 im Kreis anderer Briten und Amerikaner bei einem ausgelassenen Erntefest in einem capresischen Weingarten begegnet ist, behauptet, dass dieser Arzt »mehr als rathsam ist, für die Klarheit des Denkens und Handelns den Geschenken seines Weinbergs zugethan« gewesen sei[3] – aber das war wahrscheinlich nur die vom Neid diktierte Sottise eines karrierebewussten deutschen Akademikers auf dem Weg zu einem Lehrstuhl. Auch an Clarks Landsmann und Besitzer des Weingartens lässt Justi kein gutes Haar: Es war der »Times«-Korrespondent Henry Wreford, auch er mit einer Capresin liiert.[4] Die Polemik gegen die britischen *residents* auf der Insel[5] und die selbstverständliche und

Hotel Quisisana, um 1920

lebensfrohe Art, mit der sie sich dort zu etablieren wussten, war damals bei deutschen Grandtouristen ein Dauerthema.[6] Dabei hat sich Dr. Sidney Clark um die ärztliche Versorgung der örtlichen Bevölkerung durchaus Verdienste erworben, er wurde der erste ausländische Ehrenbürger der Stadt Capri und nach seinem Tod mit einer Gedenktafel am Rathaus gewürdigt (1908).

Clarks Projekt, das »Quisisana«, bei seiner Gründung noch weit außerhalb der Ortschaft gelegen, entwickelte sich rasch zum angesehensten Kurhotel der Insel.[7] Nicht zuletzt wegen seines ansprechenden, beziehungsreichen Namens (der um die Jahrhundertwende bereits von einem Grandhotel in Heringsdorf an der Ostsee kopiert wurde)[8] kam es im wilhelminischen Deutschland auch zu literarischen Ehren: In seiner vielgelesenen Novelle *Quisisana* (1879) führt es Friedrich Spielhagen als Sehnsuchtsort eines von der Liebe enttäuschten und am Leben leidenden Hagestolzes ein, dessen heimliche Geliebte mit einem jüngeren Mann die Hochzeitsreise nach Capri unternimmt.[9] Um 1900 verfügte das Capreser Hotel bereits über nicht weniger als siebzig Zimmer[10] und wurde vor allem von Gästen aus den angelsächsischen Ländern frequentiert. Oder von solchen, die dem »deutschen« Milieu des Konkurrenten »Pagano«[11] bewusst aus dem Weg gehen wollten.

Quisisana.

Novelle

von

Friedrich Spielhagen.

Vierte Auflage.

Taschen-Ausgabe.

Leipzig.

Verlag von L. Staackmann.

1886.

Die gute Luft!

Die Vorstellung von Capri als einem »gesunden« Ort hat eine lange Tradition, führt zurück in Zeiten, in denen im ärztlichen Diskurs ein therapeutischer Faktor eine eminente Rolle spielte, der heute praktisch vergessen ist oder allenfalls im Begriff des »Luftkurortes« weiterlebt: die »gesunde« Luft. Nach den Lehren der hippokratisch-galenischen Medizin war man davon überzeugt, dass die Luft über die Haut unmittelbar in den Körper eindringe und die einzelnen Organe affiziere. »Schlechte« Luft – so etwa die Ausdünstungen von Sümpfen, feuchte Winde oder unreine Stadtluft – könnten, so glaubte man, zu schweren körperlichen Schäden bis hin zu Siechtum und Tod führen. Reine, »gute« Luft war hingegen eine beliebte ärztliche Verordnung für eine ganze Reihe von Leiden körperlicher und seelischer Art, von der Störung der Körpersäfte bis hin zur Melancholie. *Hier* wird man gesund: Die Formel erinnert daran, dass es weniger eine bestimmte

Anwendung als ein bestimmter *Ort* war, von dem man sich Heilung versprach.

Die Insel Capri nun wurde schon im Altertum für ihr gesundes Klima gerühmt, und Tacitus deutet an, dass wohl auch dieser Umstand den Kaiser Tiberius veranlasst haben mochte, sich im Alter hierher zurückzuziehen.[12] Die »gesunde Luft« (*aria salubre*) auf der Insel hebt dann auch eine der ältesten neuzeitlichen Capri-Beschreibungen hervor: Der venezianische Geograph Vincenzo Maria Coronelli macht sie dafür verantwortlich, dass »die Menschen dort kräftige Nachkommen zeugen und von lebhafter Gesichtsfarbe sind«.[13] Auch der »sanfte Charakter« der örtlichen Bevölkerung – so eine Statistik von 1840 – sei durch das »milde Klima« der Insel verursacht.[14] In Reisebeschreibungen und Reiseführern ist dann seit dem 18. Jahrhundert die gute Luft auf Capri ein Leitmotiv[15] – bis hin zu Bemerkungen, die an Beschreibungen des Irdischen Paradieses denken lassen, so, wenn es in Ernst Försters verbreitetem Italienführer (einem Vorläufer des »Baedeker«) über Capri heißt: »Die Luft ist überaus gesund, und selten hört man von einer Krankheit auf der Insel.«[16] Dies ganz im Gegensatz zu dem festländischen Neapel, vor dem der gleiche Führer (und zahlreiche andere Publikationen) wegen des gesundheitsschädlichen und besonders für Leidende riskanten Klimas warnen.[17] Wie fragwürdig auch immer solche klimatischen Analysen gewesen sein mögen, sie sind doch substantieller Teil des entstehenden Capri-Mythos, und sie bilden die früheste und über lange Zeit wirksame Motivation zum Besuch der kleinen Insel im Golf von Neapel.

Die Geschichte des ersten ausländischen Residenten

Das gilt bereits für den ersten Ausländer, der sich, soweit wir wissen, auf Capri niedergelassen hat, den aus Harmston in Lincolnshire gebürtigen Sir Nathaniel Thorold,[18] der im Handel mit Stockfisch ein beträchtliches Vermögen erworben hatte. »Thorold litt stark unter Asthma und kam, nachdem er zuvor alle Regionen Italiens erprobt hatte, an denen die Luft für seinen Gesundheitszustand am besten wäre und er doch nirgends Linderung fand, schließlich auf die Insel Capri, wo, kaum dass er einige Tage in Anacapri verbracht hatte, seine Atmung freier wurde«: So berichtet es im Stil einer Wunderheilung Charles Duclos, Sekretär der Académie Francaise, der 1767 Italien bereiste.[19] Thorold ließ sich in Capri eine Villa bauen, es ist der noch heute existierende Palazzo Canale, der wegen seiner ungewöhnlichen Größe und seiner prächtigen Einrichtung bei den Zeitgenossen Aufsehen erregte und später zum Absteigequartier des Königs wurde, wenn dieser zur Wachteljagd nach Capri kam.[20] Aber auch in Thorolds Fall funktionierte das Motto *Quisisana* nicht nur rein medizinisch. »Das erste Möbelstück« – so schreibt süffisant Charles Duclos – »das er sich anschaffte, um seine Einsamkeit zu versüßen, war ein junges, schönes Mädchen.«[21] Tatsächlich ist die Geschichte ein bisschen komplizierter. Das »Mädchen«, Anna della Noce (Capri 1707 – ebd. 1787), war die junge Frau seines sehr viel älteren Capreser Geschäftspartners Antonino Canale (Capri 1672 – ebd. 1754), mit der Thorold in einer *ménage a trois* zusammenlebte und mit der er fünf Kinder hatte. Natürlich wusste ganz Capri Bescheid, wie die Dinge lagen. Aber für die öffentliche Schande ihres permanenten Konkubinats revanchierte sich Anna auf ihre Weise: Nach Thorolds Tod 1764 fälschte sie zusammen mit dem Capreser Notar Michele Pagano dessen Testament, um sich in den Besitz von Villa und Vermögen zu bringen. Vermutlich hatte sie damit in den Augen der Capresen mehr zurückgewonnen als ihre Ehre. Es ist nicht die letzte Geschichte dieser Art, die sich zwischen Fremden und Einheimischen auf Capri ereignen sollte.[22] Thorold, dem als Anglikaner kein Recht auf Bestattung an geweihtem Ort zukam und der sich bis zuletzt standhaft geweigert hatte, zum Katholizismus zu konvertieren, wurde auf freiem Feld und ohne Grabstein begraben. »Auf Capri aber bedauerte man sehr den Tod von Signor Thorold, wegen seines großen Reichtums und seiner zahlreichen guten Taten.«[23]

Ein Epitaph für einen konvertierten Ketzer

Zur gleichen Zeit lebte ein weiterer Engländer auf Capri, der erste Ausländer, dessen Präsenz auf der Insel öffentlich dokumentiert wurde. Es war der emeritierte britische Militärarzt Dr. John Hulbert, der 1767 auf Capri starb, im Alter von 52 Jahren, und der, da er im Gegensatz zu Thorold konvertiert war, in der Ortskirche Santo Stefano beigesetzt wurde. Dort hat ihm, dreizehn Jahre nach seinem Tod, der Bischof von Capri persönlich ein Epitaph gewidmet (die Platte ist heute im Fußboden der Kirche eingelassen). Die Inschrift gibt uns einigen Aufschluss, wenn nicht über die Person des Verstorbenen, so doch darüber, wie man sich auf Capri an ihn erinnerte – an den ersten in einer langen Reihe von fremden Residenten.

D.O.M.
JOHANNI HULBERT ANGLO
EMERITO LEGIONUM BRITANNICARUM MEDICO
QUI HAERESI EJURATA
ET CATHOLICAE ROM. ECCLESIAE NOMINE DATO
QUIETIORIS VITAE DESIDERIO
HUIUS INSULAE DOMICILIUM SE ELEGIT QUO
OB MORUM INNOCENTIAM
ET IN ANNONAE POTISSIMUM STERILITATE
INSIGNIA ERGA EGENOS AEGROSQUE BENEFICIA
OMNIBUS SPECTATISSIMUS OBIIT
AN. AE. CH. MDCCLXVII DIE XXVII SEPT.
AET. AN. P.M. LII
ANNUIS ELARGITIONIBUS
CLERO AC CIVIBUS TESTAMENTO LEGATIS

NICOLAUS XAVERIUS GAMBONI EPISCOPUS CAP. NUS.
MON.PON.CUR.AN.D.NI MDCCLXXX

Johann Hulbert, dem Engländer, emeritiertem Arzt der britischen Legionen, der, nachdem er der Häresie abgeschworen und sich zur römisch-katholischen Kirche bekannt, im Wunsch nach einem ruhigeren Leben sich diese Insel als Domizil erwählt, wo er wegen seiner reinen Sitten und vorzüglich in Zeiten der Not an Nahrungsmitteln wegen seiner außerordentlichen Wohltaten gegen Bedürftige und Kranke von allen hoch angesehen starb am 27. September 1767 im 52. Lebensjahr, nachdem er Klerus und Bürger in seinem Testament mit jährlichen Schenkungen bedacht hatte. Nicola Xaverio Gamboni, Bischof des Kapitels, Monsignore der Päpstlichen Kurie im Jahre des Herrn 1780.

Nicht ohne Genugtuung hebt die Inschrift gleich zu Beginn hervor, dass der Engländer John Hulbert der »Häresie« abgeschworen und sich zum römisch-katholischen Glauben bekannt habe.

Konfessionelle Differenzen spielten in der Wahrnehmung der Fremden lange Zeit eine eminente Rolle, Besucher aus nichtkatholischen Ländern galten als »Ketzer« und »Ungläubige«, bis heute haftet ihnen in ländlichen Gegenden des Südens ein gewisser Exotismus an. Ob Hulberts Konversion ganz aus freien Stücken erfolgte, sei dahingestellt. Wir wissen noch aus dem 19. Jahrhundert, dass im Süden missionseifrige Priester gern an den Kranken- und Sterbebetten nichtkatholischer Ausländer auftauchten, um sie zum »wahren Glauben« zu führen. »Die Zudringlichkeit der römischen Bekehrer ist unglaublich«, berichtet der Oldenburger Professor Adolf Stahr von seiner Reise 1845.[24] Auch materielle Interessen in Form der Verschreibung von Legaten konnten dabei im Spiel sein.

Hulberts Testament ist glücklicherweise erhalten geblieben,[25] es wurde zwei Wochen vor seinem Tod mündlich diktiert und erlaubt einige biographische Präzisierungen. Zugleich macht es deutlich, warum dem Engländer die Ehre eines bischöflichen Epitaphs in der Ortskirche zuteilwurde.

Danach lebte der Arzt »seit vielen Jahren in der Stadt Capri«, wo er ein Haus im Viertel Parate gemietet hatte. Außerdem besaß er ein Haus in Neapel. Als »römischer Katholik und gläubiger Christ« wünschte er, in Santo Stefano beigesetzt zu werden – die langen einleitenden Ausführungen zum erlangten Heil seiner Seele lassen ahnen, dass die Konversion erst in seiner allerletzten Lebenszeit erfolgt sein muss. Zur Universalerbin seiner beweglichen und unbeweglichen Habe bestimmt er seine in England lebende Schwester. Außerdem sei bei Anna della Noce auf Capri (es ist die erwähnte Geliebte von Nathanael Thorold) auf dem Gerichtsweg ein offener Kredit von 803 Dukaten einzutreiben,[26] eine Summe, welche sodann in Ländereien angelegt werden solle. Aus dieser Stiftung sei alljährlich für 22 ½ Carlini eine Seelenmesse für den Verstorbenen zu lesen, »von dem verbleibenden Kapital möge durch seine Testamentsvollstrecker unter den Armen der Stadt verteilt werden, ausgenommen jenen von Anacapri« (die alte Aversion gegenüber dem anderen Ort der Insel!). Es folgen eine Reihe kleinerer Legate, unter anderem an die in seinem Haus lebende »Bedienstete« (*servant*) Elisabetta Prisco,[27] vermutlich seine Capreser Geliebte. Als Testamentsvollstrecker setzt Hulbert zwei Ortspriester ein.[28]

Damit wird klarer, worauf das Epitaph anspielt, wenn es an Hulberts »außerordentliche Wohltaten« an Armen und Kranken und seine »jährlichen Schenkungen« an Klerus und Bürger anspielt. Hulbert war Arzt, davon profitierten zu seinen Lebzeiten natürlich die Kranken – immerhin gab es noch Anfang des 19. Jahrhunderts auf der Insel mit ihren rund 3 300 Einwohnern nur einen einzigen »Wundarzt«.[29] Der Löwenanteil seiner »Wohltaten« kam allerdings der Kirche zugute. Denn die stattliche Summe von 803 Dukaten (entsprechend etwa 15 000 Euro) sollte ja in kirchlichen Grundbesitz investiert werden – Hulberts Legat ist die erste ausländische Kapitalinvestition auf Capri.

Was im Falle von John Hulbert vermutlich durch sanften Druck zustande kam, wird auch in Zukunft für die Geschichte des »Fremdencapri« eine wichtige Rolle spielen: Der Fremde aus dem Norden ist tendenziell *benefattore*, »Wohltäter«. Und der Fremde akzeptiert in der Regel die philanthropische Zuschreibung, versucht, der Wohlfahrt der Insel und ihrer Bevölkerung aufzuhelfen. Darin kommt ein ungleiches Verhältnis in der Beziehung von Einheimischen und Fremden zum Ausdruck, eine Form des Kolonialismus, wie sie schließlich zur totalen Abhängigkeit der Insel, ihrer Infrastruktur und ihrer Wirtschaft von jenen *benefattori* führen sollte, die heute Kapitalgesellschaften, Kreuzfahrtreedereien oder Tourismusagenturen heißen.

Zwischen Erholung und Vergnügen

Ob auch John Hulbert ähnlich wie sein Landsmann Nathaniel Thorold aus gesundheitlichen Gründen nach Capri kam, wissen wir nicht. In jedem Fall beginnt mit den ersten englischen Residenten die Geschichte des Fremdenverkehrs auf Capri, und das Motiv der »Heilung« wird dabei in der Frühzeit eine wichtige Rolle spielen. Die Entwicklung des »Quisisana« von der Klinik zum Luxushotel zeigt dabei allerdings anschaulich, wie fließend die Übergänge zwischen Krankheit und Gesundheit im Grunde waren (und sind), wie diffus der Begriff des »Patienten«, der nach Capri kam, um hier »Erholung« zu suchen. Oder, wie es der Protagonist in Spielhagens »Quisisana«-Novelle in einer schönen Anspielung auf den Namen des Hotels ausdrückt: »Auch wenn man sich leidlich gesund fühlt, zu gesunden hat man immer, zum Beispiel vom Leben, das im Grunde doch eine lange Krankheit ist.«[30]

Es wundert daher nicht, dass Reiseführer, die speziell für Leidende konzipiert waren, wie beispielsweise Reynolds-Balls verbreiteter *Mediterranean Winter Resorts*, auch für Capri nicht nur medizinische Heilanzeigen im engeren Sinn aufführen (»pulmonary trouble, liver or kidney desease, rheumatic troubles, all classes of nervous disorders«), sondern auch die Kategorien »Amusements« und »Sport« inserieren, dabei den neuen Tennisplatz und die Möglichkeiten der Wachteljagd nennen oder unter »Excursions« die Inselrundfahrt, die Fahrt in die Blaue Grotte oder den Besuch einer Tarantella-Tänzerin empfehlen: »Diese Vergnügungen, verbunden mit Spaziergängen, Zeichnen und photographischen Exkursionen, steigern die Erholung, welche die Insel bietet.«[31] Aktuelle medizinische Auffassungen, die auf einem ganzheitlichen Begriff der Gesundheit bestehen, haben hier ihre Vorläufer.

Aus der Praxis von Dr. Vincenzo Cuomo

Vincenzo Cuomo

Dass die Ärzte hingegen auf streng medizinischen Anamnesen und Therapien bestanden, liegt ebenfalls auf der Hand. Auf Capri war es Vincenzo Cuomo (Neapel 1858 – Anacapri 1935), ein universal gebildeter und international angesehener Arzt und Wissenschaftler, der ursprünglich selbst zur Ausheilung einer Infektionskrankheit nach Capri gekommen war, dann dort jahrzehntelang praktizierte und die Insel zum Gegenstand seiner klimatologischen und (modern gesprochen) umweltmedizinischen Forschungen machte.[32] In seiner Villa in Anacapri (heute Via Orlandi 8) führte er ein meteorologisches Observatorium, das erstaunlich präzise Daten an das nationale Netz übermittelte, die für Cuomo jedoch in erster Linie Basis seiner klimatherapeutischen Ideen waren, wie er sie in zahlreichen Veröffentlichungen und Kongressvorträgen formulierte. Neben der Analyse verschiedener meteorologischer Faktoren (Sonnenstunden, Luftdruck, Luftfeuchtigkeit etc.) setzte auch Cuomo dabei vor allem auf die »Reinheit der Luft« (*purezza dell'aria*) und deren geringen Anteil an schädlichen Mikroorganismen.[33] Die Auswertung der Kindersterblichkeit und der Mortalitätsraten in den Gemeinden Capri und Anacapri lieferte ihm zudem »den sicheren Index zum Beweis des gesunden Klimas auf Capri«.[34] Dabei empfiehlt er die Insel vor allem zur Ausheilung von Infektionskrankheiten, konstitutionellen Schwächezuständen, broncho-pulmonalen Leiden (vor allem der Tuberkulose) sowie von neurasthenischen Zuständen – Letzteres eine zeitgenössische Lieblingsdiagnose avancierter Mediziner.

Besonders aufschlussreich für Capri als Insel der Kranken ist dabei ein Einblick, den uns Dr. Cuomo in seine eigene Praxis gewährt. In seinem Buch *L'isola di Capri come stazione climatica* (1894) stellt er sechzig anonymisierte Fallbeispiele von ausländischen Patienten vor, die bei ihm auf Capri in Behandlung waren, einige von ihnen bis zu zwei Jahre. Die Mehrheit von ihnen kam aus Deutschland (26), gefolgt von Österreichern (5), Russen (5), Italienern (5), Engländern (4), Schweizern (2) und Polen (2). Aber auch Patienten aus Schweden, Portugal, den USA, Kanada, Peru und anderen Ländern (je 1) standen in Cuomos Patientendatei. Die meisten von ihnen waren Männer, praktisch alle im Alter von zwanzig bis vierzig Jahren. Cuomo verzeichnet die Anamnese, die Diagnose, den Aufenthalt auf der Insel und das Ergebnis – Letzteres fällt in lediglich zwei Fällen negativ aus. Es ist ein Einblick, wie ihn uns keine andere zeitgenössische Quelle geben könnte, und er macht deutlich, wie sehr sich Capri um 1900 als Anziehungspunkt eines elitären Patiententourismus etabliert hatte.

Patient und Mäzen. Friedrich Alfred Krupp

Einen seiner Patienten freilich, seinen prominentesten, konnte Dr. Cuomo unter jenen Fallbeispielen von 1894 noch nicht aufführen: Friedrich Alfred Krupp. Der Essener Industrielle, der an asthmatischen und nervösen Beschwerden litt, lernte Capri während einer Mittelmeerfahrt 1898 kennen und verbrachte die Wintermonate der Jahre 1899 bis 1902 regelmäßig auf der Insel, in einer 4-Zimmer-Suite im »Quisisana«.[35] In seinen unveröffentlichten Lebenserinnerungen notierte Cuomo:

»Herr Alfred Krupp, den ich fünf Jahre lang während seiner ausgedehnten Aufenthalte im Winter und im Frühling als Patienten hatte, brachte mir beinahe täglich ein kleines Krankenhaus von Menschen an, denen er Gutes tun wollte und die sich an ihn gewandt hatten, um von mir behandelt zu werden. Herr Krupp genoß seine alljährlichen ausgedehnten Aufenthalte sehr, wobei er sich mit wachsender Begeisterung für die Zukunft Capris einsetzte.«[36]

Friedrich Alfred Krupp. Portraitbüste von Karlheinz Oswald an der Via Krupp, 2009

In der Tat hat Krupp wie kein anderer Capri-Patient das Gesicht der Insel geprägt. So gut wie jeder Tourist wird heute von seinem *Guide* zu den sogenannten »Augustusgärten« geführt, einem terrassierten Belvedere mit spektakulärem Panoramablick zum Meer. Sie hießen bis 1918 Giardini di Krupp und waren Teil eines ausgedehnten Territoriums im Süden der Insel, das Krupp erworben hatte und auf dem er einen öffentlichen Garten und zwei Tennisplätze anlegte. Das Areal wurde nach Krupps Tod von seiner Witwe der Kommune geschenkt, mit der Auflage, dass es nicht bebaut und »in seiner jetzigen Bestimmung«, das heißt als öffentliche Anlage erhalten werde.[37] Die Kommune hat es Krupp allerdings schlecht gedankt – in den 1960er Jahren entstand auf dem Areal ein Luxushotel (»Luna«), und wer die »Augustusgärten« betreten will, muss seit 2013 Eintrittsgeld zahlen.

Via Krupp

Das zweite große Projekt, mit dem sich Krupp in die Landschaft von Capri eingeschrieben hat, ist die Straße unterhalb der »Augustusgärten«, die inzwischen wieder seinen Namen trägt.[38] In abenteuerlichen Serpentinen in den fast senkrecht zum Meer abstürzenden Felsen gehauen, ist die Via Krupp eine der spektakulärsten Straßenbauten der Moderne und im Grunde eher ein Kunstwerk der »Land Art« *ante litteram*, als dass sie eine praktische Funktion gehabt hätte. Von der Idee einer Verschönerung der Insel spricht auch der Projektentwurf – die Straße sei gedacht »für die zahlreichen Fremden, die in ihren [= Capris] wunderbar balsamischen Lüften Heilung ihrer körperlichen Leiden suchen«.[39] Krupp finanzierte den Bau mit 40 000 Lire (das entspricht etwa 56 000 Goldmark oder 700 000 Euro) und wurde im Jahr seiner Fertigstellung mit der Ehrenbürgerschaft ausgezeichnet. 1970 wurde dem Andenken des »Kanonenkönigs« dann dort auf durchaus geistreiche Weise ein Kontrapunkt gesetzt: In Erinnerung an die Capri-Aufenthalte Lenins in den Jahren 1908 und 1910[40] und auf Antrag der Stadtratsfraktion der Kommunistischen Partei wurde dem sowjetischen Revolutionär zu seinem 100.

Geburtstag ein Denkmal errichtet, geschaffen von dem bekannten italienischen Bildhauer Giacomo Manzù und platziert direkt oberhalb der Via Krupp.

> »Sahen die Kommunisten an diesem Platz vielleicht die Chance für Lenin, den Dämon Krupps zu vertreiben, ähnlich wie die Statue der Santa Maria del Soccorso oberhalb der Ruinen der Villa Iovis aufgestellt wurde, um die Sünden des Tiberius zu sühnen?«[41]

Auch als *generoso benefattore* (so die capresische Todesanzeige), als großzügiger Wohltäter der lokalen Bevölkerung, blieb Krupp auf Capri lange Zeit in Erinnerung.[42] Er selber genoss das Leben auf der Insel, steuerte von dort sein Imperium wie einst Kaiser Tiberius das seine. »Sie [...] wissen, wie glücklich ich auf Capri gewesen bin, unter den guten Capresen, dass Capri meine zweite Heimat war, ich fühlte mich selbst als Caprese und ich war stolz darauf«, schreibt er wenige Monate vor seinem Tod an den Arzt Ignazio Cerio auf Capri.[43] Da hatte sich das Verhängnis schon über ihm zusammengebraut. Krupp hatte, einer Laune am Stammtisch mit Vincenzo Cuomo folgend, mit seinen capresischen und deutschen Freunden eine *Congrega* gegründet, eine »Bruderschaft«, die sich nach dem Treffpunkt, einer ausgebauten Einsiedlerhöhle neben der Via Krupp, »Congrega di Fra Felice« nannte.[44] In studentesker Manier gab man sich »Ordensregeln« und -abzeichen, redete sich mit Ordensnamen und -titeln an. Cuomo, der eigentliche Organisator des Ganzen, war der »Prior«, Krupp wurde als *Fra Federico* tituliert, sein Friseur, Adolfo Schiano, war *Fra Adolfo*. Der mächtigste Industrielle, der reichste Mann Europas und Freund des Kaisers, der in Essen in der pompösen Villa Hügel residierte, hatte hier sein kindliches Vergnügen an den Zusammenkünften einer buntgemischten Spaßgesellschaft in einer Einsiedlerhöhle hoch über dem Meer. Es war ein perfektes Doppelleben, Capri, die Insel, auch hier der Gegenpol zum festen Land.

Die Ereignisse, die dann zum sogenannten »Krupp-Skandal« führten, sind immer noch nicht ganz geklärt. Krupp wurde in die Auseinandersetzungen zwischen zwei lokalen politischen Lagern hineingezogen. Auch Neid und Rivalität vonseiten derjenigen, die sich zu kurz gekommen wähnten, waren wohl im Spiel. Umlaufende Gerüchte über seine homosexuellen Ambitionen wurden dann von der sozialistischen Presse in Neapel zu einer infamen Schmutzkampagne gegen einen »degenerierten reichen Ausländer« instrumentalisiert, der »in Erinnerung an Kaiser Tiberius die Sitten des Römischen Reiches erneuern wollte«.[45] Als der sozialdemokratische *Vorwärts* in Berlin die Anschuldigungen aufgriff, schied Krupp im November 1902 – vermutlich durch Suizid – aus dem Leben. Auf der offiziellen Trauerfeier in Capri hielt Vincenzo Cuomo, wahrscheinlich Krupps einziger wirklicher Freund am Ort, die Gedenkrede auf seinen ehemaligen Patienten.[46]

Eine Tuberkuloseheilstätte auf antikem Boden?

Gesundheitliche Probleme und der Wunsch nach Erholung von seiner anstrengenden wissenschaftlichen Arbeit führten in der gleichen Zeit auch einen prominenten deutschen Mediziner nach Capri: Emil von Behring, den Erfinder des Diphterie-Serums und Nobelpreisträger für Medizin 1901. Behring, der an neuralgischen Beschwerden und Depressionen litt, kam Anfang der 1890er Jahre nach Capri und kaufte sich hier 1895 eine Villa, in der er sich in den folgenden Jahren immer wieder aufhielt.[47] Behring stand in regem Kontakt mit

Friedrich Alfred Krupp,[48] und über ihn dürfte er auch Vincenzo Cuomo kennengelernt haben. Behring war es auch, der den Biologen Anton Dohrn in Neapel, den Leiter der dortigen »Zoologischen Station«, von Krupps ernsthaften Interessen und Kompetenzen in der meeresbiologischen Forschung überzeugte, woraufhin der Essener Industrielle mit Unterstützung der »Station« zwei Tiefseeforschungskampagnen zur marinen Fauna im Golf von Neapel durchführte.[49]

In die Zeit seines Capreser Aufenthalts fällt auch Behrings Beschäftigung mit den Möglichkeiten der Bekämpfung der Tuberkulose, und er entwickelt dazu eine originelle Idee. An den Ministerialrat im Preußischen Kultusministerium in Berlin Friedrich Althoff schreibt er in einem Brief aus der »Villa Behring« vom 5. April 1896:

> *Hier in Italien, speziell auch in Capri, bin ich der Frage näher getreten, ob man nicht in die Tuberkulose-Heilstätten-Angelegenheit ein neues wirksames Moment dadurch hineinkriegen könnte, daß die Patienten an nützliche körperliche Arbeiten im Freien gewöhnt werden. Vielleicht erwerbe ich schon in der nächsten Zeit den San Michele in Capri, einen sehr gut gelegenen, uncultivirten* [...] *Berg, um praktisch die Sache sofort in Angriff nehmen zu können, wenn mit dem Tuberkulose-Antitoxin die Vorversuche erledigt sind. Ich denke dabei hauptsächlich an leichtere landwirtschaftliche Arbeiten. In Deutschland ist der böse Winter nach dieser Richtung sehr störend. Auch hier haben wir ja nicht immer Sonnenschein und große Wärme. Aber es vergeht doch kaum ein Tag, wo man nicht mehrere Stunden im Freien arbeiten kann – auch im Winter.«*[50]

Einige Jahre später kommt Behring noch einmal auf das Thema zurück, spricht in einem Brief an Carl Duisberg, den Direktor der Farbenfabriken Bayer, von seiner Idee einer »Anstaltsbehandlung wohlhabender und reicher tuberkulöser und schwindsuchtbedrohter Patienten unter meiner Leitung«, verweist dazu erneut auf »das heilkräftige Klima in Capri« und fügt hinzu: »Habe schon jetzt in Capri für diesen Zweck Vorkehrung getroffen.«[51]

Worin diese Vorkehrung bestand, ist nicht bekannt, offenbar wäre es für Behring kein Problem gewesen, »den San Michele« zu kaufen, einen Bergrücken, auf dem zu Behrings Zeit noch zahlreiche Reste römischer Altertümer, vermutlich einer tiberianischen Villa zu sehen waren. Das Projekt wurde nicht weiterverfolgt, Behring verkaufte seine Capreser Villa im Herbst 1899[52] – und der Gipfel des Monte San Michele ist heute immer noch weitgehend unbebaut.

Der Arzt von San Michele

Und schließlich der berühmteste Medizinmann Capris, Axel Munthe, der Arzt von San Michele! Natürlich beginnt auch seine Geschichte mit der Krankheit: Der 19-jährige Student erkrankt an Lungentuberkulose, wird zur Heilung in den Süden geschickt und kommt 1876 über Mentone an der Côte d'Azur erstmals nach Capri.[53] Seine gesundheitliche Konstitution bleibt auch weiter fragil. Von Erschöpfung gezeichnet kehrt er im Juni 1888 auf die Insel zurück: »Ich bin auf Capri, und diese Breiten (*these climes*), die mich einst vom Tod zurückgerufen haben, werden vielleicht sogar jetzt meinen Lebenswillen wiederherstellen.«[54] Munthe wohnt zunächst zur Miete in Anacapri[55] und kauft dann im Juni 1895 jenes Areal, auf dem in den folgenden Jahren seine »Villa San Michele« entstehen wird.

In den Zeiten, in denen er auf Capri weilt, praktiziert er auch dort, der »Baedeker« empfiehlt ihn, zusammen mit Vincenzo Cuomo, den durchreisenden Fremden.[56] Zugleich stellt sich Munthe in die Tradition der fremden *medici benefattori*, behandelt die einheimische Bevölkerung, ohne dafür Geld zu nehmen.[57] Was die Capresen allerdings erboste, war, dass dieser seltsame Mann aus dem Norden die Vogeljagd auf der Insel verbieten wollte, eine Einkommensquelle, die hier doch eine jahrhundertealte Tradition hatte. Tatsächlich gelang es Munthe 1932, über eine persönliche Intervention bei Mussolini ein entsprechendes Dekret des »Duce« zu erwirken.[58]

Die Praxis des schwedischen Arztes mit dem kauzigen Aussehen und Gebaren sollte allerdings noch für einen anderen Personenkreis attraktiv werden: Angehörige der europäischen Hautevolee, die bei Doktor Munthe Heilung ihrer oft sehr speziellen Leiden suchten. In diesen Fällen war es mit der guten Luft und dem gesunden Klima nicht getan. Munthe setzte auf andere Optionen, und sie hatten vor allem mit seiner eigenen Person zu tun. Er hatte bei dem französischen Neurologen Jean-Martin Charcot in Paris die Techniken der Hypnose und der Suggestion gelernt, er verstand es, die Patienten auf geheimnisvolle Weise an sich zu binden, vor allem und immer wieder Frauen. »Ich habe das Geheimnis entdeckt, es ist einfach so, dass ich eine gewisse Fähigkeit habe, Menschen zu führen (*to lead people*) und diese, zumeist unbewusst, meinem Willen zu unterwerfen«, schreibt er im Brief an einen Freund.[59] Hysterie und Neurasthenie, zwei Lieblingsdiagnosen der Zeit vor dem Ersten Weltkrieg, waren (oder schienen) auf diese Weise heilbar, nervöse Reizzustände, Entkräftung, jene pathologischen Dunkelzonen des »Febrilen« (Thomas Mann), nicht zu vergessen die verschiedenen Formen der *Psychopathia sexualis* (Krafft-Ebing, 1886).

Capri wurde durch Munthe eine der exquisitesten ärztlichen Adressen in Europa. Eine der berühmtesten Capreser Patientinnen Munthes war die menschenscheue und unter nervösen Depressionen leidende badische Prinzessin und spätere schwedische Königin Victoria. Munthe, Arzt und Liebhaber, »verordnete« ihr eine Villa in Anacapri[60] – was dem kleinen Ort im März 1904 eine Stippvisite Kaiser Wilhelms II. einbrachte, der hier seine Cousine besuchte (und den berühmten Doktor Munthe kennenlernen wollte).[61] Aus der deutschen Hocharistokratie kam auch ein anderer sensitiver Patient nach Capri: Prinz Max von Baden, der letzte Kanzler des Deutschen Reiches. Max litt an »sexueller Inversion« (so die zeitgenössische Terminologie), ein »Leiden«, das zunächst den Heiratswillen des Prinzen, später die Zeugung eines erwünschten Thronfolgers beeinträchtigte. Mehrere zum Teil monatelange paartherapeutische Aufenthalte in der Villa San Michele führten dann auf rätselhafte Weise zum Ziel: Maxens Ehefrau Marie Louise wurde schwanger.[62]

Dank Axel Munthes erfindungsreichem und in viele Sprachen übersetzten autobiographischen Roman *Das Buch von San Michele* ist seine Villa heute eine der meistbesuchten touristischen Sehenswürdigkeiten der Insel. Rund um das Haus ist durch allerlei Neuerwerbungen eine kleine schwedische »Exlave« entstanden. Dazu gehört auch der Monte Barbarossa mit den Ruinen eines mittelalterlichen Kastells, das 1535 von dem osmanischen Korsaren Chaireddin, genannt Barbarossa, zerstört wurde. Heute beherbergt es eine ornithologische Station der schwedischen Axel-Munthe-Stiftung, eine kleine Reminiszenz an Munthes Gedanken des Vogelschutzes.

Die »Luft«, so möchte man meinen, ist dort oben, auf über 400 Metern Höhe, und gewürzt durch den Duft der mediterranen Macchia mit Rosmarin, Myrten, Euphorbien und wilden Rosen immer noch besonders »rein« und »gesund« – so wie es die Überlieferung von der *aria caprese* behauptete. Dennoch ist diese Luft schon lange kein Grund mehr, Capri zu besuchen, der heutige Tourismus speist sich aus anderen Wurzeln.

Grotta Azzurra
Die romantische Insel

Destination Blaue Grotte

Wenn bei Capri die rote Sonne im Meer versinkt, können die Caprifischer ihre Boote zufrieden vertäuen. Längst sind sie zur Tagesarbeit übergegangen, sind Menschenfischer geworden. Zusammengeschlossen im Verband der »Motoscafisti di Capri«, der capresischen Motorbootführer-Vereinigung, befördern sie auf ihren Barkassen die Touristen von Marina Grande zur Blauen Grotte. Dort übernimmt die Kooperative der »Battellieri Capresi«, der capresische Kahnführer-Verband, die Arbeit. Die Besucher steigen auf kleine Ruderboote um und werden geduckt durch die niedrige Öffnung ins Innere der Grotte bugsiert, heute wie vor einhundert Jahren. Nur dass der Andrang erheblich größer geworden ist, die Blaue Grotte gilt als Hauptsehenswürdigkeit der Insel. Tatsächlich begann mit ihrer Entdeckung im Jahr 1826 für Capri eine neue Ära: das Zeitalter des Fremdenverkehrs.

Verknüpft ist diese Entdeckung mit dem Namen des Dichters und Malers August Kopisch.[1] Er ist in Deutschland fast vergessen (der Autor des »Heinzelmännchen«-Gedichts!), auf Capri kennt ihn jeder. Eine Gedenktafel am Glockenturm der Stadt ist ihm gewidmet: *Al poeta pittore August Kopisch scopritore della Grotta Azzurra*, dem »Entdecker der Blauen Gotte« 1976 zur Erinnerung an die 150. Wiederkehr des Ereignisses gestiftet.

Die erste Insel, die ich betrat. August Kopisch

Kopisch, aus Breslau gebürtig, damals 27 Jahre alt, war im August 1826 zusammen mit seinem Freund, dem Heidelberger Maler Ernst Fries, nach Capri gekommen. »Capri war die erste Insel, die ich betrat, und nie werde ich den Eindruck vergessen. Einer meiner liebsten Wünsche erfüllte sich«, so beginnt der Bericht seines Insel-Abenteuers.[2] Kopisch spürt den besonderen Zauber des Insulären, Ort der Sehnsucht, der Einsamkeit, des Fremden. In der Tat lag Capri bis gegen Anfang des 19. Jahrhunderts außerhalb der obligatorischen Reiserouten der Grand Tour, es ist kein Zufall, dass Goethe, der sich doch fast acht Wochen in Neapel aufgehalten und auch die nähere Umgebung fleißig in Augenschein genommen hatte, es nicht der Mühe wert fand, Capri zu besuchen.[3] Was hätte er dort auch sehen können? Es gab keine spektakulären antiken Bauten und auch landschaftlich entsprach die öde Felseninsel nicht den zeitgenössischen Erwartungen. Allenfalls als »Insel des Tiberius« erfreute sie sich eines gewissen makabren Rufs.[4] Und schließlich fehlte auch so gut wie jede touristische Infrastruktur, nicht einmal ein »ordentliches Wirtshaus« gebe es dort, wie der Altertumsforscher Friedrich Heinrich von der Hagen (der spätere Herausgeber des *Nibelungenlieds*) notierte, der 1817 auf Capri nach mittelalterlichen Handschriften gesucht hatte.[5] Reisende sollten daher, rät der Reiseführer, nicht nur Essen und Trinken einpacken, sondern auch an Gläser und Bestecke denken, wenn sie eine Besichtigung planten.[6]

Die Entdeckung

Wenigstens in dieser Beziehung hatte sich etwas geändert, als Kopisch und Fries nach einer Überfahrt mit dem Marktschiff von Massa bei Sorrent ihren Fuß auf die Insel setzten. Ein gewisser Giuseppe Pagano,[7] seines Zeichens Notar und Gesundheitsinspektor, also einer der wenigen »Bürgerlichen« auf der Insel, bietet seit kurzem in seinem Haus am Rande der Ortschaft den gelegentlich eintreffenden Fremden eine einfache Unterkunft. Die Hausfrau kocht selbst, die Gäste essen mit am Familientisch, am Abend macht man Pfänderspiele, und der Hausherr, Kenner der Sagen und Legenden der Insel und Besitzer einer stattlichen Bibliothek, führt die Gäste in die Capri-Geschichte ein. Und als er eines Abends den beiden jungen Deutschen von einer geheimnisvollen Unterwasserhöhle erzählt, in der der Teufel sein Unwesen treibe und die daher niemand zu betreten wage, fängt Kopisch Feuer. Er ist das Kind eines Zeitalters, in dem – nach Veröffentlichung der

Hotel »Pagano«, um 1900

Kinder- und Hausmärchen der Brüder Grimm – Märchen, Sagen und Legenden zu neuen Offenbarungen der Intellektuellen geworden waren. Bereits während seiner Breslauer Zeit hatte Kopisch an Volkserzählungen Geschmack gefunden, in Italien sammelt er Volkslieder und Balladen, schreibt später selber zahlreiche Märchen- und Sagengedichte. Er ist entzückt von Paganos Gruselgeschichten über die »Teufelshöhle«[8] und lässt sich auch nicht durch die inständigen Warnungen eines frommen Pagano-Bruders vor allerlei natürlichen und übernatürlichen Gefahren von einer Erkundung abhalten. Am 17. August 1826 schwimmen Kopisch, Fries, der 54-jährige Giuseppe Pagano und sein 12-jähriger Sohn Michele in die geheimnisvolle Höhle; der 59 Jahre alte Fischer Angelo Ferraro leuchtet ihnen, in einem Fass sitzend und ein zweites mit einem Pechfeuer vor sich herschiebend.[9] Am Abend des gleichen Tages hält Kopisch das Abenteuer in Paganos kleinem Gästebuch[10] fest. In seinem Bericht mischen sich Entdeckerstolz, romantische Begeisterung und der Gestus des touristischen Ratgebers.

Freunde wunderbarer Natur-Schönheiten mache ich auf eine von mir nach den Angaben unseres Wirthes Giuseppe Pagano mit ihm und Herrn Fries entdeckte Grotte aufmerksam welche furchtsamer Aberglauben Jahrhunderte lang nicht zu besuchen wagte. Bis jezt ist sie nur für gute Schwimmer zugänglich; wenn das Meer ganz ruhig ist gelingt es auch wohl mit einem kleinen Nachen einzudringen doch ist dies gefährlich weil die geringste sich erhebende Luft das wiederherauskommen unmöglich machen würde. Wir benannten diese Grotte die blaue (la grotta azzurra) weil das Licht aus der Tiefe des Meeres ihren weiten Raum blau beleuchtet. Man wird sich sonderbar überrascht finden, das Wasser blauem Feuer ähnlich die Grotte erfüllen zu sehen, jede Welle scheint eine Flamme. Im Hintergrund führt ein alter Weg in den Felsen vielleicht nach dem darüber gelegenen Damicuta, wo der Sage nach, Tiber [= Tiberius] *Mädchen verschlossen haben soll und es ist möglich, daß diese Höle sein heimlicher Landungsplatz war. Bis jezt ist nur ein Marinaro und ein Eseltreiber so herzhaft diese Unternehmung mit zu wagen weil allerhand Fabeln von dieser Höle im Umlauf sind. Ich rathe aber jedem sich vorher mit diesen beiden des Preises wegen zu verständigen. Der Wirth welchen ich seiner Kenntnis der Insel wegen empfehle, will einen ganz kleinen schmalen Nachen bauen lassen womit dann bequemer hinein gefahren werden könnte. Bis jezt will ich es nur guten Schwimmern rathen. Sie ist des Morgens am schönsten weil Nachmittag das Tageslicht stärker und störender hineinfällt, und der wunderbare Zauber dadurch gemildert wird. Der malerische Eindruck wird noch erhöht wenn man wie wir mit flammenden Pechpfannen hineinschwimmt.*

A. Kopisch

Natürlich war die Existenz der Höhle auch vorher bekannt. Unter dem prosaischen Namen *Grotta Gradola*, der noch heute gebräuchlichen Flurnamenbezeichnung, ist sie in einem Atlas des venezianischen Geographen Vincenzo Maria Coronelli von 1696 verzeichnet;[11] auch die Fischer und die Kinder haben sie gewiss gekannt. Dennoch wird man Kopisch den Ruhm einer wirklichen Entdeckung nicht streitig machen dürfen, erst ihre Beschreibung hat die Capreser Höhle bekannt gemacht.

Götzenbilder und ein archäologischer Fund

Zwölf Jahre später veröffentlicht Kopisch den ausführlichen Bericht seiner Entdeckung im Almanach *Italia* (Berlin 1838). Dass die dort kolportierten capresischen Gruselgeschichten durchaus einen historischen Hintergrund hatten, wird durch jüngere archäologische Funde deutlich. »Ich vernahm vor etwa dreißig Jahren von einem uralten Fischer« – so lässt der Autor dort Pagano erzählen –, »daß vor zweihundert Jahren ein paar Geistliche den Spuk haben bestehn wollen. […] Nach der Aussage dieser Priester soll die Grotte inwendig aussehen, wie ein sehr großer Tempel, mit einem Hochaltar; ringsherum aber Alles voll von Götzenbildern […], daß die Angst darin zu schwimmen ganz unbeschreiblich sei«.[12] 1964 und 1975 brachten Unterwasserarchäologen aus dem Grund der Grotte die antiken Statuen verschiedener Meeresgottheiten ans Licht; nach dem archäologischen Befund seien sie so an der Wand befestigt gewesen, als würden sie gerade aus dem Wasser auftauchen.[13] Der »Teufelstempel« (Kopisch)[14] war in tiberianischer Zeit ein Nymphäum gewesen, ein mit Marmorstatuen geschmücktes und mit einer Exedra (Kopischs »Hochaltar«) versehenes Gewölbe.

Antike Marmorstatue aus der Blauen Grotte

Das blaue Feuer der Romantik

Wie sehr Kopisch von der Bedeutung seiner Entdeckung für den Fremdenverkehr überzeugt war, macht die Wahl des Namens – »Wir benannten diese Grotte die blaue (la grotta azzurra)« – deutlich. Pagano hatte sich gegen diesen Namen ausgesprochen mit der Begründung, dass *azzurra* (»azur«) niemand verstehe. »Die Fremden werden es schon verstehen«, kontert Kopisch.[15] Tatsächlich hatte er mit der Wahl des Namens einen Nerv seiner Zeit getroffen. Blau, in Goethes Farbenlehre noch negativ konnotiert, war die Lieblingsfarbe der Romantik, die Farbe der Sehnsucht nach dem Unendlichen und damit der Poesie selbst. In Novalis' 1802 erschienenem Roman *Heinrich von Ofterdingen* entdeckt der Held, auch er ein Reisender, auf der Suche nach der blauen Blume der Poesie im Inneren eines Berges eine Höhle gefüllt mit Wasser, »das mit unendlichen Farben wogte und zitterte [...] und an den Wänden nur ein mattes, bläuliches Licht von sich warf«.[16] Nicht zuletzt die Höhle als solche war ja einer der Haupt- und Wunderorte der Romantik, Symbol der Innenwelten und des Unbewussten. Was Kopisch 1826 entdeckt, war literarisch längst vorgebildet. Die Blaue Grotte im fernen Sehnsuchtsland Italien wurde zur Erfüllung aller Blauträume und Grottenphantasien der romantischen Generation.[17]

Auch ein geheimnisvoller schmaler Gang, der am Ende der Grotte in den Berg führt, beflügelte die Phantasien; Inschriften zahlreicher Besucher bedecken die Wände. Kopisch erkundete ihn zwei Jahre später, drang »sehr tief« in ihn ein, ohne aber an ein Ende zu kommen.[18] Führte er tatsächlich zur oberhalb der Grotte gelegenen Villa Damecuta, wo Tiberius »Mädchen verschlossen haben soll«, war die Höhle sein »heimlicher Landungsplatz« (wie es in der Eintragung hieß)? »Ja, ich glaube wol, daß Tiberius hier badete und unter den schönen Mädchen seines Harems herumschwamm«, berauschte sich Ferdinand Gregorovius in den *Wanderjahren in Italien*[19] – auch die erotischen Phantasien waren lange Zeit ein wichtiger Bestandteil der Faszination der Blauen Grotte.

Die Künstler und ein Gästebuch im Hause Pagano

In jedem Fall war Kopisch, der noch bis Oktober 1829 in Neapel lebte und als Reiseführer geschätzt wurde, ein erster und erfolgreicher Promotor seiner Entdeckung. Immer wieder begleitet er Künstler und andere Gäste auf die Insel oder empfiehlt ihren Besuch.[20] Im Herbst 1827 kommt Freund August von Platen, lebt drei Wochen bei Pagano,[21] dichtet hier seine Elegie *Die Fischer auf Capri*. Ein Jahr später folgt, ebenfalls für mehrere Wochen, der junge schwäbische Dichter Wilhelm Waiblinger, verbringt »die glücklichsten Tage in diesem hochanständigen Hause«[22] und macht ebendieses Haus, seine Bewohner und die Insel mit der Blauen Grotte durch seine literarischen *Briefe aus der Insel Capri* bekannt, 1829 in der *Dresdner Abend-Zeitung* erschienen.[23] Im folgenden Jahr veröffentlicht er, illustriert von Joseph Führich (der ebenfalls 1829 bei Pagano war),[24] sein *Mährchen von der blauen Grotte*, macht dort die Grotte zum Palast einer Feenkönigin, sieht in ihrem »süßen blauen Feuer« gar die romantische Farbe der Reinheit einer ursprünglichen Weltharmonie.[25] Auch Hans Christian Andersen, der im März 1834 nach Capri kommt,[26] lässt sich von der Blauen Grotte inspirieren, macht sie zum Schauplatz einer schauerromantischen Schlüsselszene in seinem autobiographischen Erfolgsroman *Der Improvisator*.[27]

Zu den Dichtern gesellen sich die Maler. Im Mai 1829 kommt, ebenfalls einem Tipp Kopischs folgend, Carl Blechen mit Leopold Schlösser und Jacob Götzenberger, sie notieren:

> »Wir Unterzeichneten erkennen Don Giuseppe Pagano für einen billigen rechtlichen und noblen Mann; Empfehlen ihn daher jedem unsrer Landsleute […] auch rathen wir Jedermann wenn die Gelegenheit hier ist in die Grotte hinein zu

fahren, wenigstens durch die Öfnung den Eingang hinein zu schwim[men].«[28]

Blechen hat zwar die Grotte selbst nicht im Bild festgehalten, aber verschiedene andere Capri-Motive im unvergleichlichen südlichen Blau. Zahlreiche andere Künstler tun es ihm gleich,[29] die einsame Insel Capri mit ihren Felsenklüften und Höhlen wird, dem neuen Ideal der schönen Landschaft entsprechend, zu einem Lieblingsmotiv der Romantik.[30] Und aus der alten »Teufelshöhle« wird innerhalb eines Jahrzehnts ein »Wunder der Welt«.[31] »Gegenwärtig wird sie von Jedem besucht, der in Neapel sich längere Zeit aufhält«, konstatiert 1838 Gustav Klemm, Begleiter des Prinzen Johann von Sachsen.[32] Zu diesem Zeitpunkt hatten sich die Caprifischer schon kleine »events« für die Fremden ausgedacht, man entzündete Fackeln im Boot, und der junge Bootsführer legte die Kleider ab, sprang nackt ins Wasser und tauchte wie ein silberner Delphin in die Tiefe.

Und Don Giuseppes Hotel floriert,[33] sein Gästebuch füllt sich mit Namen. In einer Zeit, in der nicht Agenturen, sondern reisende Künstler und Schriftsteller den Kanon der »schönen Landschaft« definieren, lassen Reisebeschreibungen, Romane, Erzählungen, Gemälde und Gedichte die kleine Insel mit ihrer Grotte im fernen Norden leuchten. Capri wird zum Reiseziel der Deutschen. Als Ferdinand Gregorovius 1853 nach Capri kommt,[34] blättert er gerührt das Büchlein mit Kopischs Eintrag durch und bemerkt: »Mir ist es, als wäre die wunderbare Grotte deutsches Eigentum und deutsches Symbol.«[35] Das ist bei dem linksliberalen Historiker nicht ins Nationalistische gedacht, bezeichnet aber durchaus die Genese der besonderen Beziehung der Deutschen zur Insel Capri. Sie wurzelt im Geist der Romantik und wird sich über Generationen fortpflanzen.

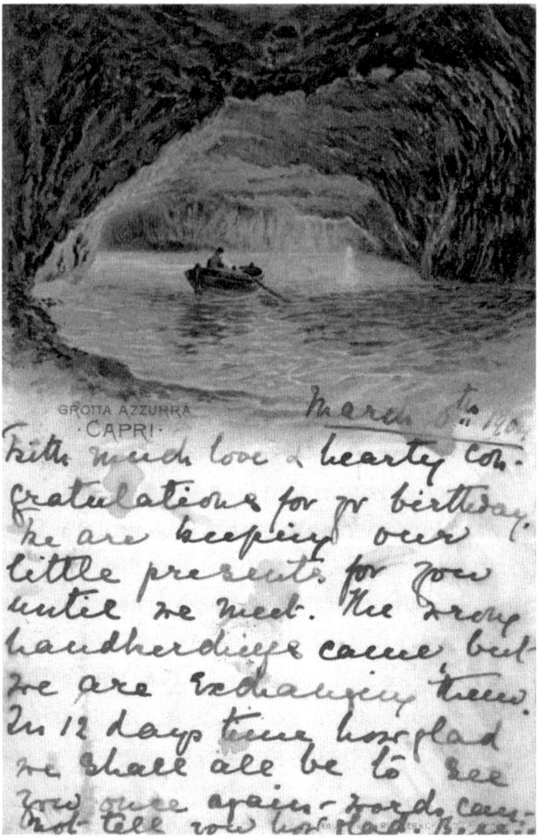

Gruß aus der Blauen Grotte, 1904

Der Fischer als Rivale. War es Angelo Ferraro?

Die Bewohner der Insel hatten natürlich rasch verstanden, dass die *forestieri*, die Fremden, die jetzt plötzlich auf ihre Insel strömten, ein Faible für Höhlen und ganz besonders für solche mit eigenen Farbeffekten hatten. Und so kamen zur »Blauen« nach und nach die »Rote«, die »Grüne«, die »Weiße«, die »Smaragd«- und noch manch andere Grotte hinzu. Bis heute sind sie Teil der touristischen Offerte. Inzwischen gibt es, dem derzeitigen Ruf der Insel gemäß, sogar eine »Champagnergrotte«. Wenig Freude mit »seiner« Grotte sollte der exzentrische Dichter Hanns Heinz Ewers[36] haben, der gern zum zweiten Kopisch geworden wäre und 1903 die Grotta Meravigliosa, die Wundergrotte, »entdeckte«; ihm wurde vom Besitzer des Grundstücks der Prozess gemacht, wegen unerlaubten Eindringens in fremdes Gelände und der Vermarktung seiner »Entdeckung« auf Postkarten.[37] Immerhin trägt sie noch heute den Namen, den Ewers, Autor eines frühen »Fantasy«-Romans (*Alraune*, 1911) ihr zugedacht hatte.

Notwendigerweise unausgetragen blieb ein anderer Konflikt. Offensichtlich geschmeichelt durch die Aufmerksamkeit, welche die alte Höhle plötzlich in aller Welt fand, gab sich Angelo Ferraro,[38] also jener Fischer, der Kopisch 1826 in die Grotte geleuchtet hatte, als der wahre Entdecker aus. In einem 1841/42 publizierten Gespräch mit dem Journalisten einer neapolitanischen Zeitschrift erinnerte er sich erstaunlicherweise sogar des genauen Datums seiner Entdeckung. Es sei »der 16. Mai 1822 gewesen« (also vier Jahre vor Kopischs Ankunft), als er »getrieben von Neugier und dem Wunsch nach reicherem Fischfang« in die Grotte geschwommen sei. Angelo Ferraro, genannt »Il Riccio« (»Der Seeigel«), so der Artikel weiter, sei »ein schlichter alter Mann, glücklich über die Wohltaten, die durch ihn seiner Insel aus dem Zustrom Neugieriger erwachsen, und hoch befriedigt über das neue Ansehen, das seine Heimat dadurch genießt«.[39] 1846 wurde er vom Innenministerium in Neapel offiziell als Entdecker anerkannt und erhielt für dieses »Verdienst zur Förderung des Fremdenverkehrs« eine Monatsrente von drei Dukaten.[40] Es ist die lokale Variante der Entdeckungsgeschichte, sie wird vor allem in der Zeit des Faschismus propagiert[41]

Der Fischer Angelo Ferraro, 1853. Stolz zeigt er auf eine Zeitschrift, die ihn als Entdecker der Blauen Grotte vorgestellt hat

(als kein »Fremder« der Entdecker sein durfte) und findet sich noch in der aktuellen Ausgabe des vom italienischen Touring Club herausgegebenen Reiseführers.[42] Und an Angelo Ferraro erinnert ein kleiner Platz in Marina Grande.

Wer auch immer »der Erste« gewesen sein mag – unzweifelhaft ist, dass mit der Entdeckung der Blauen Grotte die neuere, die »eigentliche« Geschichte der Insel begann. »The Blue Grotto […] has made Capri«, schrieb Norman Douglas 1952,[43] »Die Blaue Grotte hat Capri gemacht«, und sie »macht« es noch immer: jenes Capri der Tragflügelboote und der Kreuzfahrtschiffe, der exquisiten Restaurants und Hotels, der Marken und des Mythos. Die Blaue Grotte ist kein Weltwunder mehr, aber die Welt kommt auf die Insel der Blauen Grotte.

Cimitero acattolico
Die kosmopolitische Insel

REST

Wer Capri verstehen möchte, sollte hier beginnen: auf dem *Cimitero acattolico*, dem »nichtkatholischen« Friedhof der Fremden. *REST* steht lakonisch auf dem weißen Torbogen, durch den man ihn betritt – ist es ein beschwörender Imperativ, der die Toten zur Ruhe zwingen möchte? Denn die Geister der Vergangenheit gehen hier um, und sie verwickeln den Besucher sogleich in seltsame Gespräche. Nach wenigen Schritten vorbei an verwitterten Holzkreuzen und überwachsenen Grabsteinen mit fremden Namen – Nikolaj Nikolajewitsch Sayn-Wittgenstein – Thure Samuel Sahlberg – Karl Albrecht Wedekind – Willie Gutteridge – empfängt ihn eine klassizistische Grabkapelle, und auf dem marmornen Katafalk, auf dem einst die Toten aufgebahrt wurden, liegt heute ein Gästebuch. »Alla memoria del mio trisavolo Alfred Green«, hat 2015 hier jemand aus Neapel eingetragen, um an seinen Ur-Ur-Großvater aus London zu erinnern, der auf Capri ein Ladengeschäft mit dem Namen »Anglo-Saxon-Compagny« betrieb und hier 1935 starb.[1] »To see Gracie Fields' grave«, kam im gleichen Jahr ein Besucher aus Lincolshire hierher – ihr Grab mit der Tafel *Our Gracie* liegt gleich neben der Kapelle, die gefeierte Chansonette hatte sich nach ihren Erfolgen in den Vereinigten Staaten 1945 nach Capri zurückgezogen und unterhielt an der Marina Piccola bis zu ihrem Tod 1979 das mondäne Seebad »Canzone del mare«.[2]

Auf dem Cimitero acattolico

Aber auch Reflexionen allgemeinerer Art finden sich in dem Besucher-Buch: »Für meinen Vater, der mich Reisen und Weltoffenheit lehrte«, hat ein Gast aus Düsseldorf wenige Seiten vorher notiert. »Wir kommen immer wieder hierher«, bekennt ein Paar aus Kaiserslautern, und ein anderer oder eine andere zitiert die Bibel: »Herr lehre uns bedenken, dass wir sterben müssen«. Mit dem Gästebuch auf dem Katafalk beginnt ein stummer Dialog zwischen Lebenden und Toten, verwandelt den Friedhof der Fremden in einen Garten der Erinnerung, in dessen magischer Stille auch die Steine zu sprechen beginnen.

Totengespräche

Ein Garten ist dieser Friedhof schon in seinem äußeren Erscheinungsbild, beschattet von Büschen und alten Bäumen, die Wege gesäumt von grünen Beeten, in denen die Toten ruhen – und bereits damit ein fremder, ein nichtkatholischer Ort in einem Land, in dem Friedhöfe wie überall in der Mediterranée einer ganz anderen Ästhetik folgen: der Idee des gemauerten Hauses als Grablege. Gleich oberhalb kann man das sehen, da liegt der kommunale Friedhof von Capri mit seinen Kolumbarien und Mausoleen, ein gleißendes, steinweißes Areal am Tag, und nachts brennen die roten Totenlichter vor den kleinen Häusern. Der Cimitero acattolico steht in einer anderen Tradition. Es ist die »nordische« Idee des schattigen Parks, der zu empfindsamen Spaziergängen einlädt und dessen Monumente mit ihren Texten und Symbolen nicht nur die Erinnerung an die Toten wachhalten, sondern den Spaziergänger nach alter protestantischer Gepflogenheit immer wieder mit persönlichen Bekenntnissen und Gedanken über Zeit, Tod und Ewigkeit konfrontieren. In dieser Tradition ist auf der Fremdeninsel Capri ein einzigartiger literarischer Friedhof entstanden, dessen polyglotte Grabdenkmäler den Besucher in imaginäre Totengespräche verwickeln. *She being dead yet speaketh,* »Sie spricht auch noch als Tote«, steht enigmatisch auf dem Grabstein von Anne Jane Hutchinson aus Yorkshire, 1905 im Alter von 81 Jahren hier beigesetzt und zur Zahl jener Fremden gehörend, von denen wir nichts als ihren Namen und ihre Lebensdaten kennen. Zusammen mit anderen englischen, deutschen, dänischen, schwedischen, finnischen, russischen und italienischen Grabinschriften, darunter Bibelverse, Choräle, Zitate aus der klassischen Literatur, Gedichte, Sinnsprüche, Noten, kryptische Anspielungen und manches andere, macht dieses paradigmatische Motto den Fremdenfriedhof zu einem vielsprachigen Totenbuch. Es war mehr als ein bizarrer Einfall von August Weber, dem Münchner Maler und Lebensreformer, der sich 1883 auf Capri niedergelassen hatte, dass er den kleinen Edwin Cerio zum Deutschunterricht auf den Friedhof führte.[3]

Sogar untereinander scheinen die Toten in Gesprächen verfangen. *There are no dead,* »Es gibt keine Toten«, behauptet kühn Algernon Gordon-Lennox auf seinem Grabstein. Der britische Lord hatte sich nach seinem Militärdienst in den Kolonien 1904 in einer Villa auf dem Monte San Michele niedergelassen und starb 1921; sein Grab ist mit römischen Marmorfragmenten geschmückt. Direkt gegenüber kontert ihm sieben Jahre später ebenso dreist Edward F. Becher, auch er ein britischer »expatriot«: *There is no death,* »Es gibt keinen Tod«. Und 1941 meldet sich von der Ecke Harold E.Trower aus Southampton: *There is no death in this world, only forgetfulness,* »Es gibt keinen Tod in dieser Welt, nur Vergessen«. Trower, der 46 Jahre lang auf Capri lebte und mehrere Bücher über die Insel verfasste, hat die Inschrift auf einer Sonnenuhr anbringen lassen.[4]

Am gegenüberliegenden Ende des Friedhofs hat einer der Toten sogar ein eigenes Gästebuch ausgelegt, bittet auf einem Stein an der Wand seine Landsleute ausdrücklich um einen Gruß: *Suomalaisia pyydetään ystävällisesti merkitsemään nimensä yllä olevaan kirjaan,* »Finnen werden freundlich gebeten, ihren Namen in das oben ausliegende Buch einzutragen«. Es war der finnische Assyrologe und Diplomat Harri Holma, gestorben auf Capri 1954, und er hat in die Mauer über seinem Grab eine Nische mit einem schmiedeeisernen Türchen einfügen lassen, in dem das Gästebuch liegt. »Herz meines Herzens, wirst du mich anklagen am Tage des Gerichts?« Diesen Satz aus dem Ägyptischen Totenbuch hat der Dichter Werner Helwig vor fast sechzig Jahren hier hinterlassen.[5]

Sterben auf fremdem Boden

Die Geschichte des Cimitero acattolico[6] führt zurück in Zeiten, in denen Heterodoxie, also das Bekenntnis zu einer anderen als der katholischen Konfession, in Italien nicht selten Ursache gesellschaftlicher Ausgrenzung und Diskriminierung war. Das galt nicht nur für die Lebenden, sondern auch für die Toten. Wer früher auf einer Reise in den Süden starb, fand vielfach keinen Begräbnisplatz auf den örtlichen Friedhöfen. Als Einrichtungen der römisch-katholischen Kirche galten sie nach dem Kirchenrecht als *loca sacra*, »geweihte Orte«, und damit der *sepultura fidelium* vorbehalten, der Bestattung von Gläubigen. Protestanten und Angehörige anderer Konfessionen galten als Ungläubige, denen kein Grab in »geweihter Erde« zustand und die daher nicht selten auf offenem Feld, ohne Zeremonie und ohne Grabstein »beigesetzt« wurden. Auch Ausländer, die sich am Ort niedergelassen hatten und zu Lebzeiten relativ integriert scheinen konnten, teilten dieses Schicksal. Auf Capri traf es nicht nur Sir Nathaniel Thorold 1764,[7] sondern noch in den 1870er Jahren mehrere Mitglieder der ausländischen Kolonie.

Im Zeitalter zunehmenden Fremdenverkehrs führte dieser Zustand nicht selten zu Ängsten und Irritationen. Als die deutsch-baltische Schriftstellerin Elisa von der Recke während ihrer Grand Tour 1806 längere Zeit in Neapel verbrachte und ihr Lebenspartner, der Dichter Christoph August Tiedge, dort lebensgefährlich erkrankte, notierte sie in ihrem Tagebuch:

> »Der theure Kranke hatte in seinen halbhellen, halb mit Fantasie vermischten Äußerungen die ihn quälende Besorgnis ausgedrückt, daß, wenn er sterben sollte, sein Körper als der eines Nicht-Katholiken auf eine höchst schimpfliche Art weggeworfen werden würde.«[8]

Auch auf Capri entstand daher – ebenso wie an anderen bei Fremden beliebten Orten in Italien[9] – der Wunsch, diese als entwürdigend empfundene Praxis durch Gründung eines eigenen Begräbnisplatzes zu ändern. Auf Capri allerdings geschah das auf eine besondere Weise. Während andernorts ähnliche Einrichtungen unter der Hoheit auswärtiger diplomatischer Vertretungen zustande kamen (so in Rom und Neapel) oder unter dem Dach lokaler protestantischer Nationalgemeinden (so beispielsweise in Florenz und Messina), wurde der Cimitero acattolico in Capri auf genossenschaftlicher Basis von einer multinationalen Initiative ortsansässiger Ausländer gegründet und unterhalten. Nach den Regeln des englischen Vereinsrechts wählte eine alljährlich zusammentretende »Generalversammlung« ein siebenköpfiges *Committee of Management* mit einem *Chairman*, einem Sekretär und einem Schatzmeister. Erster und langjähriger *Chairman* war seit 1884 der englische Landschaftsmaler James Talmage White, der 1860 an der Seite Garibaldis gekämpft und sich anschließend auf Capri niedergelassen hatte.[10] Zu den bekannteren im »Komitee« aktiven Personen gehören der amerikanische Maler Charles Coleman (1891),[11] der Hamburger Künstler Christian Wilhelm Allers (1894–1902)[12] und der Dresdner Architekt und Villa-Iovis-Bauforscher Carl Weichardt (1894–1896). Nach dem Prinzip der Selbstorganisation und ohne staatliche oder kirchliche Zuschüsse wurden vom »Komitee« alle den Friedhof betreffenden Angelegenheiten geregelt, von der Finanzierung der Anlage bis hin zu deren gärtnerischer Gestaltung – ein einzigartiges Modell der Unterhaltung eines Friedhofs.

Der laizistische Charakter des Cimitero acattolico fällt noch heute ins Auge, auch die Friedhofs-»Kapelle« ist nicht als christliches Gotteshaus, sondern als offenes Vestibül mit einer Fassade im Stil eines dorischen Tempels gestaltet. Und eine Inschrift von 1884 deklariert die Bestimmung der Anlage mit den Worten:

FOR ALL NON CATHOLICS
IRRESPECTIVE OF RACE OR RELIGION

Race, »Rasse«, hat hier noch nicht die spätere Bedeutung, meint »Herkunft« oder »Volk«. Und gemäß diesem Motto entstand, mitten im Zeitalter nationalistischer Fanatismen und konfessioneller Glaubenskämpfe, auf Capri ein Ort der Internationalität und der Toleranz. Bis heute wurden dort 217 Personen aus insgesamt 21 Nationen beigesetzt,[13] das konfessionelle Spektrum reicht von Anglikanern und Presbyterianern über Lutheraner, Calvinisten, Waldenser und Orthodoxe bis zu Juden. Hinzu kommen Italiener, die das »Nichtkatholische« bewusst praktiziert und deklariert haben, wie Salvatore Vuotto, Gründer der lokalen Sektion der Kommunistischen Partei und leidenschaftlicher Antiklerikaler. *Cittadino del mondo e libero pensatore*, steht auf seinem Grabstein, »Weltbürger und Freidenker«.[14] Auch Menschen, die freiwillig aus dem Leben schieden – ebenfalls andernorts diskriminiert –, fanden hier ihre letzte Ruhestätte.

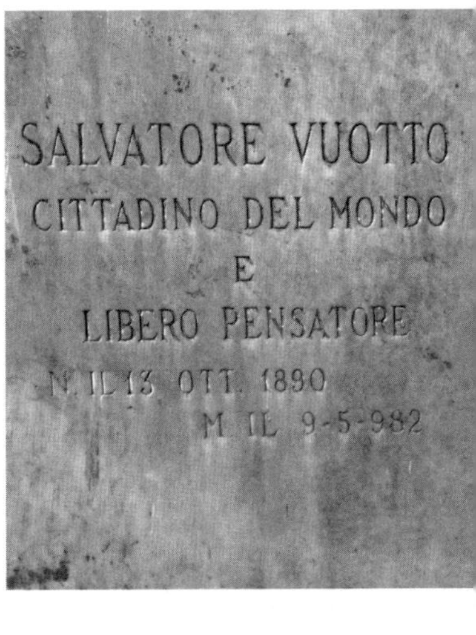

Mit der Gründung des Friedhofs verfügte eine ausländische, multinationale Kommunität auf Capri erstmals über ein eigenes Territorium. Finanziell möglich gemacht wurde der Erwerb durch die Stiftung eines Engländers, George Hayward, der im Hotel »Quisisana« seinen Lebensabend verbracht hatte.[15] Das Grundstück stellte ein italienischer Einwanderer zur Verfügung, der ebenfalls dem Katholizismus skeptisch gegenüberstand (und sich sogleich auf dem Fremdenfriedhof einen Begräbnisplatz sicherte): Ignazio Cerio, aus den Abruzzen gebürtig und Militärarzt bei den Truppen Garibaldis, der 1868 auf die Insel gekommen war und hier eine Engländerin geheiratet hatte.[16] Das von ihm überlassene Areal grenzt unmittelbar an den kommunalen Friedhof, so dass beide *Cimiteri* über einen gemeinsamen Eingang verbunden sind.

Nach langwierigen Planungen, behindert durch Klerus und Verwaltung, wurde der Friedhof 1882 mit der Exhumierung und Transferierung der auf dem Castiglione-Hügel verscharrten nichtkatholischen Leichen in Betrieb genommen. In der Folgezeit fanden dort sowohl ausländische Residenten wie auch Touristen ihre letzte Ruhe, die auf Capri zu Tode gekommen waren, etwa bei einem Badeunfall oder beim Klettern auf dem Arco Naturale. Ein tragisches Ende fand auch der 42-jährige Berliner Kaufmann Emil Mertens: Er stürzte 1890 von der von Victor von Scheffel besungenen flachen Dachterrasse des Hotels »Pagano« zu Tode.[17]

Die Unterhaltung des Friedhofs in Selbstorganisation funktionierte trotz zunehmend geringer werdenden Interesses seitens der ausländischen Diaspora über zwei Weltkriege hinweg bis 1991; in diesem Jahr ging er in das Eigentum der Kommune von Capri über, die ihn bis heute unterhält – und mit ihr das Andenken an die Insel der unorthodoxen Toten.

Die Insel als Reiseziel

Der Cimitero acattolico ist nicht nur in Gründung und Unterhaltung sichtbarer Ausdruck des kosmopolitischen Charakters der Insel, er ist auch ein Archiv ihrer touristischen Geschichte. Seine Gründung fällt in eine Zeit, in der Capri eine erste Hochblüte im internationalen Fremdenverkehr erlebte. Sie reichte bis zum Beginn des Ersten Weltkriegs – eine zweite wird in den 1950er Jahren folgen und bis heute anhalten.[18] Über die Besucherzahlen liegen zwar für die Zeit vor dem Ersten Weltkrieg keine Statistiken vor, sie lassen sich aber aus verschiedenen »weichen« Quellen (Reiseführer, Hotellisten, Gästebücher) rekonstruieren. Der »Baedeker« nennt in seiner Ausgabe von 1911 die Zahl von jährlich ca. 40 000 Touristen, »darunter über die Hälfte Deutsche«.[19] Im Durchschnitt ergäbe das eine Zahl von 80 bis 100 Besuchern pro Tag, Capri dürfte damit zu den damals meistbesuchten Ausflugszielen weltweit gehören, erster Ort eines frühen »Massen«-Tourismus.

Beliebt waren Tagesausflüge auf die Insel, manchmal in Tagebüchern und Briefen von Prominenten festgehalten, so etwa von Edvard Grieg (1866), von Theodor und Emilie Fontane (1874) oder von Cosima und Richard Wagner (1876).[20] Mussten Ausflügler in älteren Zeiten noch das Marktschiff nehmen oder eine eigene Barke mieten,[21] so wurde 1865 eine Dampfschifflinie in Betrieb genommen, die, zunächst zweimal wöchentlich, später täglich, Neapel, Sorrent und Capri miteinander verband.[22] Ab 1898 setzte dafür der »Norddeutsche Lloyd« in Bremen während der Wintermonate die Raddampfer »Najade« und »Nixe« ein, sogenannte »Salonschiffe« mit einem Fassungsvermögen von jeweils rund 600 Personen.[23] Die angebotenen Tagestouren waren Stippvisiten ganz nach modernem Muster: Nach der Besichtigung der Blauen Grotte, dem ersten Halt, und der Ankunft im Hafen standen den Gästen nicht einmal vier Stunden zur freien Verfügung[24] – kein Wunder, dass Theodor und Emilie Fontane 1874 die Rückfahrt verpassten und sich mit einem Ruderboot nach Sorrent übersetzen lassen mussten.

Hamburger und Frankfurter Familien beherrschten das Verdeck (1893)

Der Berner Journalist Joseph Victor Widmann berichtet von einer Überfahrt als Begleiter des Komponisten Johannes Brahms 1893

Es war am 19. April [1893], *daß wir nach diesem köstlichen Vorgebirge* [von Sorrent] *auf einem der Dampfer fuhren, die täglich vormittags von Neapel dorthin und nach Capri gehen und abends die Reisenden wieder nach Neapel zurückbringen. Die gute Gelegenheit wird denn auch von den Touristen so eifrig benützt, daß an jenem Morgen wenigstens unser Schiff einer schwimmenden Familie* Buchholzen [= der Karikatur des deutschen Italienreisenden] *glich. Hamburger und Frankfurter Familien beherrschten das Verdeck, als ob sie für C. W. Allers Modell sitzen sollten. Da nun Damenunterhaltungen über die unleugbare Superioriät deutscher Spargel gegenüber italienischen und Herrengespräche über Börsenkurse gerade im Golfe von Neapel entbehrlicher sind als anderswo, hielten wir vier Gefährten uns lieber im untern Spitz des Schiffes bei den gemeinen Leuten der Gegend auf, mit Entzücken die unbeschreibbar edeln Linien des näherrückenden Sorrentiner Gebirges betrachtend.*

(Aus: J. V. Widmann: Sizilien und andere Gegenden Italiens. Reiseerinnerungen, Frauenfeld 1898, S. 13).

Der Salondampfer »Najade« des »Norddeutschen Lloyd«

Auch die Möglichkeiten, auf der Insel ein Unterkommen zu finden, hatten sich nach den bescheidenen Anfängen weiterentwickelt und der gestiegenen Nachfrage angepasst. In Capri (ohne Anacapri) existierten vor dem Ersten Weltkrieg bereits zehn Hotels und mehrere Pensionen mit einer Kapazität von insgesamt mehr als 300 Zimmern,[25] verschiedene bereits mit Zentralheizung. Die Hauptsaison war in den Wintermonaten – gebräunte Haut war noch kein Schönheitsideal und Strandtourismus historisch keine »Option«. Die Preise in den Hotels waren niedrig, wie damals überall im touristischen Sektor. Im ersten Haus am Platz, dem »Quisisana«, zahlte man für eine Übernachtung mit drei Mahlzeiten neun bis fünfzehn Lire pro Tag.[26] Längere Hotelaufenthalte waren daher nichts Ungewöhnliches. So lebte etwa der pensionierte Marine-Generalarzt Julius Huethe bis zu seinem Tod 1908 zusammen mit seiner Frau Anna mehr als sieben Jahre im Hotel »Pagano«, ein allseits geschätzter Spaziergänger mit Hund und Botanisiertrommel.[27]

Capri hatte sich damit in der Zeit vor dem Ersten Weltkrieg zur ersten touristischen »Saison-Insel« in Europa entwickelt. In deutlich isolierter Lage und dennoch bequem zu erreichen und mit entsprechenden *facilities* ausgestattet, nahm hier erstmals ein Typus der Insel Gestalt an, der die Geschichte des Freizeitverhaltens bis heute prägen sollte.

»Deutsch-Capri«

Am sichtbarsten unter den Fremden auf dieser Insel traten die Deutschen in Erscheinung, und auch auf dem Fremdenfriedhof bilden sie zusammen mit Österreichern und Schweizern die Mehrheit. »Im Hotel ist man meist, wie schon auf dem Schiff, von lauter deutschen Landsleuten umgeben«, schreibt Johannes Proelss in seinem Buch mit dem bezeichnenden Titel *Deutsch-Capri in Kunst, Dichtung, Leben* (1901).[28] Deutsch war die zweite Sprache auf der Insel, die Hauptstraße (heute Via Vittorio Emanuele) hieß von 1894 bis 1918 zu Ehren des deutschen Kaiserhauses Via Hohenzollern, und »Kaisers Geburtstag« am 27. Januar wurde »größer gefeiert als der Geburtstag des italienischen Königs« (wie sich 1983 der damals 89-jährige Giorgio Weber erinnerte).[29] Eine alte deutsche Beschilderung kann man heute noch auf dem Weg zum Belvedere Cannone sehen, einem Aussichtspunkt beim Castiglione: *Zur Mahler Platte* – so frotzelten damals die Deutschen.

Die Beliebtheit der Insel unter den Deutschen führt zurück in die Entdeckungsgeschichte der Blauen Grotte und die Rezeption dieser Entdeckung in Literatur, Kunst und Essayistik.[30] Reiseberichte und Reisebeschreibungen, Zeitschriftenbeiträge in der *Gartenlaube*, der *Leipziger Illustrierten Zeitung* und in anderen populären Medien, nicht zuletzt eine Fülle von Capri gewidmeten Erzählungen, Romanen und Gedichten haben die Insel den deutschen Lesern nahegebracht. In keiner anderen Sprache ist, bis heute, so viel Belletristisches über Capri geschrieben worden, nicht einmal im Italienischen. Die Namen der Autoren sind heute vergessen, abgesehen vielleicht von Paul Heyse, Victor von Scheffel, Friedrich Spielhagen. Auch künstlerische Darstellungen, Zeichnungen, Lithographien, später Fotografien verbreiteten den Capri-Mythos, besonders bekannt wurden die 1892 bei Hanfstaengl erschienenen Ansichten von Christian Wilhelm Allers, die das touristische Leben auf Capri auch schon explizit thematisierten. In der gleichen Zeit wurden von deutschsprachigen Historikern, Archäologen und Naturwissenschaftlern Arbeiten zur Capri-Forschung vorgelegt, die für die Lokalgeschichte der Insel bis heute Bedeutung haben.[31]

Zentrum von »Deutsch-Capri« war weiterhin das Hotel »Pagano«, inzwischen in dritter Generation in Familienbesitz, mit seinen Erinnerungen an Kopisch und die Entdeckungsgeschichte der Blauen Grotte. Die erhaltenen Gästebücher und Register weisen in überwiegender Zahl deutsche Namen auf.[32] Künstler (oder solche, die dafür galten) waren willkommen, konnten auch längere Zeit dort zu sehr günstigen Konditionen leben.[33] Aber die prononciert »deutsche« Atmosphäre konnte kritische Geister auch abstoßen oder in Schwierigkeiten bringen, so den jungen Gerhart Hauptmann, der sich 1883 weigerte, hier an der Feier von »Kaisers Geburtstag« teilzunehmen.[34]

Zu den von Deutschen freqentierten Orten gehörte auch das Café »Zum Kater Hiddigeigei«, das seinen seltsamen (und für italienische Zungen quasi unaussprechlichen) Namen einer Figur aus Victor von Scheffels[35] Epos *Der Trompeter von Säckingen* (1853) verdankt. Es war eine Kneipe im Stil eines bayrischen Bräustübls mit langen dunklen Holztischen und Münchner Hackerbräu im Ausschank.[36] Auch hier weisen die

Das Café »Zum Kater Hiddigeigei« in einer Fotografie von Giorgio Sommer, um 1880

Gästebücher mehrheitlich deutsche Namen auf, deutschtümelnde und nationalistische Eintragungen zeigen, dass manche Deutsche sich hier gewissermaßen auf heimatlichem Boden glaubten.[37] Aber auch Axel Munthe, der den Deutschen wenig gewogen war, kehrte hier ein[38] oder August Weber,[39] scharfer Kritiker des wilhelminischen Imperialismus. Auch wer nach Anacapri ging, fand dort zwei »deutsche« Wirtschaften.[40] Kein Zweifel: Auch wer in der Fremde nur das Eigene finden wollte, kam auf dieser Insel auf seine Kosten, und Griebens Reiseführer von 1904 hatte nicht ganz Unrecht, wenn er Capri die »deutsche Insel im Mittelmeer« nannte.[41]

Unter sensibleren Deutschen, noch mehr bei Angehörigen anderer Nationen, stieß die massenhafte teutonische Präsenz – die »schlammige germanische Welle« wird sie Walter Benjamin 1924 nennen[42] – oft auf Befremden. Henry James,

1909 auf Capri und Gast bei Axel Munthe, spottet, »Germanicus« habe Italien wirkungsvoller eingenommen als Tiberius: »Der Geist seiner effektiven Eroberung Capris ist von jener breiten, fleischigen Gutmütigkeit, gegen die es keinen Widerstand gibt [...], wie das bekanntlich bei Liebe der Fall ist, die tötet.«[43]

Das Gotteshaus an der Via Tragara

Die Deutsche Evangelische Kirche

Während die deutsche Dominanz auf Capri heute längst der Vergangenheit angehört (allerdings in der Erinnerung vieler Capresen nach wie vor als Teil ihrer Geschichte eine Rolle spielt), ist »Deutsch-Capri« an besonderer Stelle architektonisch noch immer präsent: in einem Gebäude an der Via Tragara, das eine Inschrift in altmodischen Lettern als *Deutsche Evangelische Kirche* ausweist.[44] Auch ohne diese Indikation fällt der »nördliche« Charakter des Hauses mit seinem ziegelgedeckten Spitzdach sogleich ins Auge. Im Inneren setzt der Bau ebenfalls auf ein dezidiert protestantisches Architekturprogramm mit christologischem Schwerpunkt. Die farbigen Altar-Fenster im Jugendstil (einer im Süden wenig verbreiteten Stilrichtung), Schöpfungen des Zürcher Künstlers Johann Albert Lüthi, evozieren nördliche Stimmungen: Auf dem Bild mit der Geburt Christi im Altarraum tummeln sich neben der Krippe Rotkehlchen zwischen blühenden Maiglöckchen. Die prononcierte Betonung des Eigenen, des Anderen war Programm.

Die Kirche wurde 1899 von einer privaten Initiative Frankfurter Bürger um den Unternehmer Moritz von Bernus und den Bankier Hugo Andreae errichtet, der auf Capri die Villa Capricorno besaß.[45] Seit dem Erlöschen des Frankfurter Vereins 1990 ist sie im Besitz der »Evangelisch Lutherischen Kirche in Italien«, seit 2007 wird sie von der Kirchengemeinde in Neapel unterhalten. Ähnlich wie die Gründung des nichtkatholischen Friedhofs verdankt auch sie ihre Existenz einer Zeit und einer Einstellung, in der sich Besucher aus dem protestantischen Norden im katholischen Süden fremd fühlten und in der eigenen Konfession Identität, ein Stück Heimat suchten. Von der Evangelischen Kirche in Deutschland temporär abgeordnete »Kurprediger« versahen pastorale Dienste, zumeist während der touristischen Saison. Die erhaltenen Arbeitsberichte dokumentieren vor allem für die Zeit bis 1914 und dann wieder für die 1950er Jahre ein reges Gemeindeleben; auch Waldenser und Anglikaner nutzten die Kirche.[46] Im Zweiten Weltkrieg und in der Nachkriegszeit fungierte Gudrun von Uexküll, die Frau des Umweltbiologen Jakob von Uexküll, als »Kirchenmeisterin«; ihren Grabstein auf dem Cimitero acattolico ziert Rilkes Gedicht *Todeserfahrung*.[47] Die Letzte in diesem capresischen »Amt« war Jutta Ruocco-Bienengraeber, auch sie auf dem Friedhof beigesetzt.[48] Die letzten abgeordneten Pfarrer waren zwar noch zu Beginn des 21. Jahrhunderts in der Deutschen Evangelischen Kirche tätig, auch gab es Versuche, diese als Ort kultureller Veranstaltungen zu nutzen; im Sinne ihrer ursprünglichen Planung und langjährigen Verwendung scheint sie jedoch kaum noch eine Zukunft zu haben.

The English Colony

Die zweite Nation des »Fremden-Capri« waren die Engländer. Anders als die Deutschen kamen sie aus einem Land, das nicht nur über eine lange demokratische Tradition, sondern auch über ein Netzwerk politischer und merkantiler Kontakte im Mittelmeerraum verfügte; zudem hatten die Engländer als Erfinder der Grand Tour und des modernen Tourismus eine jahrhundertelange Praxis in der Kunst des Reisens. In der Hafenstadt Neapel existierte bereits seit dem 18. Jahrhundert eine ansehnliche englische Kolonie, die über Diplomaten, Bankiers und Unternehmer Einfluss und Ansehen genoss.[49] Aus ihrem Umfeld kamen auch die ersten Residenten auf Capri, die sich hier, längst vor den Deutschen, fest etabliert hatten.[50]

Gleichsam der englische Doyen auf der Insel, »for fifty years a resident in Capri« (wie auf seinem Grabstein zu lesen), war vor dem Ersten Weltkrieg der Journalist Henry Wreford.[51] Auch er hatte sich ursprünglich aus gesundheitlichen Gründen auf Capri niedergelassen; ab 1848 berichtete er von dort als Korrespondent für die Londoner *Times*. Wreford, Liberaler und leidenschaftlicher Antiklerikaler, teilte die Sympathie vieler seiner Landsleute für das Risorgimento, die italienische Freiheitsbewegung. Seine kritische Berichterstattung über die reaktionären Zustände im Königreich Beider Sizilien, die revolutionären Erhebungen, die politischen Prozesse und Deportationen hatte seine jahrelange Observation durch die bourbonische Geheimpolizei zur Folge[52] und beeinflusste die antibourbonische Politik des Vereinigten Königreichs.

Auf andere Weise dem Mezzogiorno, seiner Geschichte und seiner Landschaft zugewandt war ein weiterer britischer Schriftsteller und Wahl-Caprese: Norman Douglas.[53] Mit seinem ironisch-kritischen Capri-Roman *South Wind* (1917) hat er eine literarische Gattung eröffnet, die viel zur Entstehung des Inselmythos beigetragen hat: den Capri-Schlüsselroman mit seinen anzüglichen, halb verdeckten Charakterisierungen realer Persönlichkeiten und Ereignisse aus der »Capri Society« vor allem englischer und amerikanischer Provenienz. Gefolgt ist ihm in diesem Genre ein anderer Brite, Compton Mackenzie,[54] mit den capresischen Schlüsselromanen *Vestal Fire* (1927) und *Extraordinary Women* (1928). Mackenzie hat darin das extravagante, durch homoerotische Beziehungen geprägte und zugleich sentimental-idyllische Leben der ausländischen Residenten auf der Insel »Sirene« erzählt und damit einen Stoff geliefert, der auf Capri bis heute in einer halb realen, halb phantastischen Erinnerungsgeschichte an das »alte Capri« fortlebt.[55] Nicht in der Form des Schlüssel-, aber des biographischen Romans hat an diese Tradition Roger Peyrefitte mit *L'Exilé de Capri* (1959) um den homoerotischen Dandy Jacques d'Adelswärd-Fersen angeknüpft.[56] Was »wahr« und was »erfunden« ist, ist seither auf Capri oft nicht mehr zu unterscheiden.

Wie viele andere »Capri-Passionisten« hat auch Norman Douglas seinen besonderen Ehrgeiz auf die Erforschung der Insel verwandt. In *Capri: Materials for a Description of the Island* (1930) kommentiert er Quellenfunde zur Geschichte der Insel, seine *Forestal Conditions in Capri* (1904) gelten der lokalen Flora, *Siren Land* (1911) der archäologischen, historischen und anthropologischen Erkundung der Halbinsel von Sorrent. Darüber hinaus hat er sich praktische botanische Verdienste um die Insel erworben, dort zahlreiche Bäume gepflanzt. Zur Erinnerung daran legte Edwin Cerio bei seiner Beisetzung auf dem Fremdenfriedhof 1952 »als kleine rhetorische Geste« einen Baumzweig auf dem Grab nieder.[57] *Omnes eodem cogimur*, »Alle werden wir von dem gleichen bezwungen«, steht auf seinem Grabstein aus grünem Serpentin.[58]

Die Form der verschlüsselten Erzählung vom Schicksal zweier auf Capri gestrandeter Fremder hat auch William Somerset Maugham gewählt.[59] Es fällt auf, wie sehr die englische Capri-Literatur ihre Stoffe aus dem extravaganten Leben der englischen (und amerikanischen) Capri-Kolonie nimmt, anders als die deutsche, die sich eher empathisch in das indigene Leben einzufühlen versucht.[60]

Ein anderer großer Autor ist mit seinem »englischen« Capri-Projekt an Capri selbst gescheitert. Joseph Conrad kommt im Januar 1905 auf die Insel mit der Absicht, hier ein Capri-Buch zu schreiben. Nach zwei Monaten bekennt er einem Freund: »Der Zauber Capris macht mich träge. Ich habe nichts getan. Absolut nichts«.[61] Außerdem plagen ihn schlimme Zahnschmerzen, und einen Zahnarzt gab es damals noch nicht auf der Insel. Nach vier Monaten gibt er auf, kehrt aufs Festland zurück.

Ähnlich wie die Deutschen hatten auch die Briten den Wunsch, sich in katholischer Umgebung ihrer heimatlichen konfessionellen Identität zu versichern. Bereits 1860, dem Jahr der Einführung der Religionsfreiheit im ehemaligen Königreich Neapel, fanden auf Capri anglikanische Sonntagsgottesdienste statt,[62] 1894 wurde die »All Saints' Church« errichtet, in welcher der englische Chaplain sogar zwei Mal am Sonntag predigte.[63] Capri war zwar eine kosmopolitische Insel, aber die nationalen »Zirkel« grenzten sich dennoch gern voneinander ab.

Die Amerikaner

Seit der Mitte des 19. Jahrhunderts wurde der Golf von Neapel auch bei US-amerikanischen Reisenden zunehmend beliebt. Auf dem Cimitero acattolico bilden Amerikaner nach

Deutschen und Briten die dritte Nationalität. Der erste bekannte Amerikaner, der seinen Fuß auf die Insel gesetzt hat, war James Fenimore Cooper, der spätere Autor des *Lederstrumpf.* Im Spätsommer 1829 unternimmt er zusammen mit Frau und fünf Kindern einen Bootsausflug von Sorrent (wo die Familie des Schriftstellers für mehrere Monate eine Villa gemietet hatte). Über die steile »Phönizische Treppe« kommen sie nach Anacapri (die Dame auf einem Esel, der mit zusammengebundenen Tüchern gezogen wird), genießen das Panorama vom Monte Barbarossa und wundern sich über die Bauweise der kleinen Bauernhäuser mit den gewölbten flachen Dächern, die sie an die antiken Häuser in Pompeji erinnert.[64]

Ein Jahr später kommt ein anderer, nachmals berühmter Amerikaner nach Capri, Samuel Morse, der Erfinder des Telegrafen. »Sam. F. B. Morse New York Stati Uniti di America« firmiert er im Juli 1830 in steilen Lettern in Paganos Gästebuch – wo dieses New York lag, bedurfte damals offensichtlich noch der Präzisierung. Und *montto*[!] *contento,* »sehr zufrieden«, setzt einer seiner beiden Begleiter hinzu.[65]

Unter den Ansiedlern aus den Vereinigten Staaten ist ein Mann zu nennen, der mit seiner exzentrischen »Capri-Arbeit« eine besonders eindrucksvolle Spur auf der Insel hinterlassen hat: der Arzt John Clay Mackowen aus New Orleans.[66] Nach seiner Teilnahme als Colonel am Sezessionskrieg (auf der Seite der Südstaatler) und seinem Studium in München kam Mackowen um 1876 auf die Insel und baute sich hier einen alten Wehrturm in Anacapri als Villa um: mit »gotischen« Zinnen, einer Majolica-Kuppel und in leuchtendem »pompejanischem« Rot. Es ist die erste jener Villen, deren Stil später Curzio Malaparte beim Bau seiner eigenen Villa *Casa come me* nennen sollte, »Haus, wie ich [es will]«. Capri ist ein Museum

Portal der Casa Rossa in Anacapri

solcher »Häuser«, in deren Architektur sich die individuelle, phantastische Aneignung einer imaginären Idee des Südens ausdrückt. In Mackowens Fall verbindet sich diese Idee mit den archäologischen Neigungen des Erbauers. Mackowen trug von überall her auf der Insel antike Fundstücke zusammen, machte auch erste Ausgrabungen in der Blauen Grotte, stattete seine Villa mit einer wilden Sammlung von antiken Mauerresten, Kapitellen, Säulen, Büsten und Statuen aus. In ihrer Vermischung unterschiedlichster Stile und Funde, die jeglicher Klassifizierung Hohn spricht und Puristen aller Couleur ein Graus sein muss, ist Mackowens Casa Rossa lebendiger Ausdruck eines capresischen Synkretismus, überdies lebendiger Ort der Erinnerung an das antike Capri: Über dem Eingang grüßt eine Inschrift in griechischen Lettern: CHAIRE O POLITA APRAGOPOLEOS, »Sei gegrüßt, Bürger der Nichtstuerstadt«. »Apragopolis«, die »Nichtstuerstadt«, hatte Kaiser Augustus einmal in heiterer Laune die Insel Capri genannt.[67]

Heute ist die Casa Rossa in Anacapri (Via Orlandi 78) neben der Villa Lysis in Capri die einzige der etwa achtzig »ausländischen« Villen auf der Insel, die in öffentliche Nutzung übergegangen sind. Sie beherbergt ein kleines Museum mit Werken von Malern, die hier allgemein *pittori di Capri* genannt werden, »Capri-Maler«, Künstler also, die auf der Insel tätig waren und auch vor allem hier bekannt sind.[68]

Die Insel der Russen und der Revolution

Ganz andere Beweggründe führten schließlich Angehörige einer weiteren Nation nach Capri: die Russen. Sie kamen als politische Emigranten, zunächst nach der Revolution von 1905, dann nach der bolschewistischen von 1917. Erinnerungen an die Krim, Russlands »Süden«, mögen im Spiel gewesen sein, als die Gegend von Neapel (neben Capri auch Sorrent, Positano und Amalfi) zum Ziel zahlreicher russischer Flüchtlinge wurde.[69]

Ihre Biographien sind, soweit überhaupt bekannt, häufig die Schicksale von Menschen, die auf fremdem Boden wieder Fuß fassen mussten. Elizaweta Michailowna, die Frau von Fürst Nikolai Nikolaiewitsch Sayn-Wittgenstein, hoher Beamter am Hof des Zaren, betrieb auf Capri einen Kleiderladen; der deutsch-baltische Baron Eduard von Rahden, Emigrant aus Lettland, verdingte sich als Portier im Hotel »Quisisana«.[70] Größeren Erfolg hatten die russische Pianistin Elena Rombro Stepanow und ihr Mann, der Kunsthistoriker Iwan Stepanow, die sich auf Capri in einer eigenen Villa etablieren konnten – auf Elenas Grabstein auf dem Cimitero acattolico hält eine Tonfolge aus Mozarts Klavierkonzert in c-moll (KV 491) die Erinnerung an die Pianistin fest.[71]

Russisches Leben auf Capri gewinnt vor allem Gestalt rund um die Figur des prominentesten aller russischen Emigranten: Maxim Gorki. Der Schriftsteller kam am 4. November

1906 zusammen mit seiner Gefährtin, der Schauspielerin Maria Andreewa, nach Capri und lebte hier bis zu seiner Rückkehr nach Russland im Dezember 1913.[72] Auf Capri vollendete er seine Romane *Die Mutter* und *Eine Beichte*, hier schrieb er die *Skazki ob Italii* (»Geschichten aus Italien«). Es sind kleine Alltagsgeschichten, die auf Capri, in Amalfi oder Neapel spielen und in deren Mittelpunkt Menschen aus dem Volk stehen, Fischer, Arbeiter und Kinder, an denen der Autor nicht zuletzt eine anarchische Leidenschaftlichkeit bewundert, die sie für das kommende Neue geradezu prädestiniere:

Ich glaube, dass die Italiener gute Sozialisten sein werden

Brief von Maxim Gorki an Genossen in Russland, Capri 7. oder 8. Juni 1907

[...] *Gestern haben die Capresen eine Art von Fest veranstaltet. Um die Wahrheit zu sagen, war im Kirchenkalender kein Fest vorgesehen, aber es war schönes Wetter, und das haben die Leute für einen ausreichend seriösen Grund genommen, um zu faulenzen und Remmidemmi zu machen. Was für ein tolles Feuerwerk haben sie veranstaltet! Ich habe nie etwas Ähnliches gesehen. Auf den Bergen, mitten in der Nacht, spielte das Licht ganze Symphonien. Die Musik dröhnte den ganzen Tag, und die Leute liefen über die Insel und jubelten wie betrunken. Nach England ist das alles eine Überraschung. Ich sage dir, du fühlst dich wie in der Oper. Ich glaube, dass die Italiener gute Sozialisten sein werden.*

Handschlag,
A. Peschkow

In: M. Gor'kij, Sobranie socinenij, vol. 29, Moskau 1955, S. 21. Übersetzung Doreen Trittel.

Das ist eine ganz andere Einfühlung in den Charakter der Süditaliener, ist nicht ihre Romantisierung als Naturkinder (wie häufig in der deutschen Wahrnehmung), sondern ihre Stilisierung zum revolutionären Subjekt. Vielleicht war das auch der Grund dafür, dass Gorki auf Capri 1909 ein Experiment startete, bei dem die Insel zum ersten Mal als Laboratorium der Zukunft fungieren sollte, als Ort der Schöpfung des Neuen Menschen.[73] Capri wird Sitz der ersten marxistischen »Parteischule« zur Vorbereitung der Revolution in Russland. Sie arbeitet in der Villa Spinola, der ehemaligen Villa des Bakteriologen Emil Behring – nicht nur wegen ihrer Farbe wird sie bis heute von den Capresen Casa Rossa genannt (Piazzetta Cesare Battisti). Neben Gorki unterrichten unter anderen Alexander Bogdanow und Anatoli Lunatscharski, der spätere erste Kulturminister der Sowjetunion. Eingeladen wird auch Rosa Luxemburg, sie übermittelt gute Wünsche, sagt aber wegen anderer Verpflichtungen ab.[74] Die im Untergrund arbeitende Sozialdemokratische Arbeiterpartei Russlands delegiert eine Gruppe von Arbeitern nach Capri, neben Vorlesungen und Diskussionen stehen auf dem Programm Exkursionen, unter anderem nach Pompeji, auch eine Bibliothek wird eingerichtet. Der durch seine Bucherfolge relativ vermögende Gorki finanziert das Unternehmen, stellt großzügig den Gästen sein Haus zur Verfügung, Frau Bogdanow und Frau Lunatscharski kochen für die Teilnehmer.

Auch Lenin kommt nach Capri, zwei Mal besucht er die Insel.[75] Eine Fotografie zeigt ihn mit Bogdanow beim Schachspiel, Gorki sieht zu. Auch wenn Bogdanow die Partie gewonnen hätte, historisch wird er der Verlierer sein. Denn die »Parteischule« von Capri arbeitet an einem anderen Modell der Revolution als Lenin und das Moskauer Komitee der Mehrheits-Bolschewiki. Es ist das Programm der sogenannten

»Gotterbauer«,[76] der Versuch, über die Revolutionierung des Menschen die alte Ordnung zu stürzen; mit ihrer Betonung von Ästhetik, Kreativität und Aktion wird die Idee den »Proletkult« der frühen Sowjetunion beeinflussen.

Bogdanow und Lenin spielen Schach (Villa Blaesus, April 1908). Unter den Zuschauern Gorki und Natalia Bogdanowna Malinowskaja

Auch nach dem Ende des Experiments und seiner Verurteilung durch die Bolschewiki suchen russische Dissidenten immer wieder Kontakt und Austausch mit Gorki auf Capri, darunter der Regisseur Konstantin Stanislawski, der Sänger Fedor Schaljapin und der Schriftsteller Iwan Bunin. Der Letztere hat in seiner Erzählung *Der Herr aus San Francisco* (1915) einen Typ des Besuchers portraitiert, dessen (in diesem Falle tödlich endende) Präsenz aus Capri nicht mehr wegzudenken ist, bis heute: den reichen Schmock.

In Bunins Erzählung wird dessen Leiche am Ende auf einem Luxusdampfer in die USA zurückgebracht. Anders erging es den meisten russischen Emigranten, die hier starben, sie wurden auf dem nichtkatholischen Friedhof der Insel beigesetzt, bilden hier nach Deutschen, Briten und Amerikanern die vierte Nation des kosmopolitischen Capri. Auch ein Student der »Parteischule« ruht dort sowie der kleine Tolja, der im Alter von sechs Monaten verstorbene Sohn von Anatoli Lunatscharski und seiner Frau, der Schriftstellerin Anna Malinowskaja.[77]

Capri aber sollte weiterhin Insel Utopia bleiben, Lebensmodell und Laboratorium für Experimente eines alternativen Lebens.

Villa Lysis, 1967

Villa Lysis
Insel Utopia

Amori et dolori sacrum

Der Bauherr wollte das so: Wer ihn besuchen wollte, musste einen weiten Weg machen, einen der weitesten auf der kleinen Insel. Und er durfte die Nähe des Tiberius nicht scheuen, im Gegenteil. Genau dort wollte er leben, im Schatten des Kaisers und seiner Skandale: der französische Baron, Dandy und Décadent Jacques d'Adelswärd, Erbe der Stahlwerke von Longwy, der sich den Namen eines seiner Vorfahren zugelegt hatte, Graf Axel Fersen, Geliebter von Marie Antoinette, und mit dem Namen gleich auch dessen Titel:[1] »Graf Fersen«. In Paris wegen Unzucht mit Minderjährigen verurteilt, kam der 24-Jährige 1904 nach Capri und baute sich hier am Steilhang direkt unterhalb der Villa Iovis seine eigene luxuriöse Residenz. Villa Lysis (der Name spielt auf Platons Dialog über die Knabenliebe an) folgt architektonisch einem üppigen Klassizismus, ein großes, in den Boden eingelassenes Marmorbad sollte an römische Thermen erinnern, ein kleiner Rundtempel im Park an den Vesta-Tempel in Rom. Und auf dem Portikus prangt die Inschrift AMORI ET DOLORI SACRUM, »Der Liebe und dem Schmerze heilig«. Das melancholische Motto, Titel eines 1903 erschienenen Buches über den Untergang Venedigs,[2] markiert ein Kontrastprogramm zum heiteren Gruß, den John Mackowen über dem Eingang seiner Villa in Anacapri den Vorübergehenden zugerufen hatte.[3] Jacques d'Adelswärd-Fersen konnte, wie viele Liebhaber Venedigs, die Liebe nur in der schmerzlichen Trauer über ihr Ende genießen. Bis zu seinem Tod lebte er hier, von singhalesischen Dienern umgeben, mit seinem Freund Nino Cesarini, den er als Fünfzehnjährigen in Rom auf der Straße kennengelernt hatte. Im Alter von 43 Jahren starb er (vermutlich durch Suizid) an einer Überdosis Kokain, auch seine Asche wurde auf dem Fremdenfriedhof in Capri beigesetzt.

Die Insel der freien Liebe

Inseln sind seit alters Projektionsflächen alternativer Lebensmodelle, Laboratorien neuer sozialer Ordnungen. Inseln lassen Experimente zu, in ihrer »Extraterritorialität« kann stattfinden, was auf dem festen Land nicht oder noch nicht möglich ist. Wie keine andere Insel steht Capri in dieser ambivalenten Tradition der Insel Utopia (oder Dystopia), hat Dissidenten aller Couleur in ihren Bann geschlagen, hat Abweichlern, Aussteigern, Weltverbesserern, Käuzen und Phantasten eine temporäre Heimat geboten. Und nicht zuletzt die alte utopische Idee der »Liebesinsel« hat ihre Regenbogenfarben auf Capri geworfen.

Dass Capri um 1900 zum Mekka männlicher Homosexueller wurde, hängt dabei nicht nur mit der Tatsache zusammen, dass es im Königreich Italien generell keinen Paragraphen 175 gab, der »widernatürliche Unzucht« (wie in Deutschland) unter Strafe gestellt hätte. Mit Capri und dem Golf von Neapel verband sich auch die Aura antikischer, »heidnischer« Sinnlichkeit, deren Ausdrucksformen in den Ausgrabungen von Pompeji und Herculaneum wieder ans Licht gekommen zu sein schienen und im benachbarten Museum in Neapel zu bestaunen waren. In Fersens Capri-Roman *Et le feu s'éteignit sur la mer …* (1909) ist es ein Besuch ebendieses Museums mit seinen Knaben- und Jünglingsstatuen, der den Helden der Geschichte, einen jungen französischen Bildhauer, vom »falschen« Weg der Frauenliebe abbringt.[4] Die Vorstellung vom Fortleben freizügiger antiker Liebespraktiken unter südlichem Himmel, vor allem der Knabenliebe, war Teil der idealen Wahrnehmung des Südens.[5] Belegt ist, dass am Golf männliche Prostitution kein Tabu war, öffentliche Nacktheit von Knaben und jungen Männern am Meer selbstverständlich.[6]

In der Figur des Tiberius fand erotische Freizügigkeit ein historisches Leitbild. »Wir gehen für drei Tage nach Capri«, schreibt Oscar Wilde 1897, soeben aus dem Gefängnis in Reading entlassen, »ich möchte ein paar einfache Blumen am Grab des Tiberius niederlegen«.[7] Bei seinem Besuch auf der Insel löst er einen Skandal aus, als er zusammen mit seinem Freund Lord Alfred Douglas den Speisesaal des Hotels »Quisisana« betritt und nach dem Protest der englischen Gäste vom Hotelier des Hauses verwiesen wird.[8] Tiberius war auch Fersens Idol, und dies nicht nur in der Anlage seiner Villa auf dem Monte Tiberio. In besonders exzessiver Weise huldigte er dem Kaiser mit der makabren symbolischen Re-Inszenierung eines nächtlichen Knabenopfers in der Grotta Matermania, das, nach einem antiken Grabstein, Tiberius dort an dem vierzehnjährigen Hypatos vollzogen haben soll.[9] Die Szene wurde beobachtet, die Polizei schritt ein, Fersen wurde gezwungen, die Insel für einige Zeit zu verlassen.

Tiefer war der Sturz des Hamburger Malers Christian Wilhelm Allers. Hochberühmt als Bismarck-Portraitist, war er 1891 nach Capri gekommen[10] und hatte sich im Jahr darauf an der Via Tragara eine Villa gebaut, eingerichtet mit Karlsruher Möbeln, die Küche von Mutter Allers beliefert mit Holsteiner

Butter und Hamburger Räucheraal. Villa Allers wurde, wie das erhaltene Gästebuch zeigt, Treffpunkt der großbürgerlichen und aristokratischen deutschen Hautevolee, mit Kegelclub und feuchtfröhlichen Festen ein Inbegriff deutscher Biederkeit.[11] Am 10. November 1902 enden unvermittelt die Eintragungen. Die Polizei ermittelte gegen Allers wegen unzüchtiger Handlungen mit seinen jungen Modellen. Der Maler floh von der Insel, gewarnt von Lucia Morgano, der Wirtin des Cafés »Zum Kater Hiddigeigei«, und wurde von einem Gericht in Neapel in Abwesenheit zu einer viereinhalbjährigen Freiheitsstrafe verurteilt.[12]

Weniger exzessiv ging es in anderen Zirkeln zu, in denen (erwachsene) Fremde mehr oder minder unter sich blieben, so in der Villa Cercola mit John Ellingham und Romaine Brooks[13] oder der Villa Torricella mit dem amerikanischen »Schwestern«-Paar Saidee Wolcott und Kathryn Perry, den lesbischen Protagonistinnen in Compton Mackenzies capresischem Skandal-Roman *Vestal Fire*.[14] Den Kindern auf Capri pflegte man dennoch zu sagen, dass sie die Umgebung bestimmter Häuser meiden sollten.[15]

Denn natürlich hatte die ortsansässige Bevölkerung ein ambivalentes Verhältnis zu den Ausschweifungen der Fremden. Der »Krupp-Skandal« (1902) hatte die Insel in der internationalen Presse in Misskredit gebracht. Ein Jahr zuvor hatte das freizügige Auftreten eines homosexuellen Besuchers aus dem deutschen Hochadel, Großherzog Ernst Ludwig von Hessen, sogar zu einer diplomatischen Demarche zwischen Rom und Berlin geführt.[16] Auf der anderen Seite brachten die Fremden Geld auf die Insel, traten als Wohltäter der lokalen Bevölkerung auf. Es kam vor, dass Eltern in Not (wie heute in Ländern der »Dritten Welt«) ihre Kinder sehenden Auges an Fremde »vermieteten«, so im Fall von Norman Douglas, der sich auf diese Weise im Alter den siebenjährigen Ettore aus Neapel ins Haus holte.[17] Von einem stillschweigenden Übereinkommen zwischen Einheimischen und Fremden berichtet Giorgio Weber in seinen Lebenserinnerungen (1983): Man habe die Homosexuellen gewähren lassen, solange sie gezahlt und die Jungen und Mädchen der Insel in Ruhe gelassen hätten.[18]

Zu den Gepflogenheiten der Insulaner gehörte es auch, sich an Fremden schadlos zu halten, die in Schwierigkeiten geraten waren oder ihre Häuser verlassen mussten. Nachdem der Maler Otto Sohn-Rethel[19] gegen Ende des Zweiten Weltkriegs seine Villa in Anacapri aus taktischen Gründen seinem örtlichen Liebhaber überschrieben hatte, um sie einem befürchteten Zugriff der Alliierten zu entziehen, weigerte sich der Freund später, sie zu restituieren; nach dem Tod des Malers wurde sie geplündert.[20] Capri hat einen großen Magen, verleibt sich ein, was von außen kommt, seine Häuser sind voll von Gemälden und Preziosen unklarer Herkunft.

Villa Lysis, August 2009. Eröffnung einer Ausstellung mit Werken von Wilhelm von Gloeden

Die (homo)erotische Anziehungskraft der Insel hält bis heute an. Sie hat dazu beigetragen, Capri den fragwürdigen Nimbus des Transgressiven zu geben, das heute ohnehin vielerorts seinen Platz hat. Ähnlich wie beim »lesbischen« Lesbos spielt dabei im Falle des »schwulen« Capri die Tatsache eine Rolle, dass die »Community« immer wieder die einschlägige Tradition des Ortes aufruft und feiert – von Manfred Gräters avantgardistischem Film *Capri – Musik, die sich entfernt* (1983)[21] über die Schwulen-Zeitschrift mit dem Titel *Capri* (2015) bis hin zu diversen

Internetforen.[22] Am Ende stiftet dann der Mythos aufs Neue eine Realität, die ihrerseits wieder in den Mythos eingeht. Wie intensiv das eine mit dem anderen kommuniziert, zeigt Arnold Stadlers Roman *Komm gehen wir* (2007): Er beginnt mit einer Szene am schwulen Badeplatz auf Capri, deren Erinnerung den Ich-Erzähler ein Leben lang als Moment gelebter Utopie freier, unkonventioneller Liebe begleitet.

Eine tyrrhenische Robinsonade

Neben dem Traum vom Liebeseiland wurde auf Capri auch ein anderes utopisches Inselmodell lebendig: das der Robinsoninsel. Immer wieder hat Capri Menschen angezogen, die, im Konflikt mit der Zivilisation der Terraferma, hier ein Refugium gesucht, ein »alternatives« Leben gegen die herrschenden Ordnungen geplant oder praktiziert haben. Den christlichen Anachoreten auf dem Monte Tiberio und dem Monte Solaro folgten die säkularen Einsiedler: Weltflüchtige, Aussteiger oder Phantasten, Propheten nicht selten auch sie, die auf dem vom Meer umschlossenen Eiland eine neue, bessere Welt entwerfen wollten. Und auch von ihnen haben einige auf der Insel ihre Spuren hinterlassen.

Im Jahr 1883 landete ein Mann namens August Weber auf Capri, Sohn einer wohlhabenden Münchner Beamtenfamilie, der an der dortigen Kunsthochschule Malerei studiert, dann aber mit seinem bürgerlichen Leben gebrochen hatte.[23] Schon seine »Landung« glich eher einem Schiffbruch: Weber hatte sich in Neapel ein Ruderboot gekauft und war damit zwei Tage und zwei Nächte lang allein über den Golf gerudert (eine Strecke von rund vierzig Kilometern!). Als er dann – wie er schreibt – halbtot die Insel erreichte, habe es ihn wie eine

Vision überfallen: Ebendiese Ansicht hatte er als Student auf einer Bildpostkarte in der Maximilianstraße gesehen und unbewusst als Ort seiner »Vorherbestimmung« (Weber) in der Erinnerung getragen.[24] Weber kampierte zunächst in einer Höhle unter dem Monte Castiglione, ein kynischer Philosoph am Meer, Vegetarier, Pazifist und Anwalt des »lederlosen Lebens«, der mit literarischen Kurzbotschaften auf Mauern und Wänden, Vorläufer der Graffiti, zum Propheten einer neuen, natürlichen Lebensordnung wurde. *Lieber Mohr / als Karnivor* war da etwa zu lesen (das mochte sich an die deutschen »Fleischfresser« im Hotel »Pagano« richten), aber auch *Il primo che disse guerra / un mascalzone era*, »Der Erste, der Krieg sagte, war ein Schurke.«[25] Seine Verskunst, in keinem Literaturlexikon gewürdigt, umfasste aphoristische Meisterleistungen wie *Vino di Capri? / Apri!* (»Wein aus Capri? / Öffne!«) oder *A Pagano / pagano* (»Im Pagano / zahlt man«), Kalauer vom Stil *Von wegen seinen Versen / Ward ausgewiesen Fersen* oder *Keine Mittel mehr? / Dann verlaß das Mittelmeer!*, aber auch Gedichte, welche die Sprache des Nonsens vorwegnehmen, wie jenes mit dem Titel *Il soldato fumatore*, »Der rauchende Soldat«, aus dem Jahr 1914: *Oggi siamo / Domani fummo / Perciò fumo* (»Heute sind wir / Morgen waren wir / Daher rauche ich«). Seine handschriftlichen Aufzeichnungen während des Krieges gießen Hohn und Spott über den Kaiser und kritisieren die Politik des Reichstags. Nach dessen Zustimmung zu den Kriegskrediten schlug er auf einer seiner selbstgefertigten Zementtafeln einen Zweizeiler mit dem Titel *Il Reichstag* an: *Dice sempre Si / Un parlamento così così* (»Sagt immer Ja / Ein Parlament Naja Naja«). Und über das kriegführende Österreich 1916: *Onesto stato / E'stato* (»Anständiger Staat / Gewesen«).

1918 wurde Weber auf dem Festland interniert, reimte von dort an Ignazio Cerio: *From the family / I am far / You are far /*

That is not fair (»Von der Familie / Bin ich weit / Du bist weit / Das ist nicht fair«). Zahlreiche Texte von ihm liegen unveröffentlicht in seinem Capreser Nachlass – im München oder Berlin des Surrealismus und des Kabaretts hätte er mit seinem Witz und seiner Kritik literarischen Erfolg haben können, aber gerade dort wollte er eben nicht sein. Und auch seine avantgardistischen Literaturzeitschriften, auf der eigenen Druckerpresse hergestellt, hätten in Deutschland sicher in einer höheren Auflage als der eines einzigen Exemplars überleben können.

Nach seiner Heirat 1893 mit der Capresin Raffaela Desiderio und vom Geld seiner Münchner Familie erwarb August Weber an der Marina Piccola ein Grundstück, baute dort ein kleines Hotel und gab ihm den schönen Namen »Strandpension« – an einer Felsenküste, wo von einem deutschen »Strand« absolut keine Rede sein konnte. »Von Künstlern besucht und sehr einfach«: Mit dieser Empfehlung setzte die »Strandpension« die Tradition des »Pagano« fort.[26] August Weber hatte ein Herz für ungewöhnliche Menschen, die »Strandpension« wurde temporäre Heimat für Künstler und Lebenskünstler, Gestrandete und Emigranten, die hier zum Teil jahrelang und mit quasi familiärem Anschluss lebten.[27] Denn hier sollte nicht gelten, was Weber in einem seiner kleinen Wachstuchhefte zum Thema »Capri-Literatur« notiert hatte: *Letteratura caprese / Qui scrivono conti solamente,* »Capri Literatur / Hier schreiben sie bloß Rechnungen«.

Höhlenmenschen, Propheten, Jünger der Sonne

Um die Jahrhundertwende folgten August Weber zwei Maler, die ebenfalls mit ihrer akademischen Ausbildung gebrochen hatten und paradoxerweise auf Capri suchten, was ja auch hier längst im Verschwinden war: Einsamkeit und ein Leben nach der Natur – Hans Paule und Karl Wilhelm Diefenbach.

Hans Paule, Capri 1929

Auch der Wiener Hans Paule[28] suchte die Nachbarschaft von Meer und Klippen, hauste nach seiner Ankunft zunächst in der Grotta dell'Arsenale, einer Felsenhöhle am Südufer der Insel. »Ein ungefüger und wenig schöner Mann, [...] und sein abgemagerter Körper wie auch sein arg zerschlissener Rock erwiesen uns sein armes Leben« – so charakterisiert ihn der Ich-Erzähler in Waldemar Bonsels' Capri-Novelle *Die Spur im Sand* (um 1924), in deren Mittelpunkt der rätselhafte Höhlenmensch mit der rauen Stimme steht.[29] Auch später lebte Paule in bescheidensten Verhältnissen, »in einem Raume von vier Meter im Quadrat, worin alles catasterartig aufgespeichert ist«,[30] sich bis zu seinem Tod 1951 mit Portraitzeichnungen den abendlichen Wein in der Trattoria Settanni verdienend.

»Spaziere dann die Via Tragara entlang bei blankem Monde und blitzenden Sternen, da grüßen mich durch die Nacht beiderseits des Weges aus Euphorbien und Lentiskenbüschen lispelnd Bekannte und Wesen, die im Laufe eines halben Jahrhunderts alle einmal da waren und sich freuten und nun längst verschwunden sind.«[31]

Den »einfachen« Formen galt auch Hans Paules Kunst: Es sind extrem reduzierte spätexpressionistische Landschaften und Figuren in der alten Technik des Holzschnitts, im Handdruck hergestellt. Zur Ehre der Galerien und Museen (die der Künstler durchaus verdient hätte) brachte er es damit nicht. Sein Nachlass ist nach seinem Tod verschwunden,[32] einige Erinnerungen an ihn und seine dunklen Phantasmen hat sein Capreser Freund Ettore Settanni aufgezeichnet, darunter die Geschichte einer nächtlichen Geisterbeschwörung des Tiberius in den Ruinen der Villa Iovis mit dem Anfangsakkord der fünften Sinfonie von Beethoven.[33]

Karl Wilhelm Diefenbach, 1912

Anders Karl Wilhelm Diefenbach. Er erlangte eine gewisse öffentliche Präsenz in Museen und Ausstellungen, und dies nicht nur auf Capri, wo eine Reihe seiner großformatigen Ölgemälde heute in der Certosa, dem ehemaligen Kartäuserkloster, ausgestellt ist.[34] In ihrem Stil unterscheiden sich die düsteren, symbolisch aufgeladenen Felsen- und Meerlandschaften Diefenbachs radikal von den Arbeiten Hans Paules; der alternative Lebensstil der beiden Künstler war jedoch durchaus verwandt. Diefenbach kam 1899 nach Capri, nachdem er in München wegen Erregung öffentlichen Ärgernisses zu einer Haftstrafe verurteilt worden und sein Kommuneprojekt am Stadtrand von Wien gescheitert war.[35] Der Spitzname »Kohlrabi-Apostel«, den andernorts keiner mehr kennt, hängt ihm auf Capri noch immer an. Als Vegetarier, Theosoph, Nudist, Erziehungsreformer und Missionar einer »naturgemäßen« Lebensweise wurde er zum »ersten Künstlerpropheten Deutschlands« (Max Hollein).[36] Auf Capri betrieb er, meist in eine bodenlange weiße Tunika gekleidet, ab 1906 sein Atelier OMNIA VINCIT ARS in der Via Roma, stellte dort die später berühmt gewordenen Schattenrisse aus dem Zyklus *Per aspera ad astra* aus und schuf das Monumentalgemälde *Du sollst nicht töten!* (heute in der Certosa).[37]

Mit ihrem Kult der Sonne und des Lichts standen Diefenbach und sein Schülerkreis[38] einem Schriftsteller nahe, der ebenfalls auf Capri sein Refugium suchte: Theodor Däubler, der Dichter des monumentalen Versepos *Das Nordlicht* (1910). »Wie herrlich ist es, spähend übers Meer zu steigen! / Mit jedem Schritte weiten sich die Sonnenräume«, dichtet Däubler in einem Hymnus, der eine Bootsreise von Neapel über den Golf bis zur Meerenge von Capri feiert.[39] Thema seiner Dichtung wie seiner Lebensgeschichte ist das Verlangen, aus dem dunklen Norden in Räume der mediterranen Sonne vorzudringen, in denen, Vorschein einer solaren Utopie, das Irdisch-Materielle sich ins Geistig-Solare verwandeln müsse. Nach ausgedehnten Reisen durch die Mediterranée kam Däubler, auch er fast immer mittellos und jetzt schon schwer krank, 1932 nach Capri, das er bereits von früheren Aufenthalten bei dem Bildhauer Paul Peterich her kannte.[40] In Anacapri wollte er sterben und begraben werden, auf der Insel der Sonne.[41] Aber die politischen Verhältnisse zwangen ihn in die Wirklichkeit zurück, Däubler unterschrieb nach der Machtübernahme Hitlers am 18. März 1933 in Anacapri die fatale »Erklärung zur veränderten politischen Situation« der Berliner Akademie der Künste. Seine schwere Krankheit zwang ihn schließlich zur Rückkehr nach Deutschland, aus dem andere Schriftsteller nach Italien flohen.

Der Einsamkeitswürfel oder Die Welt von Capri aus retten

Der »Einsamkeitswürfel« an der Migliara, um 1970

Es ist erstaunlich, dass auch nach dem Zweiten Weltkrieg das Projekt Capri Utopia nicht verblasste, dass es auch angesichts des in den 1950er Jahren einsetzenden Massentourismus immer wieder Menschen gab, die mit ihrem eigenen Blick auf Capri dort nicht nur einen insulären Rückzugsort fanden, sondern die Insel auch zur Basis ihrer weltverändernden Visionen machen wollten.

Einer der rätselhaftesten dieser modernen Insel-Anachoreten war der Berliner Willy Kluck.[42] Ursprünglich Bildhauer, zog er sich nach einer Kriegsverletzung im Ersten Weltkrieg in den 1920er Jahren nach Capri zurück, lebte hier in einem winzigen alleinstehenden Haus zwischen Anacapri und dem Belvedere Migliara am Fuße des Monte Solaro, seinem »Einsamkeitswürfel« (Werner Helwig). Geprägt von den Ideen des Philosophen und expressionistischen Dichters Salomon Friedlaender und dessen Begriff der »schöpferischen Indifferenz« (verstanden als Auflösung aller Widersprüche im autonomen Ich) wollte Kluck im Zeitalter der atomaren Bedrohung nach dem Zweiten Weltkrieg die Insel Capri »zum Weltort aller Friedensbestrebungen der Menschen aller Völker und Rassen« machen.[43] Als »Präsident« einer von ihm gegründeten planetarischen Friedensoffensive namens I. P. S. (International Private Service) mit Sitz in Anacapri warb Kluck in diversen maschinenschriftlichen Appellen für die »Revolution aller Revolutionen«[44] in der »Besinnung auf unser zeitloses SELBST«:

»Dieses SELBST, das sich jenseits des begrenzten Verstandes befindet, ist die größte Macht: alles, was der zeitliche Verstand hervorzubringen vermag (auch Superwasserstoffbomben), ist dagegen völlig machtlos«.[45]

Willy Kluck, 1971

Was in Klucks Idee von Capri als Geburtsstätte einer »Weltfriedlichkeit« (Kluck)[46] und der Aufhebung aller »Spaltungen«, ja, wie er glaubt, des Todes selbst, weiterlebt, ist der alte Menschheitstraum von der Paradiesinsel. »Das Paradies erschließt sich erneut auf dem privaten Capri, dessen Symbol das öffentliche Capri ist«, schreibt Kluck 1960 an den Schriftsteller Werner Helwig.[47] Dieser hatte bereits bei seinen ersten Aufenthalten auf Capri in den 1930er Jahren die Nähe des »Einsamkeitswürfels« und seines charismatischen Bewohners gesucht und sich in einem verfallenen Bauernhaus in dessen Nachbarschaft niedergelassen;[48] in den 1970er Jahren wird er dann mit seinen Capri-Büchern in Deutschland zum Propheten der »magischen Insel« und zum Biographen der spirituellen Kommunität aller »Capri-Passionisten«.[49] Mitten im Boom des Capri überschwemmenden Massentourismus entdeckt er, »daß man auf der Insel, trotz Gewimmel, stets einsam ist, also sich selbst wie nirgends sonst besitzt«, und feiert die Rückkehr des gespaltenen Ich in das »pränatale Urstadium« einer Inselexistenz.[50]

Willy Kluck, der hochgewachsene, hinkende Mann mit den zerzausten Haaren und der visionären Rede hat auch auf Capri direkt Eindruck hinterlassen. Scheu näherten sich die Schulkinder seinem abgelegenen Eremitenhäuschen, damit er ihnen Geschichten vom bevorstehenden Weltuntergang erzähle.[51] Später entstand die Legende, dass er im Alter seine gesamten Aufzeichnungen, Zehntausende von Seiten, hoch vom Felsen hinunter ins Meer geworfen habe.[52] Vermutlich wurde jedoch sein Haus nach seinem Tod 1978 geplündert, auch sein Nachlass ist verschollen.[53]

Es gehört zu den reizvollen Kontinuitäten der Capri-Geschichte, dass in ebendiesem abgelegenen (inzwischen umgebauten) Kluck-Häuschen seit 2010 der schwedische Nationalökonom und Sozialphilosoph Gunnar Adler-Karlsson[54] lebt und von dort in regelmäßig versandten Newslettern eindringlich vor den Gefahren des Untergangs einer Menschheit warnt, die auch nach Millionen von Jahren der Evolution noch immer von ihrer angeborenen tierischen Natur beherrscht sei. Der freundliche, universal gebildete Mann mit den funkelnden blauen Augen und dem weißen Kinnbart hat außerdem in der Nähe des »Einsamkeitswürfels« einen »Philosophischen Park« eingerichtet, in dem der Besucher auf verschlungenen Wegen und mit ausgewählten Zitaten durch die Geschichte der abendländischen Philosophie geführt wird. Er steht unter dem delphischen Motto »Erkenne dich selbst«, führt »von einem metaphysischen zu einem realistischen, das heißt biologischen Verständnis der Realität« und endet, je nach dem Weg, den man wählt, entweder an einem jähen Absturz in die Tiefe oder auf der Terrasse des Belvedere Migliara mit einem Ausblick in die schönste Zukunft einer endlich weise gewordenen Menschheit.[55]

Piazzetta
Die politische Insel

Im Strudel des großen Geldes

Die Insel ist ein Ort steter Ungleichzeitigkeiten. Während Dissidenten und Abenteurer aus der Welt fliehen, um auf einem Felseneiland im Meer ihr eigenes Leben zu leben, hat diese Welt doch schon längst auch das kleine Eiland erobert. Mit dem Ende des Ersten Weltkriegs beginnt auch auf Capri eine neue Ära, und sie wird das Gesicht der Insel radikal verändern. War ihre touristische Infrastruktur bis dahin bestimmt gewesen von kleinen bis mittelgroßen Familienbetrieben in einem relativ traditionellen städtebaulichen Ambiente, so beginnen jetzt – wie auch andernorts im »unterentwickelten« Mezzogiorno – externe Kapitalgesellschaften im lukrativen Tourismussektor zu investieren.[1] Bereits 1905 war in Mailand von zwei großen norditalienischen Banken die »Società per imprese pubbliche e private dell'isola di Capri« (SIPPIC) gegründet worden, eine Aktiengesellschaft, die sich die »Entwicklung« der Fremdenindustrie (*industria dei forestieri*) durch »Verbesserung« der lokalen Infrastruktur zum Ziel gesetzt hatte. 1907 nahm die SIPPIC in Marina Grande ein Elektrizitätswerk sowie die noch heute existierende Standseilbahn (Funicolare) in Betrieb, die es den im Hafen Ankommenden ermöglichte, die Ortschaft bequemer und schneller zu erreichen. 1908 erfolgte, durch das gleiche Unternehmen, die allgemeine Elektrifizierung[2] (das festländische Positano wurde

Die Terrazza Funicolare (Ansicht um 1920) dominiert den »modernen« Zugang zur Ortschaft

erst 1932 an das Stromnetz angeschlossen!). 1928 sicherte sich die SIPPIC das Monopol der Wasserversorgung der Insel durch Tankschiffe, es folgte die Einrichtung der ersten Busverbindungen. So gut wie alle öffentlichen Dienstleistungen befanden sich damit in der Hand eines externen privaten Investors.

Verbunden mit dem Bau der Funicolare war eine großflächige Planifizierung an der Bergstation, die das Entrée zum alten Ortskern radikal veränderte: die Terrazza Funicolare, später benannt nach dem italienischen Weltkriegshelden Armando Diaz.[3] Die Ortschaft hatte jetzt endgültig ihr mittelalterliches Gesicht verloren. Auch die Piazza veränderte Aussehen und Charakter, mutierte vom alten dörflichen Marktplatz mehr und mehr zum Salon oder wurde zur Bühne von politischen Kundgebungen und Manifestationen. Aus der Piazza wurde die Piazzetta, wie man sie in gespielter Bescheidenheit bis heute auf Capri nennt.

Norditalienische Investoren machten sich jetzt auch im Hotelsektor breit. Die 1918 ebenfalls in Mailand und zum Teil von den gleichen Kapitaleignern gegründete »Società Immobiliare Alberghi« (SIA) erwarb in den folgenden Jahren mehrere Hotels, darunter die Traditionshäuser »Pagano« und »Quisisana«. Bei anderen investierte die Gesellschaft in Modernisierungen wie Zentralheizung oder Aufzugsanlagen, auch der erste Nachtclub der Insel entstand.

Der Bau des neuen Hafens 1936/37 machte schließlich den Zugang zur Insel zu einem einfachen Schritt. Mussten sich Besucher bis dahin noch vor Marina Grande ausbooten lassen, so konnten jetzt die großen Schiffe direkt am Molo anlegen.

Die Kritik an dieser Entwicklung blieb nicht aus. »Grundstücke und Gebäude wurden zu lächerlichen Preisen verschleudert, und unter der Herrschaft einer [durch den Krieg] entwerteten Lira triumphierte die Jagd nach den besten Bissen«, schrieb 1923 Bürgermeister Edwin Cerio.[4] Die Veränderung der Insel im Zeichen des großen Geldes korrespondierte dabei mit einer beständig wachsenden Zahl von Capri-Besuchern. Waren es vor dem Ersten Weltkrieg rund 40 000 Reisende gewesen, die jährlich auf die Insel gekommen waren,[5] so hatte sich diese Zahl bereits Mitte der 1920er Jahre mehr als verdreifacht und erreichte Mitte der 1930er Jahre die Zahl von rund 250 000 Ankünften.[6] Auf Tagesbesucher umgerechnet ergibt das die Quote von rund 650 (statt 100 vor dem Ersten Weltkrieg). Bereits 1902 war Capri einem Besucher als »fremdenindustriell verseuchte Stadt« vorgekommen[7] – wie sollte man es jetzt nennen? Es ist der Beginn einer Entwicklung, die nach dem Zweiten Weltkrieg weitergehen wird und bis heute anhält.

Die Futuristen und der Mond über Capri

Waren es bislang im Wesentlichen Besucher aus den nordeuropäischen Reiseländern, also vor allem aus England und Deutschland gewesen, die nach Capri kamen, so entdecken jetzt, relativ spät, auch die Italiener ihre Insel, werden zudem mehr und mehr tonangebend im vielstimmigen Chor der Künstler, Schriftsteller und Intellektuellen, die sich für Capri begeistern.

Das gilt in den frühen 1920er Jahren vor allem für die Futuristen. In ihrem 1918 erschienenen »erotisch-sozialen Roman« *L'isola dei baci* (»Die Insel der Küsse«) – dem ersten italienischen Capri-Roman! – erzählen Bruno Corra und Filippo Marinetti die fiktive Reise einer Gruppe von Exzentrikern, die sich auf Capri versammeln und in der Blauen Grotte einen orgiastischen schwulen Kongress abhalten. Die Handlung nimmt vorweg, wie futuristische Autoren und Künstler in den folgenden Jahren Capri immer wieder zur Bühne ihrer programmatischen Deklarationen zu Kunst, Schönheit und Technik machen. Filippo Marinetti tritt 1922 auf dem von Edwin Cerio einberufenen »Convegno del paesaggio« auf, dem weltweit ersten Naturschutzkongress überhaupt[8] (auch hier ist Capri Insel Utopia!), verkündet dort sein berühmtes Diktum, dass hunderttausend Glühbirnen (der soeben künstlich illuminierten Insel) schöner seien als der Mond über Capri.[9] Gemeint war ebenjener Mond, den unzählige Gouachen des Golfs romantisch in Szene gesetzt oder populäre Kanzonen herzrührend besungen hatten. Gegen die idyllischen Landschaftsbilder einer »falschen« romantischen Vergangenheit proklamieren Marinetti und Künstler wie Enrico Prampolini oder Fortunato Depero eine neue, politische Ästhetik, bei der Begriffe wie »Dynamismus«, »Bewegung« und »Theatralität«

eine Rolle spielen. Auf Capri mit seiner »antiklassischen« Landschaft nehme, so Marinetti, die Ästhetik der Moderne Gestalt an, die Felsformationen der Faraglioni erinnerten an die Karstlandschaften der Piave, wo die italienischen Truppen 1918 den Sieg über Österreich erfochten hätten, kurzum, Capri sei, ästhetisch wie politisch, »Symbol des neuen Italien«.[10]

Filippo Tommaso Marinetti

Capri, emporgereckte Faust
Aus Marinettis Rede vor dem Landschaftskongress 1922

Überall leuchtet die Glut des Anti-Klassischen, die schreckliche Originalität dieser exzentrischen Insel, Refugium jedes wirklichen Exzentrikers, der aus der Normalität herausfallen will. Capri, letzte Station der traditionellen Erde, mit deinen Doppelstrahlen, die du abschießt, um den Mond dort oben aufzuspießen, diesen weißen Schlauch eines eiskalten Paradieses, wie es sich die Dummen erträumen! Du bist das Refugium der unverzichtbaren Unordnungen, das komfortable Irrenhaus jeder hygienischen Poesie. Besser noch: Du bist eine aus dem Meer der Rhythmen gegen die Ordnung Europas und ihre bürokratische Pflichtmoral emporgereckte Faust. Romantizismus der Zickzack-, Schleifen- und Spiralenstraßen! Symbolismus der Klippen! Impressionistische Palette des Meeres mit seinem Blau, einzigem Blau, Blau, Blau, vermählt mit dem Grün, Grün, Grün jenes Bootes, ein Blau ganz Gummi, Härte, Geschmack.

Aus: Edwin Cerio (Hrsg.): Convegno del paesaggio, Napoli 1923, S. 39. Übersetzung D. R.

Der Affront gegen die biedere Seligkeit des »Deutsch-Capri« der Gründerjahre und ihre Postkarten- und Gartenlauben-Ästhetik hätte nicht schroffer ausfallen können. Es scheinen zwei ganz verschiedene Inseln zu sein, die hier als Inbegriff der Schönheit einer Landschaft gerühmt werden. *Bisogna difendere Capri dal falso antico*, »man muss Capri vor dem falschen Alten schützen«, dieses von Marinetti ausdrücklich gegen die *forestieri*, die Fremden, und ihre sentimentale Capri-Liebe gemünzte Wort[11] wird gleichsam zum Motto einer Reihe von Manifestationen und Performances, bei denen zwischen 1922 und 1925 Capri beispielhaft als *Isola futurista* (Marinetti) inszeniert wird.[12] Künstlerisch setzte es Enrico Prampolini in seiner Ausstellung »Interpretazione futurista del paesaggio di Capri« (1922) ins Bild – »und man kann fast meinen, dass der Schöpfer dieser Bilder in seinem Werk als Künstler noch einmal die gleiche konvulsivisch zuckende Lust empfinden wollte, die das Werk des Schöpfers unserer Felsenklippen selber beseligt haben muss, gezeugt mit der Natur in einer Orgie des Wahnsinns«. So Edwin Cerio im Begleittext zur Ausstellung.[13]

Inselarchitektur, Casa Malaparte

Der von Cerio verantwortete Landschaftskongress setzte im Übrigen mit seiner Abschlusserklärung durchaus »klassische« Akzente, plädierte für die Respektierung der Traditionen und wandte sich gegen architektonische »Megalomanie«.[14] Cerio favorisierte als Architekt eine zeitgenössische Neuinterpretation des traditionellen »Inselstils« und alter handwerklicher Techniken, baute selber eine ganze Reihe von Villen in diesem Stil, darunter Villa Solitaria und Casa Romita am Pizzolungo oder Il Rosaio in Anacapri. Es sind gelungene Beispiele einer Architektur, die alte mediterrane Stilelemente wie Kuben, Volten, Terrassen, Loggien und Außentreppen zu neuen Einheiten komponiert, und dies manchmal an den landschaftlich schönsten Stellen.

Casa Malaparte

Kein Verständnis hatte Cerio hingegen für das spektakulärste architektonische Experiment der Capri-Moderne: die Villa von Curzio Malaparte, die sich der erfolgreiche Schriftsteller Ende der 1930er Jahre unter Umgehung aller Naturschutzbestimmungen auf einem einsamen Kap im Südosten der Insel bauen ließ.[15] In pompejanischem Rot breit hingelagert und durch Jean-Luc Godard und Karl Lagerfeld als Bühne einer sterilen Exzentrizität weltbekannt geworden, ist Malapartes *Casa come me*, wie er sie selber nannte, das letzte Glied in der Reihe der stupenden architektonischen Solitäre des Fremden-Capri – von Mackowens Casa Rossa über Munthes Villa San Michele bis zu Fersens Villa Lysis.[16] Nur dass in diesem Fall der Wunsch des Bauherrn nach Exklusivität seine Villa dem Leben der Insel gänzlich entzogen, ihr etwas demonstrativ Abweisendes gegeben hat. Anders als den anderen Villen kann man der Villa Malaparte nicht gegenübertreten, sich ihr als normaler Passant nicht einmal nähern. Sie ist immer nur Schaustück in weiter Ferne, sei es vom Höhenweg der Via Pizzolungo, sei es vom Meer aus. Sie ist kein Haus für Menschen, selbst ihr Besitzer hat sie nie richtig in Besitz nehmen können.

Literarische Avantgarden

Nächst den spektakulären Aktionen der Futuristen war es der universale Inseldenker Edwin Cerio, der nicht wenig dazu beigetragen hat, dass das kleine Capri in der ersten Hälfte des 20. Jahrhunderts zum Anziehungspunkt zeitgenössischer künstlerischer und intellektueller Avantgarden wurde. 1923 lancierte er eine Petition des Stadtrats an den neugegründeten Völkerbund in Genf mit dem Vorschlag, auf Capri ein »Zentrum der intellektuellen Produktion und Protektion« zu schaffen, mit Wohnungen, Ateliers und Labors für Angehörige der internationalen Gemeinschaft.[17] Das war nun ins Allergrößte gedacht, Capri als intellektuelles Weltzentrum, Denkfabrik für eine friedliche Zukunft der Menschheit (und es wäre reizvoll, zu wissen, wie Henri Bergson, damals Präsident der Sektion für Kultur, Vorläuferin der UNESCO, auf diesen Vorschlag reagiert hat). Aber im kleineren Maßstab verfolgte Cerio die Idee durchaus weiter, wurde Mäzen zahlreicher Schriftsteller, die er in seinen Villen zu Gast hatte oder die ohne sein Zutun nach Capri kamen. Ihre Werke sind Teil jener »Capri-Literatur« geworden, welche die Aura der Insel bis heute geformt hat. Dazu gehören Ada Negri mit ihrer lyrischen Huldigung an die *bellezza inutile*, die »zwecklose Schönheit« der Insel,[18] Compton Mackenzie, der Romancier der homosexuellen Capri-Szene,[19] Marguerite Yourcenar mit ihrer historischen Neapel-Erzählung *Anna Soror ...*,[20] Alberto Savinio mit seinen capresischen Reise-Feuilletons,[21] Mario Soldati mit den *Lettere da Capri*[22] – um nur einige zu nennen.[23] Es gab nur wenige Autoren, die Capri kennenlernten und sich dem Sog entziehen konnten, auf diese Begegnung mit ihren künstlerischen Mitteln zu antworten. Der Golf von Neapel wurde auf diese Weise zu einer der produktivsten Literaturlandschaften des mediterranen Europa.

Archaische Gegenlandschaften. Walter Benjamin und die Philosophen der »Frankfurter Schule«

Ganz auf eigene Faust kam hingegen eine Gruppe deutscher Intellektueller nach Capri, deren Namen später unter dem Begriff der »Kritischen Theorie« oder der »Frankfurter Schule« subsumiert wurden: Alfred Sohn-Rethel, Walter Benjamin, Ernst Bloch, Siegfried Kracauer und Theodor W. Adorno – alle, ein glückliches Zusammentreffen, im Zeitraum 1924 und 1925.[24] Im Süden zu leben war billiger als im Deutschland der Inflationszeit, Alfred Sohn-Rethel wollte bei seinen Maler-Onkeln Otto und Karli ein Buch über das *Kapital* von Karl Marx schreiben, Walter Benjamin, auch er praktisch mittellos, seine Habilitationsschrift über das barocke Trauerspiel fertigstellen. Aber das Leben am Golf von Neapel entwickelte seine eigene Dynamik. Vor allem Benjamin[25] empfindet die Alterität des Südens und der Insel, schon bald beschleichen ihn die »Dämonen der Faulheit«,[26] die Arbeit bleibt Stückwerk. Er spürt die Magie eines *Pranzo caprese*, eines capresischen Bauernessens, wie es ihm eine alte »Hexe« aufnötigt, fühlt sich anschließend eingeweiht in das »Wissen des Odysseus«.[27] Bei Streifzügen durch die nächtlichen Weingärten berühren ihn die Offenbarungen des Salomonischen Hoheliedes.[28] Im benachbarten

Positano, bei einem nächtlichen Spaziergang mit Ernst Bloch und Alfred Sohn-Rethel, überfällt ihn der magische Schrecken einer Gespensterstadt, »die Erfahrung, was es heißt, einem Bannkreis sich nähern«.[29] Auf der Piazza in Atrani vernimmt er vor dem barocken Brunnen ein »archaisches Plätschern«,[30] von Ravello aus sieht er allnächtlich die Feuerwerke über dem Golf brennen, eines das andere überholend. Es ist die Erfahrung einer magischen und archaischen Landschaft, Gegenbild einer Moderne, deren Ursprünge er doch in seiner Arbeit beschreiben wollte. Schließlich widerfährt auch ihm die größte Offenbarung dieses Südens: die Liebe. Im Café »Zum Kater Hiddigeigei« lernt er die lettische Schauspielerin und Revolutionärin Asja Lacis kennen, erfährt eine »vitale Befreiung«, kommt zugleich an die Grenzen seiner »bürgerlichen Lebensrhythmik«.[31] Zusammen mit ihr streift er durch die populären Quartiere Neapels, schreibt das Beste, was in deutscher Sprache zu dieser Stadt verfasst wurde: den Essay *Neapel* (1925). Mit dem Begriff der »Porosität« als dem strukturellen Charakteristikum der Großstadt Neapel, ihrer Architektur und ihres sozialen Lebens, umschreibt er seine Erfahrung einer im Süden noch immer präsenten Vormoderne, hält sie der entfremdeten, durchrationalisierten Welt des Kapitalismus als Utopie entgegen. Es ist die eindrucksvollste aller Utopien, die auf Capri entworfen wurden.

Ernst Bloch[32] greift das Stichwort auf. Bei seinem Besuch in Amalfi wird er Zeuge des Festes des Ortsheiligen Andreas, begeistert sich dabei am porösen Nebeneinander von Heiligem und Profanem, an der »orientgesättigten« Mittelmeerkultur Süditaliens.[33] Auf Capri verbringt er ganze Nächte in Gesprächen mit Walter Benjamin, in Positano fasziniert er den jungen Alfred Kantorowicz mit Gespenstergeschichten.[34] Im *Prinzip Hoffnung* wird er später die Idee der südlichen

»Gegenlandschaft« entwickeln, die – Vorschein gelungenen Lebens – den hier glückhaft Verwandelten zu kreativen Hervorbringungen inspiriere.[35]

Auch Alfred Sohn-Rethel[36] erfährt den Golf von Neapel als eine solche Gegenlandschaft, jetzt in urbanistischer Perspektive. Er entwickelt in den Essays *Eine Verkehrsstockung in der Via Chiaia* und *Das Ideal des Kaputten. Über neapolitanische Technik* (1926) eine radikale Kritik am Funktionalismus und Bürokratismus der mitteleuropäischen Moderne. Für die Denker der künftigen »Frankfurter Schule« wird die Begegnung mit dem archaischen, magischen, vormodernen Süden zur Grunderfahrung ihrer Kritik an der bürgerlich-kapitalistischen Gesellschaft.

Siegfried Kracauer, damals Redakteur der *Frankfurter Zeitung*, und Theodor W. Adorno,[37] 22 Jahre alt und soeben zum Dr. phil. promoviert, reflektieren das Leben am Golf von Neapel ebenso im Spiegel ihrer Kritik an der bürgerlichen Gesellschaft. Vermutlich über den Dichter Adolf von Hatzfeld (*Positano*, 1925) hatte Kracauer den Schweizer Gilbert Clavel[38] kennengelernt, ein Felsen-Wahnsinniger auch er, der durch Sprengungen im Felsen bei seinem Turm an der Fornillo-Bucht von Positano metaphysische Raumkompositionen im Erdinneren schaffen wollte. Auch Kracauer verfällt der archaischen Aura des Ortes, seinen »elementarischen Mächten«, seiner »Zauberei«.[39] Adorno reagiert zurückhaltender. Obwohl er Benjamins *Neapel*-Aufsatz kennt, stößt ihn die »unrationale Ordnung« Neapels zunächst ab, am Ende fragt er aber dann doch, ob nicht die »unfaßbare Wirklichkeit dieser Stadt normaler am Ende sei als die anormale Normalität unserer Welt«.[40] Sein Essay schließlich über den *Fischer Spadaro*[41] – ewige Ikone des capresischen Fremdenverkehrs – ist ein frühes Meisterstück seiner Ideologiekritik an der Massenkultur des bürgerlichen Zeitalters und ihrem Verblendungszusammenhang: »Das Urbild des Fischers Spadaro sind die hundertfünfundsiebenzig Abbilder, die, auf Capri, hundertfünfundsiebenzig Maler nach dem Original gefertigt haben.«[42]

Der Fischer Spadaro, um 1930

Alles in allem sind 1924 und 1925 auf Capri, im Zweig'schen Bild der »Sternstunde« gedacht, Sternjahre einer glücklichen Inspiration für das deutsche Geistes- und Kulturleben. Nimmt man das benachbarte Positano dazu, das sich in diesen Jahren mehr und mehr zu einer Capri-Dependance entwickelt, kleiner, abgelegener, halbverfallen, in dem außer den bereits genannten Künstlern – sämtlich in den Jahren 1924/25 – die Maler Max Pechstein, Adolf Erbslöh, Richard Seewald, Carlo Mense und Anita Rée leben (um ebenfalls nur einige zu nennen), wird diese Inspiration für die Moderne umso deutlicher.

Mussolini in piazza. Die Lieblingsinsel des Faschismus

Zugleich prallen auf dieser Insel, die sich jetzt intellektuell und künstlerisch der Moderne verschrieben hat, neue und unerhörte Widersprüche aufeinander. Capri wird Schaubühne der faschistischen Prominenz, die Piazzetta Salon der *camicie nere*, der Schwarzhemden. Bereits 1922, im Jahr des »Marschs auf Rom«, fand die erste faschistische Manifestation auf der Piazza statt,[43] im September 1924 betritt Mussolini persönlich die Insel. »Es gab allerlei festliche Staffage, die über die Kälte der Bevölkerung nicht zu täuschen vermochte«, bemerkt Walter Benjamin, Augenzeuge des »Haupt- und Staatstags«. Und weiter, geradezu rührend: »Man wundert sich, daß der Mann nach Süditalien kommt«[44] – es wagt, in dieses so undisziplinierte Land zu kommen, darf man ergänzen. Aber ein Jahr später ist er bereits wieder da, von einer Musikkapelle auf der Piazza empfangen.[45] Und spricht majestätisch den Satz: *Questa è un'isola che non si scorda mai*, »Das ist eine Insel, die man nie vergisst.« Der Satz ist noch heute als Mussolini-Zitat auf Capri *en vogue*, bis vor kurzem stand er sogar als eine Art Motto über dem Schaufenster einer Boutique in Anacapri.

Dass Benito Mussolini diese Insel geschätzt hat, hängt natürlich mit ihrer imperialen Geschichte zusammen. In diesem Fall kommt allerdings weniger Tiberius als Augustus ins Spiel, der größere, der angeblich sittenstrenge Kaiser. Mussolini, der sein »neues« Italien als Nachfolgerin des Imperium Romanum stilisiert, kann sich auf der Insel der vier römischen Kaiser selbst als ein solcher fühlen, auf einer Insel, auf der es seit 1918 eine »Via d'Augusto« und »Giardini d'Augusto« gab, Anlagen, die zwar nichts mit dem römischen Kaiser zu tun hatten, wohl aber mit den auch auf Capri erwachten nationalistischen Gefühlen. 1938 wird auf der Insel ein gigantisches *Bimillenario augusteo* inzeniert, die Zweitausendjahrfeier der Geburt des Kaisers Augustus, als dessen Nachfolger sich Mussolini feiert.

Weniger leicht waren »Reinigungen« zu bewerkstelligen, die sich ebenfalls auf die imperialen Reminiszenzen Capris beriefen. Mussolinis Kreuzzug gegen die Homosexuellen und andere moralische Nonkonformisten verlief allerdings wenig konsequent (auch darin sich, wie in manchem anderen, vom deutschen Nationalsozialismus unterscheidend). Mehrere 1924 vom Präfekten in Neapel gegen »unerwünschte Ausländer« erlassene Ausweisungsbefehle wurden nicht vollstreckt, Untersuchungsakten und Verhörprotokolle eines 1927 nach Capri entsandten Sonderermittlers, umfassend sexuelle »Schamlosigkeiten« von zahlreichen Ausländern, nicht weiter bearbeitet. Die Delikte reichten von »unziemlicher Nacktheit« über »reziproke Päderastie« bis zum »Zusammenleben von unverheirateten Personen nach ehelicher Weise«.[46] Aber trotz der »nur« halbherzigen Verfolgung Anderslebender und -denkender verschlechterte sich das Klima. Oscar Kollar, ein als Homosexueller bekannter Ungar und Gast im Hotel »Pagano«, nahm sich 1925 das Leben (er kletterte über die Mauer des Ausländerfriedhofs und erschoss sich dort).[47] Und der Arzt Giorgio Weber, Sohn von August Weber und Gegner des Regimes, wanderte in die USA aus.

Um sich auf »seiner« Insel auch in seinem Sinne repräsentiert zu sehen, setzte Mussolini persönlich 1927 den neapolitanischen Marchese Marino Dusmet de Smours als Bürgermeister ein, jetzt antikisierend *Podestà* genannt. Alte Capreser Wurzeln hatte hingegen der faschistische Parteisekretär Teodoro Pagano, der bereits 1922 am »Marsch auf Rom« teilgenommen hatte, Urenkel von Giuseppe Pagano, August Kopischs Gastwirt und Mitentdecker der Blauen Grotte. Marino Dusmet setzte sich nach dem Krieg nach Südamerika ab, mit Teodoro Pagano konnte man noch Anfang der 1990er Jahre ausgedehnte, informative Spaziergänge durch Capri machen, wobei der »Signorino« von allen Seiten heiter-freundlich begrüßt wurde.[48]

Auch die Familie des Diktators fasste auf Capri Fuß. Tochter Edda und ihr Mann, Graf Galeazzo Ciano, späterer italienischer Außenminister, wurden auf ihrer Hochzeitsreise nach Capri im April 1930 mit Blumenschmuck, Böllerschüssen, Musik und Feuerwerken enthusiastisch begrüßt, »ganz Capri lag ihr zu Füßen«.[49] Es ist das erste Beispiel für jenes Phänomen, das heute, medial verstärkt, auf Capri an der Tagesordnung ist, wenn der öffentliche Raum zu Huldigungszeremonien mehr oder minder prominenter Privatpersonen missbraucht wird. Einige Zeit später erwarb das Paar ein Haus an der Via Castello, für den Bau der Straße dorthin sorgte die Kommune. Nach ihrer Flucht in die Schweiz und einer kurzeitigen Internierung 1945 spielte die Mussolini-Tochter auf Capri schon bald wieder die vielbewunderte Rolle einer glamourösen Lokal-Diva. Zur faschistischen Prominenz gehörte auch Prinz Philipp von Hessen, nationalsozialistischer Politiker der ersten Stunde und Verbindungsmann zwischen Rom und Berlin. Er war mit Prinzessin Mafalda von Savoyen verheiratet, Tochter des italienischen Königs Viktor Emanuel III., an deren Schicksal (sie starb als »Sondergefangene« Hitlers im KZ Buchenwald) eine Tafel an ihrem ehemaligen Haus, ebenfalls in der Via Castello gelegen, erinnert.

Überhaupt wurde in der Epoche des Faschismus Capri zum ersten Mal das, was es sich heute noch immer zu sein rühmt: eine Luxusinsel, Anziehungspunkt für königliche Häupter, Magnaten, Stars und Sternchen aller Couleur. Zu den Besuchern der 1930er Jahre zählte der italienische Thronfolger Umberto, die englische Chansonette Gracie Fields und die amerikanische Millionärin Mona Williams, in vierter Ehe verheiratet mit Eddi Bismarck, dem Enkel des Reichskanzlers.[50] An der Marina Piccola, einst Ort der Capri-Fischer, entstehen jetzt komfortable Badeanlagen, darunter die »Canzone del

Der erste Swimmingpool auf Capri. Die »Canzone del mare« an der Marina Piccola, um 1950

mare« von Gracie Fields, die mit ihrem Erfolgsschlager *Isle of Capri* (1934)[51] den Ruf der Insel in der angloamerikanischen Welt popularisiert hatte. Um den Bedürfnissen der Badenden entgegenzukommen, werden die scharfen Klippen am Meer mit Beton übergossen und planifiziert – die alte »Sirenenbucht« mit ihren weit ins Meer sich verzweigenden bizarren Felsen verliert damit ihr Gesicht. Als Giorgio Weber, der in der dortigen »Strandpension« seine Kindheit verbracht hatte, nach dem Krieg aus den USA zurückkommt, wird er in einem offenen Brief an den Bürgermeister »die Schändung dieses einzigartigen landschaftlichen Erbes der Insel« beklagen[52] – natürlich vergebens.

Braune Prominenz aus Deutschland

Unter die Schwarzhemden des italienischen Faschismus mischte sich nach 1933 die braune Prominenz aus Nazi-Deutschland. Schon wenige Wochen nach der Machtergreifung, Ostern 1933, kommt Hermann Göring, damals Reichstagspräsident und Minister für Luftfahrt, in Begleitung von Prinz Philipp von Hessen für drei Tage nach Capri; Hunderte von deutschen Touristen empfangen ihn im Hafen mit dem »Horst-Wessel-Lied« und rufen »Heil Hitler«.[53] Im Dezember 1933 nimmt SA-Führer Ernst Röhm mit einer Gruppe befreundeter SA-Größen einen »Erholungsurlaub« auf Capri,[54] im August 1935 besucht Fritz Stege, Funktionär der »Reichsmusikkammer« und zuständig für die »Reinigung« des deutschen Musiklebens, die Insel.[55] Im April 1936 folgt Reichsminister Hans Frank, der spätere Generalgouverneur im besetzten Polen, der in Rom Gespräche mit Mussolini geführt hatte,[56] im November 1937 Rudolf Hess, der Stellvertreter des »Führers«.[57]

Auch zahlreiche andere Nazi-Größen entdecken ihre Zuneigung zu Capri, unter ihnen Eugen Dollmann, Sonderbeauftragter der SS in Italien, oder Reichswehrminister Werner von Blomberg, der sich nach seiner Entmachtung 1938 nach

Capri zurückgezogen hatte. Hinzu kommen Besucher verschiedener NS-Organisationen: Schon im Sommer 1933 wurde eine Delegation der »Hitler-Jugend« vom faschistischen Bürgermeister auf der Piazza empfangen, wieder wurde »Die Fahne hoch ...« gesungen, der »Hitlergruß« gezeigt;[58] später folgen KdF-Reisende und Arbeiter der »Deutschen Arbeitsfront« unter Robert Ley.[59]

»Viva Goering«. Triumphaler Empfang für den NS-Politiker

Wie ein kleiner Staatsakt gestaltete sich Görings fünftägiger Besuch, jetzt zusammen mit Ehefrau Emmy, im Januar 1937.[60] Bei seiner abendlichen Ankunft war die Insel illuminiert worden, auf der Piazza hatte man einen Triumphbogen für den Gast errichtet, und zu seinen Ehren war sogar der italienische Thronfolger Umberto für einige Stunden nach Capri gekommen. Die deutschen Gäste, abgestiegen im »Quisisana«, besuchen Prinz Philipp und Prinzessin Mafalda sowie Axel Munthe in Anacapri.[61] Im Übrigen benehmen sie sich nicht viel anders als andere Capri-Touristen. Man macht die üblichen Besichtigungen, unternimmt eine Rundfahrt um die Insel, erlebt eine Tarantella, kauft Ansichtskarten und andere Reiseandenken. Dies alles, wenn wir den täglichen ausführlichen Zeitungsberichten glauben dürfen, begleitet von beständigen Akklamationen der begeisterten einheimischen Bevölkerung und »Heil-Hitler«-Rufen der deutschen Kolonie. Schon bald kursiert das

Gerücht, dass es dem deutschen Generalfeldmarschall auf Capri so gut gefalle, dass auch er sich hier eine Villa kaufen wolle.[62]

Tatsächlich wollte sich Axel Munthe (der sich längst in sein zweites Refugium Torre Materita zurückgezogen hatte) von seiner Villa San Michele trennen und bot sie Göring nach dessen Besuch in peinlich devoter Manier zum Kauf an: Er habe den Eindruck gewonnen, dass er der richtige Mann sei, um dieses einzigartige Kleinod mit seinen zahlreichen Kunstschätzen zu besitzen, und nicht »einer dieser amerikanischen Millionäre, die keine anderen Qualifikationen [...] besitzen, als ihr Geld«.[63] Im Übrigen freue er sich auf einen weiteren Besuch Görings auf Capri zu einem »wohlverdienten Urlaub«, er könne ihm hier noch manche anderen interessanten Lokalitäten zeigen. Göring schlug das Kaufangebot allerdings aus, indem er Schwierigkeiten bei der Beschaffung von Devisen ins Feld führte (die natürlich für ihn leicht lösbar gewesen wären). Wahrscheinlich war ihm, was schon Munthe vermutet hatte, Villa San Michele einfach zu klein und in seinem Größenwahn zu wenig »repräsentativ«.

Die Flüchtlingsinsel. Juden und andere Emigranten

Während auf der Piazza Hakenkreuzfahnen geschwungen und »Viva il Führer« gerufen wurde, lebte mitten unter den schwarzen und braunen Chargen, unter NS-Ministern, Hitler-Jugendlichen und KdF-Reisenden eine Gruppe von Menschen, die eben deshalb nach Capri gekommen waren, um alledem zu entgehen: Flüchtlinge aus Nazi-Deutschland. Seit der Machtübergabe an Hitler 1933 war Italien eines der beliebtesten Fluchtländer für Gegner oder Verfolgte des Regimes geworden; nach der Okkupation Österreichs 1938 folgte von dort eine weitere Flüchtlingswelle.[64] Auch aus der Sowjetunion und den osteuropäischen Ländern suchten zahlreiche Menschen in Italien Zuflucht. Alten Präferenzen der Reiserouten folgend, hatten dabei viele von ihnen die Gegend von Neapel als Fluchtziel gewählt, so dass an Orten wie Capri, Positano, Amalfi und auf Ischia kleine Zentren der Emigration entstanden waren, deren Mitglieder zum Teil untereinander in Kontakt standen.

Wie spannungsgeladen das Nebeneinander von Vertretern des offiziellen und des kritischen Deutschland an solchen kleinen Orten sein konnte – für die einen Außenposten des »Reichs«, für die anderen Zuflucht auf Widerruf –, zeigt eine Episode aus dem Leben des Schriftstellers Stefan Andres. Der Regimegegner, zudem mit einer Frau aus einer jüdischen Familie verheiratet, hatte sich nach der Reichspogromnacht 1938 mit seiner Familie nach Positano zurückgezogen, wo er bis zu seiner Rückkehr 1949 lebte.[65] Als er eines Tages sah, dass der Wirt seiner örtlichen Trattoria neben die Bilder des italienischen Königs und des »Duce« auch ein Bild Adolf Hitlers an die Wand gehängt hatte, riss er es wutentbrannt herunter und warf es auf den Boden. Er wurde von einem Augenzeugen denunziert und musste für einige Monate in Rom untertauchen.[66]

Hatten die nach 1933 emigrierten Juden im (wenngleich faschistischen) Italien zunächst nichts zu befürchten, so änderte sich die Situation, als das Regime 1938 nach deutschem Vorbild die sogenannten »Rassegesetze« einführte. Einem im September 1938 erlassenen Dekret zufolge hatten alle ausländischen Juden, die sich nach dem 1. Januar 1919 in Italien niedergelassen hatten, innerhalb von sechs Monaten das Land zu verlassen.[67] Ein von der Quästur in Neapel 1938 durchgeführter »Juden-Zensus« (*Censimento degli ebrei*) listete für die Insel Capri 40 dort lebende Betroffene auf, neben 36 Deutschen auch zwei Rumänen, einen Russen und eine Polin.[68] Fast alle waren erst nach 1933 eingereist. Für einige dieser Personen wird in den Akten später die erfolgte »Ausreise« gemeldet, bei anderen verlieren sich die Spuren.

So musste etwa der 1937 aus Berlin geflüchtete jüdische Geschäftsmann Ernst Neufeld[69] im Juni 1939 erneut emigrieren und flüchtete nach Valparaiso; 1948 kehrte er nach Capri zurück. Seine Frau Hedwig Bormann,[70] die im Hotel »Quisisana« einen Modeladen betrieb, konnte die Ausweisung verhindern und wurde während des Krieges in einem Lager bei Salerno interniert. Erna Kahn,[71] ebenfalls Jüdin, die 1934 nach Capri gekommen war und hier Zimmer vermietete, wurde im Oktober 1938 nach Paris ausgewiesen; sie entkam ihrer Deportation nach Auschwitz und kehrte 1959 nach Capri zurück. Andere nach Capri emigrierte Juden flüchteten nach England, Dänemark oder Schweden.[72] Wieder anderen gelang es, auf Capri zu überleben, so dem Rumänen Boris Alperovici, der 1952 Gracie Fields heiratete, oder dem taubstummen Berliner Maler und Tänzer Julius Hans Spiegel.[73]

Spiegel hatte in Berlin und München studiert, dann Südostasien bereist und tourte mit Auftritten in balinesischen Phantasiekostümen durch Europa. Im August 1924 trat er, vermutlich eingeladen von Marinetti, auf der »Grande Serata Futurista« im Hotel »Quisisana« mit einem »Buddha-Tanz« auf.[74] 1937 emigrierte er nach Capri, wurde zeitweilig von den Faschisten auf dem Festland interniert, entkam aber dem Holocaust (angeblich durch Protektion von Edda Ciano, der Tochter Mussolinis).[75] Bis zu seinem Tod 1974 schlug er sich auf Capri durch, posierte, bizarr gekleidet, als exotisches »Capri-Original« für die Fotoapparate zahlloser Touristen.[76] Wer ahnte schon etwas vom Schicksal dieses Mannes, der doch die New Yorker Emigrantenzeitschrift *Aufbau* abonniert hatte und mit ihrem Chefredakteur Manfred George befreundet war.[77]

Julius Hans Spiegel als balinesischer Tänzer

Ein Flüchtlingsschicksal eigener Art widerfuhr Franz Werfel auf Capri. Der Autor war zusammen mit seiner Frau Alma Mahler-Werfel im Dezember 1937 aus Wien zu einer Italienreise aufgebrochen und hatte sich Anfang Januar auf Capri im noblen Hotel »Tiberio Palace« einquartiert. »Wo auch stand mein Vaterhaus, aus dir komm ich, Mittelmeer«, notiert er hochgemut in seinen Capreser Aufzeichnungen.[78] Er schreibt eine Reihe von Gedichten und arbeitet an einer Fortsetzung seines Romans *Die Geschwister von Neapel*, zu dem ihn ein Aufenthalt 1933 inspiriert hatte. Ansonsten unternimmt das Paar stundenlange Spaziergänge über die Insel, abends fährt man ins »San Carlo« nach Neapel. Dann geschieht das Schreckliche und doch längst Befürchtete: »Franz Werfel stürzte mit dem Zeitungsblatt in mein Zimmer: Schuschnigg war nach Berchtesgaden gefahren«[79] – zu Hitler und der Unterzeichnung des »Berchtesgadner Abkommens«. Es war der 12. Februar 1938, die Besetzung Österreichs stand unmittelbar bevor. Franz Werfel konnte nicht mehr zurückkehren, er starb in der Emigration in den USA.

Bereits ein Jahr zuvor war ein anderer österreichischer Emigrant nach Capri gekommen, auch er wissend, dass Nazi-Deutschland auf einen Krieg zusteuerte und die Welt von gestern endgültig verloren war: Stefan Zweig.[80] Nur wenige Stunden hielt er sich auf Capri auf. Sein Besuch galt ausschließlich Doktor Axel Munthe, und er hatte einen bestimmten Grund: »Während und nach dem Lunch fragte er mich detailliert nach den verschiedenen Methoden, Suicid zu begehen – welche davon schmerzlos seien und warum.«[81] Am 23. Februar 1942 nahm sich Stefan Zweig in Brasilien das Leben.

Capri im Krieg?

Als Italien am 10. Juni 1940 an der Seite Deutschlands in den Krieg eintritt, genießt Capri erneut seinen glücklichen Inselstatus. Während die Hafenstadt Neapel seit Ende 1941 Ziel zahlreicher und verheerender alliierter Bombenangriffe wird, bleibt das vorgelagerte Capri verschont, und dies, obwohl in Marina Grande und Anacapri Fliegerabwehrbatterien installiert worden waren. Zahlreiche Neapolitaner suchen aus diesem Grund auf der Insel Schutz, der prominenteste unter ihnen ist der Philosoph Benedetto Croce. Sie treffen auf deutsche Soldaten, die sich für einige Zeit auf Capri »erholen« dürfen, bevor sie erneut in die Schlachten des Afrikafeldzugs kommandiert werden. »Capri, das war ein Traum, dann begann der Totentanz von Neuem«, wird später einer von ihnen erzählen, der fünf Schiffsuntergänge im Mittelmeer überlebte und jedesmal in der Zwischenzeit im umgebauten Hotel »Eden Paradiso« in Anacapri »Fronturlaub« machen durfte.[82] In den wenigen noch funktionierenden Hotels verdrängen Uniformierte allmählich die Zivilisten, im Gästebuch des

Deutsche Soldaten während eines Erholungsurlaubs im »Piccolo Caffè« auf der Piazza, März 1942. Von den fünf Abgebildeten, deren Gesichter zu erkennen sind, hat lediglich Hugo Staab (ganz rechts) den Krieg überlebt. Foto und Information: Hugo Staab

Hotels »Bellavista« notieren zwei deutsche Soldaten: »Auch wir Landser werden nach dem Krieg wieder hierher kommen. Denn hier ist gut sein.«[83]

Natürlich hatten mit dem Kriegseintritt Italiens alle »feindlichen« Ausländer die Insel verlassen müssen. Der 87-jährige Harold Trower, Doyen der englischen Kolonie, war geblieben, wurde daraufhin der Spionage bezichtigt und nach Neapel deportiert; schwer krank kehrte er nach Capri zurück, wo er kurz darauf starb.

In der Nacht zum 9. September 1943 wird Capri gleichsam zur Proszeniumsloge eines spektakulären, kriegsentscheidenden Schauspiels: Die Alliierten landen im Golf von Salerno. Die Bekanntgabe des Waffenstillstands wird auch auf Capri begeistert gefeiert, die Glocken läuten, die deutschen Soldaten verlassen klammheimlich die Insel. Und im Café »Zum Kater Hiddigeigei« steht ein Schild: »Welcome to the liberators«.[84] Diese lassen nicht lange auf sich warten. Bereits am 12. September (auf dem Festland toben noch erbitterte Kämpfe gegen die Deutschen) landen die ersten britischen Soldaten, werden von den Capresen mit Beifall begrüßt. Es folgen die Amerikaner mit General Mark W. Clark. Capri wird »US-Restcamp«, Positano »Restcamp« der Engländer. Und im Gästebuch des »Bellavista« tragen jetzt alliierte Soldaten ihre Namen ein. Einer von ihnen spottet, auf Deutsch: »Achtung Spitzfeur. Donnerwetter, was ist los mit der Luftwaffe?«[85]

Nach der Vertreibung der deutschen Besatzer aus Neapel durch den Volksaufstand der »Quattro giornate« Ende September 1943 wird die Metropole bis Mai 1944 erneut Ziel schwerer Luftangriffe, diesmal von deutscher Seite. Und wieder bleibt Capri, in Sicht- und Hörweite des Infernos gelegen, verschont. War es der Mythos, der Capri geschützt hat, wie die italienische Journalistin Antonella Boralevi meint,[86] der Mythos eines bei Freund und Feind gleichermaßen berühmten Capri? Oder war die kleine Insel einfach strategisch unwichtig?

Alles in allem musste es scheinen, als sei der Krieg spurlos an Capri vorübergegangen. Als der britische Nachrichtenoffizier Norman Lewis, der mit seiner Einheit bei Salerno gelandet war, am 1. April 1944 zusammen mit einem Kameraden und zwei Mädchen nach Capri fährt, findet er auf der Piazzetta bereits wieder jenes prätentiös zur Schau gestellte Luxusleben der alten Capri-Hasen vor, ergänzt durch eine Schar käuflicher Mädchen in Begleitung der alliierten Soldaten: »Dieses war eine andere Welt als die von Neapel; wirklichkeitsflüchtig, voller Verstellung und beinahe hysterisch darum bemüht, ihr Desinteresse am Krieg zu bekunden.«[87]

Die »Sondergefangenen« der SS und ein Konzert auf Capri

Und doch sollte Capri noch einmal von den Folgen des Krieges berührt werden, auf eine fast lautlose und auch in Deutschland kaum bekannte Weise.

Im April 1945 hatte die SS in Deutschland eine Gruppe von prominenten Gefangenen aus verschiedenen Konzentrationslagern zusammengestellt und von Buchenwald über Dachau nach Südtirol transportiert; sie sollten als Geiseln bei erhofften Waffenstillstandsverhandlungen mit den Alliierten eingesetzt werden.[88] Es handelte sich dabei um 139 Persönlichkeiten aus verschiedenen Nationen, darunter die sogenannten »Sippenhäftlinge« der Attentäter des 20. Juli 1944. Nach zermürbendem Hin und Her und in Ungewissheit um ihr Schicksal (sie sollten dem »Feind« nicht lebend in die Hände fallen) wurden die Geiseln am 4. Mai 1945 von den Alliierten in den Dolomiten befreit und anschließend nach Neapel ausgeflogen. Am 9. Mai wurden die Deutschen unter ihnen nach Capri gebracht und im Hotel »Eden Paradiso« in Anacapri für rund fünf Wochen interniert.

Der Grund für diese Maßnahme war weniger, ihnen hier Erholung zu gönnen; die alliierten Geheimdienste wollten in Verhören Informationen über die NS-Zeit und die politischen Verstrickungen einzelner Mitglieder der Gruppe bekommen. Der ungewollte Aufenthalt auf Capri (die Internierten durften in den ersten beiden Wochen das Hotel nicht verlassen) löste unter den Betroffenen bei aller Freude über ihre Rettung widersprüchliche Gefühle aus. »Wir waren unglücklich in Capri, waren es von der ersten Stunde an gewesen und wollten es auch bleiben; man sollte uns endlich nach Hause lassen!«, erinnerte sich 1947 die Schauspielerin Isa Vermehren,[89] in

»Sippenhaft« genommen, weil sich ihr Bruder Erich, ein Diplomat, 1944 nach England abgesetzt hatte. Am 3. Juni – der Zwangsaufenthalt dauerte nun bereits fast vier Wochen – gab es für die Internierten eine Überraschung: Der Violinist Paolo Falco und die Pianistin Elisabeth Rüdorff, ein auf Capri lebendes italienisch-deutsches Künstlerpaar,[90] gaben für die ehemaligen Häftlinge ein Konzert in der Certosa. Vermittelt hatte es wahrscheinlich Gudrun von Uexküll, die seit 1940 mit ihrem Mann, dem Umweltbiologen Jakob von Uexküll, auf Capri lebte und nach dem Waffenstillstand als Dolmetscherin für die Alliierten und Helferin beim Roten Kreuz arbeitete.[91] Der Eindruck dieses Konzerts auf die ehemaligen KZ-Häftlinge muss überwältigend gewesen sein, wie aus einer kalligraphisch gestalteten Urkunde hervorgeht, die sie anschließend dem Künstlerpaar hinterlassen haben – sie hängt noch heute im Haus ihres Enkels:

Am Sonntag, dem 3. Juni 1945, erfreuten uns S. Maestro P. Falco und seine Gattin in der Certosa auf Capri mit einem wunderbaren Konzert. Nach harten Monaten der Haft in deutschen Konzentrationslagern waren uns diese Stunden hoher Musik wie ein neuer Eingang in eine Welt der Schönheit und des Lichtes. Außerstande ihnen sonst zu danken, möchten wir dem verehrten Künstlerpaar in unserm Namenszug ein herzliches Andenken hinterlassen:

Es folgen, beginnend mit »Freifrau von Hammerstein-Equord und daughter« [!] (der Frau des Generals Kurt von Hammerstein, der Kontakte zum Widerstand unterhalten hatte), insgesamt 41 Unterschriften, darunter diejenigen von Philipp Graf Schenk von Stauffenberg (einem Neffen des Hitler-Attentäters) und mehrerer anderer Familienmitglieder, Gertrud Halder (der Frau des Generals Franz Halder), Anneliese Goerdeler und

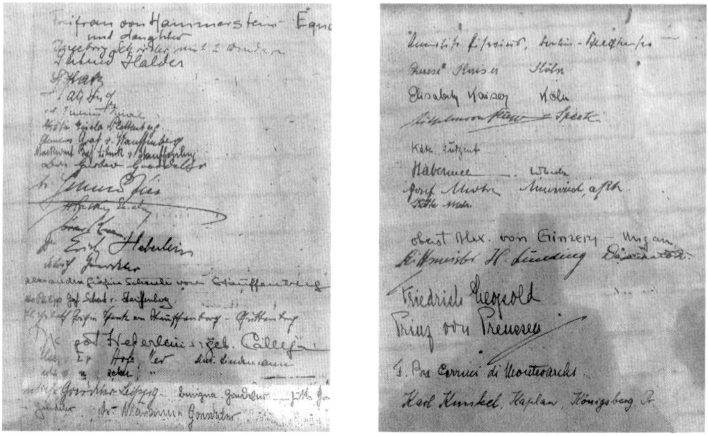

Unterschriften der KZ-Gefangenen auf der Dankadresse für Paolo Falco und Elisabeth Rüdorff, 3. Juni 1945

Dr. Gustav Goerdeler (Frau und Bruder von Carl Goerdeler), Friedrich Leopold Prinz von Preußen und seinem Lebensgefährten Fritz Baron Cerrini di Montevarchi.

Rund zehn Tage später wurden die Häftlinge in die Heimat entlassen. Paolo Falco und Elisabeth Rüdorff gründeten zu Beginn der 1950er Jahre ein kleines Hotel in der Via Matermania, das vor allem von Deutschen besucht wurde.[92] Und auf dem benachbarten Belvedere delle Noci hängt seit 2013 eine Tafel der Kommune, die an Paolo Falco erinnert und an *la magia della sua musica*, »die Magie seiner Musik«.

So endet auf Capri eine der dramatischsten und schillerndsten Epochen seiner Geschichte, in denen auf 10,4 Quadratkilometern alles war, was Europa und die Welt bewegte.

Marina Grande
Insel und Nicht mehr Insel

Wenn bei Capri ...

Im März 1956 stellte das damals noch recht junge Institut für Demoskopie in Allensbach den Bürgern der ebenfalls noch recht jungen Bundesrepublik die folgende Frage: »Wenn Sie tun könnten, was Sie wollen: Wohin würden Sie fahren? Was möchten Sie sich am liebsten einmal ansehen, was möchten Sie gern einmal erleben?« Die Frage war, gemessen an heutigen Standards, ein wenig unbeholfen gestellt, das Ergebnis ist trotzdem bemerkenswert: Das am häufigsten genannte Sehnsuchts-Reiseziel der (West-)Deutschen war die Insel Capri.[1] Darin lebt sicherlich der alte romantische Capri-Traum des 19. und frühen 20. Jahrhunderts weiter; entscheidender dürfte allerdings sein, dass in der Nachkriegszeit eine massenmedial aktive Kulturindustrie auf den Plan tritt, die diesen Traum aufgreift und immer wieder neu inszeniert.

Ralph Maria Siegels millionenfach verkaufter Schlager von den »Capri-Fischern« (»Wenn bei Capri die rote Sonne im Meer versinkt ...«)[2] ist das Haupt- und Glanzstück dieser Capri-Begeisterung der fünfziger Jahre, populär bis heute, übrigens auch auf Capri selbst. Alte poetische Bilder der Romantik werden in ihm massentauglich transformiert. Noch immer verkörpern diese Fischer, auf der Spur der Gedichte von August von Platen, Wilhelm Waiblinger oder Ida von Hahn-Hahn,[3] der Gemälde von Carl Blechen, Franz Ludwig Catel oder Carl

Wilhelm Götzloff, jene Welt des Archaischen und der Nähe zur Natur, für die der Süden schon immer stand. Und Filme wie *Liebesrausch auf Capri* (1950), *Unter den Sternen von Capri* (1953) oder *Blond muß man sein auf Capri* (1961) egalisieren die alten Träume von der Insel der Liebe. »Capri« wird zur Chiffre der Sehnsucht nach dem Süden.

Die Marke Capri

Der Weg in die Warenwelt war nicht weit. Capri wird zur Marke. 1948 kreiert die Designerin Sonja de Lennart die »Capri-Hose«, sie wird zum Modehit der 1950er Jahre, damals Inbegriff gewagter weiblicher Lässigkeit. Es folgen der »Capri-Hut«, die »Capri-Bluse«, der »Capri-Gürtel«. Der US-amerikanische Ford-Konzern bringt 1952 die Sportwagen-Reihe »Lincoln Capri« heraus, die deutschen Ford-Werke schließen 1969 mit dem »Ford Capri« an. Im gleichen Jahr bringt der Heidelberger Getränkefabrikant Rudolf Wild die »Capri-Sonne« auf den Markt, heute als »Capri Sun« weltweit verbreitet. Selbst eine Reihe von topographischen Ablegern hat die Insel generiert, darunter die ebenfalls in den 1950er Jahren entstandenen »Isles of Capri« an der Küste Floridas, eine gigantische künstliche Wohnanlage im Meer. Und die Zahl der Eisdielen, Pizzerien, Restaurants und Hotels mit dem Namen »Capri« ist Legion. Vermutlich gibt es keinen anderen Ortsnamen, dessen Verwendung weltweit derartig ubiquitär geworden ist.

Seit den 1990er Jahren setzen auch italienische Hersteller und lokale Distributoren auf den Markennamen der Insel – jetzt, um damit am Ort selber die Aura von Luxus und Exklusivität zu vermitteln. Dazu zählen die auf Capri extrem werbeaktiven Marken »Capri Watch« (eines Capreser

Designers von modischen Uhren), »I profumi di Capri« (eines in Wirklichkeit in Mittelitalien ansässigen Kosmetik-Konzerns) oder – mehr Capri geht nun wirklich nicht! – »100% Capri« (eines Modemachers aus Sorrent mit Leinen-Boutiquen in Capri und anderswo). Auch hier ist Capri Chiffre, steht für imaginäre Teilhabe an einem Lebensstil, der sich in der zweiten Hälfte des 20. Jahrhunderts mehr und mehr mit dem Mythos Capri verbunden hat.

Capri ist auf diese Weise heute Ort und Un-Ort zugleich, es scheint, als entferne sich die Insel zunehmend von ihren geographischen Koordinaten, fluktuiere in einem Meer von ganz unterschiedlichen Sehnsüchten, Werbestrategien und Phantasien.

Der Capri-Boom

Dabei bleibt auch das »reale« Capri von seinem imaginären Pendant nicht unberührt. In der Entstehungszeit des modernen Massentourismus nach dem Zweiten Weltkrieg wächst die Popularität Capris als Reiseziel unvermindert weiter. Capri wird zur Insel der Massen. Lag die Zahl der jährlichen Ankünfte Mitte der 1930er Jahre »noch« bei rund 250 000, so liegt sie 1950 bei 726 000, im Jahr 1960 bei 1 244 000[4] (oder, wiederum auf den Tagesdurchschnitt umgerechnet, bei ca. 2 000 beziehungsweise 3400 Besuchern). Und wieder erheben sich die Klagen der alten Capri-Liebhaber über die, wie es scheint, jetzt definitiv unerträglich gewordenen Zustände auf der »viel zu kleinen Insel«.[5]

Aber die Entwicklung sollte weitergehen. 2016 registrierte das Hafenamt die Zahl von 2 331 969 in Marina Grande angelandeten Besuchern,[6] also wiederum fast doppelt so viele wie

Touristen auf der Terrazza Funicolare, Juli 2017

1960. Besonders viele sind es in den Sommermonaten und an den Festtagen mit dann zum Teil über 10 000 Tagesbesuchern.

Die Diskussion darüber, was die »viel zu kleine Insel« noch verkraften kann, hält seit Jahren an. Besonders gern lamentieren die Einheimischen über die *giornalieri*, also die Tagesbesucher (als ob nicht auch sie durch Eintrittsgelder und den Kauf von Souvenirs jährlich Millionen auf die Insel brächten). Es sind Italiener vom Festland, ausländische Besucher aus den touristischen Zentren (Ischia, Sorrent) oder auf Europareise sowie Gäste der auf Reede liegenden großen Kreuzfahrtschiffe. Sie bevölkern, meist in geführten Gruppen, zwischen 9 und 16 Uhr die Insel; ihre hauptsächlichen Ziele sind die Blaue Grotte und die Villa San Michele. Ihre Zahl ist schwer zu limitieren, im Übrigen haben ja, um ein altes Plädoyer von Marie-Luise Kaschnitz zu paraphrasieren, vielleicht auch »die Massen« ein Recht auf die Schönheiten der Insel Capri.[7]

Wenn es einen Ort gibt, an dem Capri als Insel der Massen besonders in Erscheinung tritt, dann ist es Marina Grande, der Hafen. Tagsüber legen hier permanent die großen Fähren und Tragflügelboote an und ab, auf der schmalen Mole drängen sich die Menschen, stauen sich oft zu langen Schlangen vor der Funicolare, vor den Linienbussen und den Ticketschaltern oder warten in überfüllten Cafés auf ihre Abreise. Hier gibt es keine Gegenwart, kein Verharren, nur Kommen und Gehen.

Angesehener unter den Capresen ist die Gruppe der Übernachtungsgäste. Auch ihre Zahl ist in den letzten Jahrzehnten beständig gewachsen.[8] Dabei zeichnet sich in der Zusammensetzung der Gäste seit den 1990er Jahren ein auffallender Wandel ab: Registrierte man Ende der 1990er Jahre annähernd die gleiche Zahl von Italienern (zumeist aus der Region Kampanien) und Ausländern, so hat sich, bei etwa gleichbleibender Zahl der Italiener, diejenige der Ausländer bis 2015 mehr als verdoppelt, steht jetzt also in der Relation 2:1 zu den italienischen Gästen. Die überwiegende Mehrzahl von ihnen (rund 25 Prozent) kommt aus den USA, gefolgt von Briten, Franzosen, Deutschen und Brasilianern (je ca. 5–7 Prozent). Verglichen mit der Statistik von 2002/2003 fallen starke Zuwächse bei Russen, Chinesen, Indern, Koreanern und Australiern auf.[9] Kein Zweifel, Capri ist in den Fokus des globalen Tourismus geraten.

Eine Art von Schnelltourismus ist freilich auch dieser. Denn die Aufenthaltsdauer der Übernachtungsgäste sinkt seit Jahrzehnten permanent, liegt im statistischen Durchschnitt bei rund drei Tagen.[10] Vorüber sind die Zeiten der langen Aufenthalte auf Capri, vorüber scheinen auch die Zeiten, in denen Menschen aus ganz Europa, unter ihnen Schriftsteller und Künstler, hier vorübergehende Heimat gefunden hatten, sich von der Insel auf vielfältige Weise inspirieren ließen. Die Bevölkerungsstatistik zählt heute, von den Gastarbeitern abgesehen, nur noch wenige ausländische Residenten.[11]

Neue Infrastrukturen

Auch die Infrastruktur der Insel hat sich in der Nachkriegszeit den wachsenden Besucherzahlen und ihren (tatsächlichen oder vermeintlichen) Bedürfnissen angepasst. In den 1950er Jahren (überall in den alpinen Regionen entstehen jetzt Sessellifte) wird auch der kaum 600 Meter hohe Monte Solaro, eine der letzten fast unberührten Regionen, durch eine Seggovia erschlossen; der private Betreiber, ein Investor aus Rom, sicherte sich zugleich das Recht, auf dem Gipfel eine gastronomische Einrichtung mit einer *open-air*-Tanzfläche zu betreiben.[12] Der Sessellift erlangte im August 1993 traurige Berühmtheit, als während eines Waldbrands mehrere Fahrgäste darin schwer verletzt wurden.[13] In den 1960er Jahren wurde auch eine weitere abgelegene Region durch eine Autostraße »angebunden«: Punta Carena mit dem Leuchtturm, das Kap im äußersten Südwesten der Insel.

In den 1970er Jahren entstand der Porto Turistico, der Hafen für private Jachten. Er ist schon seit langem viel zu klein, unzählige größere und allergrößte private Schiffe liegen heute in den Sommermonaten auf Reede rings um die Insel.

Am gravierendsten für die Infrastruktur war der weitgehend von privaten Profitinteressen gesteuerte Bauboom,[14] der in der Nachkriegszeit ohne Rücksicht auf natürliche Gegebenheiten und kulturelle Traditionen um sich griff und zu einer erheblichen Ausweitung der bebauten Flächen geführt hat. Opfer anderer irreparabler Eingriffe in die Natur wurden Abschnitte unmittelbar am Meer. Um »Strände« zu schaffen, wie sie den Standards des modernen Badetourismus entsprechen, wurden schroffe Felsenküsten an mehreren Stellen mit Zement übergossen und planiert. Noch 2016 wurden durch Erweiterungsarbeiten am alten römischen

Tragara-Hafen (heute ein solcher »Strand«) die Reste des noch vorhandenen römischen Mauerwerks schwer in Mitleidenschaft gezogen.[15]

Aria di Capri. Die Literatur der Nachkriegszeit

Fast unberührt von alledem – Capri hatte schon immer mehrere Gesichter gleichzeitig – blieb Capri auch in der Nachkriegszeit ein kleiner Mont Parnasse. Es schien, als sollte das intellektuell anregende Leben der zwanziger und dreißiger Jahre eine ungebrochene Fortsetzung finden. Symptomatisch dafür ist die Person Norman Douglas: Nachdem er die Insel 1937 verlassen musste, kam er 1946, inzwischen fast 80-jährig, wieder zurück. Die Figur des alten Capri-Habitués, der 1888 zum ersten Mal auf die Insel gekommen war, sie durch sein Werk berühmt gemacht hatte und nun wieder hier auf seinem Lieblingsplatz im Café auf der Terrazza Funicolare saß, wirkte als Symbol ebenjener Kontinuität einer *aria di Capri*, der »Luft«, dem »Flair« Capris, wie sie Edwin Cerio 1927 mit einem Buch gleichen Titels beschworen hatte. Douglas wurde Ehrenbürger von Capri und starb 1952, nachdem er noch *Venus in the Kitchen*, eine ziemlich verwegene Arbeit über Aphrodisiaka, und *Footnote on Capri*, eine kurze Geschichte der Insel, geschrieben hatte.

Auch Alberto Moravia und Elsa Morante kamen nach dem Krieg wieder zurück, belegten die alten Plätze.[16] Moravia schrieb die auf Capri spielenden Romane *Il disprezzo* (1954, »Die Verachtung«), von Godard 1963 mit Brigitte Bardot und Michel Piccoli verfilmt, und *1934* (1982), ein Buch, das in der Zeit des Faschismus spielt und in dem deutsche Besucher Übertragungen von Hitler-Reden auf der Insel hören.

Aus Frankreich kamen Roger Peyrefitte, der für seinen Roman *L'Exilé de Capri* (1959) über Jacques d'Adelswärd-Fersen recherchierte, und Félicien Marceau mit seinem ebenfalls im Fremdenmilieu spielenden Gesellschaftsroman *Capri, petite île* (1951). Von Norman Douglas motiviert, ließ sich 1948 Graham Greene auf der Insel nieder, kam bis 1988 immer wieder zurück, um hier zu schreiben, und auch er zollte der Insel seinen literarischen Tribut.[17]

Auch zur Insel der Zuflucht wurde Capri nach dem Krieg erneut. 1952 lud Edwin Cerio den aus Chile geflohenen Dichter Pablo Neruda als seinen Gast nach Capri ein, und dies, obwohl das italienische Innenministerium einen Ausweisungsbefehl gegen den Kommunisten erlassen hatte. Neruda lebte bis zu seiner Rückkehr in die Heimat mit seiner Freundin Matilde Urrutia fast acht Monate auf Capri, schrieb dabei auch die schönsten Verse über die Insel.[18] Ein anderer Emigrant, in Neapel lebend, der Pole Gustaw Herling, hat sich von einem Besuch auf Capri zu einer der schönsten Capri-Novellen inspirieren lassen, *Die Insel* (1959), eine Erzählung, in dem die Kartause zum düster-magischen Ort einer ungesühnten historischen Schuld wird.

Joseph Beuys und die Capri-Batterie

Auch eine kleine Kunstszene war nach dem Krieg wieder auf Capri entstanden. Ihr Mittelpunkt war Raffaele Castello,[19] der zum Kreis von Otto Sohn-Rethel gehörte, nach dem Studium wieder auf die Heimatinsel zurückgekommen war und mit seinen abstrakt-konstruktivistischen Kompositionen zu einem wichtigen Vertreter der künstlerischen Moderne wurde. Auch Giovanni Tessitore[20] war durch Otto Sohn-Rethel zur

Giovanni Tessitore, Bar Gradola, 2003

Malerei gekommen, betrieb sie als Autodidakt im Stil eines raffinierten *Art naïf* mit zumeist lokalen Motiven und unterhielt ansonsten einen vorzugsweise von Intellektuellen besuchten kleinen Badeplatz in der Nähe der Blauen Grotte. Zu den Capreser »Naiven« gehörte auch Carmelina Alberino,[21] international bekannt geworden als »Carmelina di Capri«, die ihre Ölgemälde vor ihrem Atelier in der Via Roma ausstellte und die, so will es die Legende, damit einmal auch einen Giorgio de Chirico begeistert haben soll.

Lucio Amelio und Joseph Beuys in Anacapri

Zum internationalen Künstlertreffpunkt wurde Capri durch den neapolitanischen Galeristen Lucio Amelio,[22] der in seiner Villa Orlandi in Anacapri zahlreiche Künstler zu Gast hatte, unter ihnen Robert Rauschenberg, Andy Warhol und Gerhard Richter. Intensiv befreundet war Amelio mit Joseph Beuys, für den er 1971 eine erste Ausstellung in Neapel organisierte. Das Plakat dafür verwendete eines der später berühmtesten Motive von Beuys, mit einem Foto des Künstlers, aufgenommen im Eingang von Amelios Villa Orlandi: *La rivoluzione siamo noi.* Nach dem schweren Erdbeben in Neapel 1980 lud dann Amelio eine Reihe von international angesehenen Künstlern zu einem thematischen Benefizprojekt »Terrae motus« ein; 1985 entstand Beuys' Multiple *Capri-Batterie.* Es besteht aus einer gelben Glühbirne in einer Fassung, die über einen Stecker aus einer Zitrone »gespeist« wird – im Zusammenhang mit der verheerenden Lage im damaligen Kampanien zu lesen auch als Bild einer regenerierenden Kraft der Insel, die auch Beuys geliebt und immer wieder zu Arbeitsaufenthalten besucht hat, zuletzt 1985, als

Joseph Beuys, Capri-Batterie

er, bereits schwer krank, sogar plante, sich auf Capri niederzulassen.[23]

Auf dem Gebiet der Literatur versuchte zur gleichen Zeit die neapolitanische Mäzenatin Graziella Lonardi Buontempo[24] ein Ähnliches. Um international angesehene Schriftsteller zu bewegen, nach Capri zu kommen, stiftete sie 1983 zusammen mit dem Schriftsteller Alberto Moravia den »Premio Malaparte«; zu den Preisträgern zählen Anthony Burgess (1983), Václav Havel (1990), Susan Sontag (1992), Isabel Allende (1998) und Karl Ove Knausgård (2015). Der damit verbundene programmatische Wunsch, »der Insel ihre Rolle als kulturelles und intellektuelles Zentrum zurückzugeben«,[25] ist freilich so einfach nicht zu erfüllen.

Die Frau am Pizzo Lungo: Monika Mann

Und noch einmal wurde Capri zum biographischen Refugium, zur »Einsiedelei« (Gregorovius) in einer Zeit, in der sie doch längst mit den Strömen des Massentourismus überschwemmt war. Zurückgekehrt aus der Emigration in die USA, zog sich Monika Mann,[26] eine Tochter Thomas Manns, 1954 nach Capri zurück; sie lebte dort bis 1986 in der Villa Monacone, einem einsam gelegenen Haus am Pizzo Lungo, hoch über der kahlen Felsenbucht der Faraglioni mit ihrem beständigen Möwengeschrei. Wie kann man es nur dreißig Jahre lang hier aushalten, fragte sie Anfang 1986 der Schriftsteller Raffaele La Capria, immer mit diesem unerträglichen Blick ins Nichts? Ihre Antwort war sibyllinisch: Sie habe ihre Kindheit in München in einem Haus voller Leben und mit vielen Menschen verbracht, und doch habe es da zugleich immer eine Form von »Nicht-Leben« gegeben. »Ich gehöre zu einer Familie, die, solange ich mich erinnern kann, bestimmt war durch dieses ›Nicht-Leben‹«.[27] Insel-Leben also als Flucht und Rückkehr zugleich. Ihre Memoiren, auf Capri geschrieben, beginnen mit dem Satz »Ich lebe auf einer Insel«, als sei damit das Wichtigste schon gesagt, und in Briefen und Gesprächen hat sie die Dialektik von »Leben« und »Nicht-Leben«, von Festland und Insel immer wieder beschrieben.[28] Auf Capri lebte sie in äußerster Zurückgezogenheit (»fast wie in einem Kloster«, wie sie einmal in einem Interview sagte[29]), fernab auch dessen, was die Besonderheit gerade dieser Insel ausmacht: »Ich erlebe Capri nicht geschichtlich, sehe es einfach als das, was es mir jeden Tag gibt [...] Zunächst: absolute Anonymität.«[30] Auch Gegenpol zur Intellektualität ihres festländischen Herkunftsmilieus war ihr die Insel: »Wissen Sie, was da alles erschien und erscheint in diesen zwanzig Jahren, habe ich nicht gelesen – God forgive me!«, schreibt sie 1975 an Jean Améry.[31]

Auch die Verbindung mit ihrem Capreser Lebensgefährten Antonio Spadaro[32] – von ihrer Herkunftsfamilie verständnislos betrachtet – war Teil des ganz Anderen ihres Insellebens. »Toni« war Maurer und verkaufte vor dem Haus selbstgebastelte kleine Schiffchen und Getränke an die Touristen.[33] »Du bist meine Seele«, bekennt sie ihm aus einem Urlaub in Dorf Tirol. »Du darfst mir glauben, daß ich Dich für das Liebste auf der Welt halte.«[34] Ihm hat sie auch ihr Buch gewidmet, er dürfte es nicht gelesen haben. »Warum mögen Sie die einfachen Leute lieber?«, fragte sie La Capria. »Sie sind näher an allem.«[35] Nach dem Tod ihres Lebensgefährten 1985 verließ sie die Insel, kehrte aufs Festland zurück, ins Mann'sche Haus in Kilchberg. Ihr Wegzug markiert, im Bild, das Ende einer Epoche.

Die Insel des Luxus und der Dekadenz

Mit den 1980er Jahren verstärkt sich eine Entwicklung, die bis heute anhält. Die Insel wird mondän, lebt mehr und mehr von ihrem eigenen Mythos. Und der Wunsch nach Teilhabe an diesem Mythos wird, so scheint es, zunehmend zur Motivation für eine Reise nach Capri.

Capri ist in den Sommermonaten seit Jahrzehnten ein quasi obligatorisches Kurzreiseziel unzähliger Prominenter, mehr noch Halb- und Viertel-Prominenter. Ihre Anwesenheit wird von den lokalen Medien signalisiert und kommentiert, in Aushangfotos in Restaurants, Bars und Hotels dokumentiert, manchmal später in Ausstellungen wieder in Erinnerung gerufen. Die Bilder von Jackie Kennedy auf der Via Camerelle, von Jane Russell auf der Piazzetta oder von Calvin Klein im Nachtclub »Anema e core« sind die neuen Gouachen des Golfs. Der Mythos reproduziert sich auf diese Weise permanent selber, wird auch im Ausland in Filmen und Zeitschriftenbeiträgen über die »Insel der Reichen und Schönen« kontinuierlich transportiert.

Verbunden mit den einschlägigen Erwartungen hat die gestiegene touristische Nachfrage dazu geführt, dass Unterkünfte im Luxusbereich ausgesprochen stark repräsentiert sind und seit der Jahrtausendwende stetig zugenommen haben. Von den 57 heute auf der Insel registrierten Hotels haben 32, also weit mehr als die Hälfte, fünf oder vier Sterne (2017).[36]

Mit dem neuen globalen Reichtum, der seit dem Fall der Mauer entstanden ist, sind Immobilien auf der »Luxusinsel« zunehmend gesuchte Prestige- oder Investitionsobjekte geworden, zu Preisen, die denen etwa in Manhattan entsprechen. Auch eine ganze Reihe der einst noblen Villen, deren frühere Besitzer mit der Geschichte Capris verbunden waren, sind inzwischen aufgeteilt und in Eigentumswohnungen verwandelt worden.[37] Die neuen »Residenten« verdienen diese Bezeichnung jedoch nur mit Einschränkung, nutzen ihre Zweitwohnungen allenfalls wenige Wochen im Sommer, vermieten sie ansonsten manchmal über einschlägige Internetportale. Mindestens ein Drittel des auf Capri vorhandenen Wohnraums steht auf diese Weise fast das gesamte Jahr über leer.[38]

In den letzten Jahren greifen zunehmend gigantische »Events« um sich, bei denen öffentlicher Raum und öffentliches Eigentum privaten Prestige-Interessen sehr reicher Kunden geopfert werden. Dazu gehören sogenannte »Traumhochzeiten« wie jene eines chinesischen Paares aus Hongkong im Juni 2017 in der (kommunalen) Villa Lysis. Die historische Villa wurde zu diesem Zweck neu möbliert, das flache Dach mit einer umlaufenden Balustrade versehen und mithilfe einer externen Brücke zugänglich gemacht; die Gäste wurden von ihrem Hotel in der Stadt auf geschmückten *carrelli* (die normalerweise keine Personen befördern dürfen) zu der abgelegenen Villa gefahren – übrigens unter begeisterter Anteilnahme der lokalen Bevölkerung.

Dem Wunsch, am Mythos der Luxusdestination wenigstens für kurze Zeit teilzuhaben, kommen Inszenierungen entgegen, die sich auch an ein größeres Publikum richten. Bis vor kurzem – und vermutlich erst durch das »Selfie« verdrängt – waren auf den abendlichen Hauptstraßen lokale Paparazzi unterwegs, die jeden, aber auch wirklich jeden, der es wünschte, ablichteten – die Bilder lagen am nächsten Morgen in den Fotogeschäften zum Kauf aus. Denn Capri will jeden zum VIP machen, zur *Very Important Person*. In den Bars und Restaurants haben die Kellner die schönsten Strategien entwickelt, um den *Ben arrivati!*, den

»Wie-schön-dass-Sie-wieder-da-sind!«-Besuchern zu schmeicheln, vom Händeschütteln zur Begrüßung über verschwörerische Mitteilungen betreffend die Einräumung besonders günstiger Konditionen bis zum *A presto!,*»Bis demnächst!«, beim Abschied. Eine eigene Capri-Mode (und eine eigene Art, sie zu tragen) vermittelt ebenso Teilhabe an der *vita caprese* wie eine Vielzahl kleiner Rituale, vom *Aperitivo* zur richtigen Zeit in der richtigen Bar über die Art, einander auf der Straße zu begrüßen, die Diskussionen über die Vorzüge und Nachteile bestimmter Badeplätze bei bestimmten Wetterlagen bis hin zum obligatorischen Capri-Lamento (über die Hitze, den Verkehr, die vielen Tagestouristen). Man kann in Taxis fahren, wie es sie nur hier gibt, großen Kabrios mit gestreiften Sonnensegeln, man kann *torta caprese* oder *insalata caprese* auf Capri essen oder der einen oder anderen Zelebrität auf der Piazzetta über den Weg laufen. Kurzum, man kann in eine Capri-Welt eintauchen, eine Insel, die, global vernetzt, längst keine Insel mehr ist und doch immer noch den Eindruck erweckt, es zu sein. Und man kann dabei, wie die Journalistin Antonella Boralevi kritisch geschrieben hat, »sich im Mittelpunkt der Welt fühlen, nur weil man auf der Piazzetta sitzt«.[39] Längst ist diese kein Ort politischer Manifestationen mehr, es herrscht strikte *privacy*, genauer gesagt: gespielte *privacy*. Die Piazzetta ist eine Bühne, auf der Capri sich allabendlich neu inszeniert. Für Zuschauer, die gleichzeitig Akteure sind, und umgekehrt.

Auf der Piazzetta

Wie ein Rausch vorüber ist das alles im Winter. Von Mitte Januar bis Ostern ist die Insel ohne Leben. Die Schaufenster im Zentrum sind mit Papier verklebt oder mit weißer Farbe übermalt, ganze Straßenzüge stehen auf diese Weise leer. Praktisch alle Hotels und Restaurants sind geschlossen. Von einem »indigenen« öffentlichen Leben ist kaum etwas zu spüren. Die Insel ist dann auf andere Weise wieder Insel, eine tote Insel. Es scheint, als habe ihr der Tourismus wie ein Vampir alles Blut ausgesaugt.

In seltsamem Kontrast zu dem glamourösen »Outfit«, das sich Capri gibt, stehen Vorkommnisse, die der Politik, aber auch der Zivilgesellschaft ein schlechtes Zeugnis ausstellen. *La pulizia ed il silenzio sono indici di civiltà. Rispettiamoli*, steht seit vielen Jahren auf schönen Keramiktafeln allerorts zu lesen, »Sauberkeit und Stille sind Gradmesser der Zivilisation. Respektieren wir sie«. Dabei belastet gerade das Problem der Müllentsorgung die Insel, was man nicht zuletzt in weniger »prominenten« Gegenden beobachten kann. Im August 2009 wurde dies in einem geradezu zeichenhaften Skandal virulent: Es kam ans Licht, dass die mit der Entsorgung der privaten Sickergruben beauftragte Firma die Rückstände direkt ins Meer einleitete, und dies auch noch in unmittelbarer Nähe der Blauen Grotte. »Auf Capri klafft noch immer eine inakzeptable Lücke zu den zivilen Standards des neuen Jahrtausends«, schrieb damals der *Corriere della Sera*.[40] Der Bürgermeister wiegelte ab: Die »Meeresströmungen« würden den Schmutz bald wegtransportieren.[41] Zwei Wochen später wurden illegale Mülldeponien bei Villa Iovis und Villa Lysis entdeckt.[42]

Der Widerspruch von Schein und Sein kommt exemplarisch auch in einem Vorkommnis zum Ausdruck, das weit über Capri hinaus für Irritationen sorgte. Im Juni 2008 wurde die lange Zeit gesperrte Via Krupp nach aufwändigen Arbeiten und versehen mit einer ansprechend restaurierten Pflasterung wiedereröffnet. Der Staatspräsident Giorgio Napolitano war persönlich anwesend, eine Gedenktafel wurde enthüllt (»Via Krupp, ein Symbol ewiger Freiheit«), die internationale Presse feierte das Ereignis, eine Veranstaltungsreihe »Krupp und die deutsche Kultur auf Capri« bildete das Begleitprogramm.[43] Fünf Jahre später, im Oktober 2013, wurde die Via Krupp überraschend wieder geschlossen.[44]

Die Kritik nicht nur an den politischen Autoritäten, sondern auch an der Zivilgesellschaft, ihrer mangelnden Sensibilität für die Probleme der Umwelt, ihrer Gleichgültigkeit gegenüber den kulturellen Schätzen und nicht zuletzt an der ungezügelten Gier nach Profitmaximierung wird auch auf Capri immer wieder laut. *Noi mangiamo l'isola*, wir fressen unsere eigene Insel auf, sagt Carlo Knight,[45] der beste Kenner und schärfste Kritiker der Insel; Capri sei eine Maschine zum Geldverdienen geworden, die man nicht mehr stoppen könne.[46] Knight steht mit diesem Befund nicht allein. Trotzdem kommt auch er immer wieder nach Capri zurück, liebt die Insel, sitzt abends auf der Piazza, forscht und schreibt über Capri. Andere Kritiker sind in lokalen Umweltschutzorganisationen wie »Legambiente« aktiv oder in Vereinigungen zur Pflege des kulturellen Erbes.[47] Erstaunlich hoch – auch dies der »Insularität« geschuldet – ist die Zahl der hochqualifizierten Lokalhistoriker, die regelmäßig Forschungsbeiträge zur Geschichte der Insel publizieren. Der Verlag »La Conchiglia« (der auch Ausstellungen, Lesungen und Debatten organisiert) ist seit fast dreißig Jahren das publizistische und kommunikative Zentrum dieser vielfältigen Versuche, Einheimischen und Besuchern ein Bild der Insel und ihrer Bedeutung zu vermitteln, das sensibilisieren kann für ihren Niedergang.

Indigenes Capri?

Das Leben der »einheimischen«, also der fest auf Capri ansässigen Bevölkerung ist jenseits des »Fremdencapri« nur schwer zu fassen. Tatsächlich ist es seit Generationen eng mit dem der Fremden verbunden, genauer gesagt von ihm abhängig. Das zeigt bereits die Entwicklung der Bevölkerungszahlen. Sie steigen zwischen 1840 und 1900 in den beiden kleinen Inseldörfern rasant an. Während sonst in dieser Zeit Migrationsbewegungen im Mittelmeerraum in der Regel von den Inseln zum Festland gehen, ist es hier umgekehrt: Zahlreiche Einwanderer kommen vom italienischen Festland nach Capri, um hier Arbeit zu suchen.[48] Es ist die Zeit der ersten Blüte im Fremdenverkehr, die auch Bauern und Fischern (den damals verbreitetsten Berufen) Nebenverdienste ermöglichte, außerdem zunehmend Angehörige von Dienstleistungsberufen anzog (Friseure, Gepäckträger, Dienstboten).[49]

Auch im 20. und 21. Jahrhundert wächst die Bevölkerung, nach dem Zweiten Weltkrieg zum Teil in zweistelligen Prozentzahlen. Heute leben in Capri 7 201, in Anacapri 7 003 Menschen (Stand Ende 2016).[50] Drei Viertel von ihnen sind im Dienstleistungssektor tätig, wobei auch Arbeiten in anderen Bereichen, etwa im Handwerk, eng mit dem Tourismus verflochten sind; von Landwirtschaft und Fischfang leben nur noch zwei Prozent.[51]

Über Einkommens- und Vermögensverhältnisse gibt es keine Zahlen.[52] Tatsache ist, dass der Tourismus als Haupteinkommensquelle floriert. Zahlreiche Capresen haben außerdem Immobilien verkauft, aus Bauern sind Millionäre geworden. Hafengebühren und Eintrittsgelder bringen Millionen in die öffentlichen Kassen. Capri ist reich, sehr reich.

Zu seinem Reichtum hat auch eine Bevölkerungsgruppe beigetragen, die seit Jahren wächst und deren Angehörige *extracomunitari* genannt werden, also (zumeist) aus Ländern außerhalb der Europäischen Union stammen. Sie treten öffentlich kaum in Erscheinung, auch wenn sie in jeder Hotelküche, in jedem Restaurant (aber nur im hinteren Bereich), als Badeaufseher und in privaten Haushalten präsent sind. Heute bilden sie die Mehrheit der ansässigen ausländischen Bevölkerung. Die meisten von ihnen, mehr als ein Drittel, kommen aus Sri Lanka, gefolgt von Ukrainern und Rumänen.[53] Auch in dieser Beziehung ist Capri ein Teil der globalisierten Welt.

Wo das indigene Capri gewissermaßen noch bei sich selbst ist, über kommunikative Strukturen einer »Gemeinschaft« verfügt (ohne die so etwas wie eine kollektive Identität eines Dorfes kaum denkbar ist), ist schwer zu sagen. Auf die Frage, was die Menschen hier verbinde, antwortet der Anacapreser Schriftsteller Francesco Durante kurz und knapp: »Das Geld«. Und ähnlich Carlo Knight: »Hier sind alle miteinander verfeindet, die Gier nach dem Geld hat die menschlichen Beziehungen zerstört.« Das Zusammenhalten »gegen Leute, die vom Festland kommen und hier etwas werden wollen«, sieht eine Anacapreser Gesprächspartnerin, promovierte Biologin, als soziales Bindeglied der einheimischen Bevölkerung an: »Wir sind eben eine Insel.« Dann fügt sie an: »Und bei unseren Festen, da gibt es so etwas wie Gemeinschaft.«[54]

Eines dieser Feste ist das der »Madonna del Soccorso« auf dem Monte Tiberio. Es findet am 7. September statt, also schon außerhalb der Hochsaison, der lange Weg von der Stadt auf den Berg ist dann mit Girlanden geschmückt und von *bancarelle*, den mobilen Verkaufsbuden, gesäumt. Die Kinder kriegen kleine Geschenke, die Bewohner des Viertels haben alte Rezepte reanimiert, Jung und Alt wandert zum Tiberio, nach der Messe macht man Picknick, manchmal gibt es Musik und abends ein bisschen Feuerzauber. Hier kann man sich als Fremder noch am ehesten fremd fühlen auf einer Insel, auf der vieles doch ganz ähnlich ist wie an anderen glänzenden Zentren eines Fremdenverkehrs, der die Welt grundstürzend verändert hat.

Zweihundert Jahre Fremdencapri

Denn Capri ist Fremdencapri geworden, in einem Zeitraum von rund zweihundert Jahren hat es sich von einem ungastlichen, abgelegenen Felseneiland zu einer globalen »Luxusdestination« entwickelt. Kaum vorstellbar heute, dass diese Insel noch vor sechs Generationen in einem lebendigen Zusammenhang mit ihrer antiken Geschichte stand, dass die Bauern noch aus Wasserspeichern schöpften, die zweitausend Jahre alt waren, dass der Boden übersät war mit den Resten römischer Paläste, Kolonnaden, Statuen, Fußböden, die sie achtlos unterpflügten oder klug als Baumaterialien benutzten.[55] Kaum vorstellbar, dass vor vier Generationen die Piazzetta noch ein dörflicher Marktplatz war, mit Bäckerei, Postamt und einer Bar, vor der ein paar einfache Tische und Stühle standen, an denen ab und zu ein paar *forestieri* saßen, angekommen mit einem Dampfschiff, das einmal am Tag die Insel anlief. Kaum vorstellbar auch, dass man sich noch vor einer Generation in Parks und auf Straßen bewegen konnte, die heute verschlossen oder privatisiert sind, dass man in einfachen Restaurants essen konnte, in denen schon Graham Greene oder Norman Douglas zu Gast waren und die inzwischen dem Rentabilitätsprinzip zum Opfer gefallen sind, dass man in Häusern wohnen konnte, die heute luxussaniert als Eigentumswohnungen leer stehen. Und dass es noch Stille und Dunkelheit an Orten gab, wo man sie heute vergeblich sucht.

Die Klage darüber, dass das alles nicht mehr so ist, wie es einmal war, begleitet die Capri-Geschichte seit 150 Jahren wie ein elegischer Cantus firmus. »Leider ist die kleine Insel überfüllt, die Leute langweilen sich und verderben uns mit ihren Glaceehandschuhen, rauschenden Kleidern und hohen Cylinderhüten die gute Laune«: Das schrieb 1887 der Maler und Capri-Liebhaber Heinz Hoffmeister,[56] und das Muster seiner Kritik gilt bereits damals, vor anderthalb Jahrhunderten, jenem überlaufenen, luxuriösen, »städtischen« Capri. »Mit dem Süden bin ich fertig«, schreibt ein halbes Jahrhundert später (1939) ein anderer Capri-Passionist, Werner Helwig. »Das, was ich hier suchte, ist fort. Mitteleuropäische Kleinstadtzivilisation mit ihrer ganzen dämonischen Langweiligkeit wird mit Gier aufgesogen«.[57] Und wieder ein halbes Jahrhundert später (2000) beklagt Raffaele La Capria die »totale, schäbige Blaugrottisierung der Insel«.[58] Der Hass auf Capri füllt Bände. Immer wieder musste es so aussehen, als sei der Zauber der Insel nun endgültig verschwunden, als sei ihr Reiz unwiederbringlich Vergangenheit geworden, als hätten die Massen der Besucher Capri für immer ruiniert. Es ist ein zwei Jahrhunderte währender Abgesang auf die noch immer schönste Insel unserer Welt.

Menschen auf Capri

Altsteinzeit

Höhlenfunde belegen frühe Ansiedlungen.

ab 8. Jh. v. Chr.

Griechische Kolonisten aus Cumae kommen auf die Insel. Bau der »Phönizischen Treppe«.

3. Jh. v. Chr.

Blaesos, griechischer Komödiendichter (einziger erhaltener Vers: »Der Kelche sieben / Misch mir mit Wein vom allersüßesten«).

29 v. Chr.

Kaiser Augustus erwirbt Capri im Tausch gegen Ischia, verbringt kurz vor seinem Tod 14 n. Chr. noch einmal vier festliche Tage in seiner capresischen Villa.

26–37

Kaiser Tiberius regiert von Capri aus das Römische Reich.

26–

Der spätere Kaiser Vitellius verbringt seine Kindheit und frühe Jugend bei Tiberius, der Klatsch behauptet: als dessen Lustknabe.

31–37

Tiberius' Neffe und Nachfolger Caligula frönt zusammen mit seinem Onkel seinen »grausamen und lasterhaften Neigungen« und ermordet Tiberius in Misenum (Sueton).

182

Kaiser Commodus verbannt seine Schwester Lucilla und seine Frau Crispina nach Capri.

591

Benediktinermönche haben ein Kloster des hl. Stephanus gegründet; Papst Gregor d. Gr. lässt Abt Savinus dafür Reliquien der hl. Agathe zukommen.

680 ca.

Der orientalische Bischof Costanzo stirbt bei einer Seereise auf Capri und wird als San Costanzo der Schutzpatron der Insel (Fest am 14. Mai).

nach 868

Amalfitanische Familien siedeln sich auf Capri an, nachdem Kaiser Ludwig II. die Insel dem Dogen von Amalfi geschenkt hatte.

987

Der erste Bischof, Giovanni, wird eingesetzt.

1145 ca.

Der arabische Geograph Al Idrisi registriert auf Capri »Leute aus Amalfi mit ihren Herden«.

1371
Giacomo Arcucci, Sekretär der Königin Johanna I. von Neapel, gründet die Certosa, die zur größten Feudalbesitzerin der Insel wird.

1528
Der portugiesische Edelmann Gundisalvo Bereto lässt sich unter dem Namen Fra Felice als Einsiedler in einer Grotte bei der Certosa nieder.

1535
Der osmanische Korsar Chaireddin, genannt Barbarossa, überfällt und plündert die Insel.

1553
Der Pirat Dragut (Turgut Reis) sucht Capri heim.

1604 ca.
Der neapolitanische Gelehrte Giulio Cesare Capaccio berichtet von schweren Auseinandersetzungen zwischen den Bewohnern der beiden Ortschaften.

17.–19. 5. 1632
Der französische Reisende und Spion Jean-Jacques Bouchard benötigt zehn Stunden für die Überfahrt von Neapel und erkundet als erster fremder Besucher die Insel.

1656
Die Pest tötet fast die Hälfte der Bevölkerung in Capri und etwa ein Siebtel in Anacapri.

1661
Madre Serafina di Dio aus Neapel gründet den Karmeliterinnen-Konvent Santa Teresa.

1680
Adam Ebert, reisender Jurist aus Frankfurt/Oder, legt bei der Überfahrt von Neapel nach Palermo in Capri an, da ihn aber niemand »zu den rudera der vormahligen Residenz des Lasterhafftigen Kaysers Tiberii« begleiten will, bleibt er im Schiff sitzen.

1701
Der englische Schriftsteller John Addison besucht die Ruinen der Villa Iovis und die Grotta Oscura.

Mai 1729
Der französische Philosoph Montesquieu übernachtet bei den Kartäusern und rühmt die Fruchtbarkeit und den Wein der Insel.

1750 ca.
Erste englische Residenten (Sir Nathaniel Thorold, Dr. John Hulbert).

1761
Der Keramikkünstler Leonardo Chiaiese gestaltet in der Kirche San Michele in Anacapri aus ca. 2 500 farbigen Fliesen das Bodenmosaik des »Irdischen Paradieses«.

1770
Der Maler Jakob Philipp Hackert zeichnet auf Capri.

1776

Marquis de Sade verbringt drei Tage auf den Spuren der »Ausschweifungen« des Tiberius und macht die Insel zum entsprechenden literarischen Schauplatz in seinem Roman *Juliette*.

25. 4. 1787

Der Schriftsteller und Wissenschaftler Karl Philipp Moritz macht einen Tagesausflug nach Capri und liest, »am Abhange eines Felsens gelagert«, die Lebensgeschichte des Tiberius.

14. 5. 1787

Goethe, mit dem Schiff aus Messina kommend, erleidet bei der Einfahrt in den Golf beinahe Schiffbruch an den Klippen vor Capri.

16.–17. 4. 1792

Friedrich Leopold Graf zu Stolberg und sein Sohn besuchen die Villa Iovis und die Grotta Matermania.

1793

Der Karlsruher Maler Friedrich Weinbrenner erlebt in Anacapri beim Sonnenuntergang »vielleicht den schönsten Abend meines Lebens«.

3. 2. 1799

Der Capreser Arzt Gennaro Arcucci errichtet als Kommissar der »Parthenopäischen Republik« auf der Piazza einen Freiheitsbaum und ruft die Republik aus. Die Bevölkerung bleibt jedoch passiv. Arcucci wird nach der Niederschlagung der Revolution am 18. 3. 1800 auf der Piazza Mercato in Neapel gehängt.

1804

Karl Friedrich Schinkel verbringt drei Tage auf der Insel, zeichnet und botanisiert fremde Pflanzen.

8. 8. 1805

Elisa von der Recke bricht wegen eines Sturms die Überfahrt ab.

4. 10. 1808

Die Franzosen erobern die von den Engländern besetzte Insel. Der englische Kommandant, Hudson Lowe, wird später Kerkermeister Napoleons auf St. Helena.

2. 11. 1808

Die Certosa wird aufgelöst, die Mönche müssen das Kloster räumen.

9. 3. 1809

König Gioacchino Murat besichtigt die neuen Verteidigungsanlagen.

20. 6. 1813

Bürgermeister Michele Arcucci verbietet Einrichtungen zum Umleiten von Regenwasser, auch auf eigenen Grundstücken.

1819

Der Maler William Turner zeichnet auf Capri.

17. 8. 1826

August Kopisch, Ernst Fries, Giuseppe Pagano und sein kleiner Sohn Michele schwimmen in die Blaue Grotte.

Herbst 1827

August von Platen dichtet *Die Fischer auf Capri*.

9.5.1828

Der spätere König Friedrich August II. von Sachsen besucht Capri; in seinem Gefolge der Arzt und Maler Carl Gustav Carus.

September – 3.11.1828

Wilhelm Waiblinger (»Seit Wochen bin ich im irdischen Paradiese«). Weiterer Aufenthalt 1.–3.7.1829.

Mai 1829

Carl Blechen mit Malerfreunden Leopold Schlösser und Jacob Götzenberger; Ende Mai der russische Landschaftsmaler Silvester Schtschedrin.

Herbst 1829

James Fenimore Cooper mit Frau und fünf Kindern.

25.7.1830

Samuel F. B. Morse aus New York.

28.5.1831

Felix Mendelssohn-Bartholdy entdeckt in der Blauen Grotte »das blendendste Blau, das ich je gesehen habe«.

1.9.1833

Thomas Fearnley zeichnet auf Capri.

6.–7.3.1834

Hans Christian Andersen besucht die Blaue Grotte und macht sie zum Schauplatz seines Romans *Der Improvisator* (1835). Zweiter Besuch 27.–29.5.1846.

1835

Alexandre Dumas d. Ä. besucht die Stätten der *Prise de Capri* von 1808.

1836

Einige Mönche kehren in die Certosa zurück.

27. 5. 1838

Kronprinz Johann, späterer König von Sachsen, besucht mit Gefolge die Blaue Grotte und die Villa Iovis, wo für ihn eine Tarantella getanzt wird.

1839

Ida von Hahn-Hahn reitet in Capri durch Gassen, die »so schmal sind, daß ich mich auf dem Esel in Acht nehmen mußte, nicht mit den Knien an die Häuser zu stoßen«. Schreibt das Gedicht *Der Fischer von Capri*.

24.6.1840

Fanny Mendelssohn-Hensel muss eine Fahrt mit ihrer Familie im Vierruderer von Sorrent wegen Sturm und Seekrankheit abbrechen. Sie vertont anschließend Heinrich Heines »Mein Liebchen, wir saßen beisammen …« und bezieht es auf Capri.

1840

Die Insel zählt 3 237 Einwohner.

1844

Der Journalist Henry Wreford lässt sich auf Capri nieder und unterstützt mit seinen Reportagen für die *Times* die Bewegung des Risorgimento (bis 1892).

August 1846
Fanny Lewald in Begleitung von Louis Gurlitt, verarbeitet in dem Blaue-Grotte-Märchen *Capri* ihre Trennung von Adolf Stahr.
1850 ca.
Die Certosa dient als Heim für Kriegsveteranen.
1852
Der 21-jährige Brinsley Norton 4th Baron Grantley kommt nach Capri, verliebt sich in Mariuccia Federico und flieht mit dem schwangeren Mädchen nach Florenz, um sie dort beim britischen Konsul zu heiraten.
März – Mai 1853
Paul Heyse bei »Pagano«, schreibt die Erzählungen *L'Arrabbiata* (1853) und *Hochzeit auf Capri* (1895). Freund Victor von Scheffel (11.3.–21.4.) dichtet am *Trompeter von Säckingen* mit der Figur des »Katers Hiddigeigei«, die später namengebend für das Capreser Café wird.
24.7.–22.8.1853
Ferdinand Gregorovius bei »Pagano«, schreibt hier den Essay *Capri, eine Einsiedelei*, später unter dem Titel *Die Insel Capri* in die *Wanderjahre in Italien* aufgenommen.
31.3–2.4.1857
Camille Du Locle, Direktor der Komischen Oper in Paris, bei »Pagano« (lässt sich später auf Capri nieder).
1857–1860
Politische Dissidenten werden von der bourbonischen Polizei nach Capri verbannt.
8.–24.8.1859
Der Zoologe Ernst Haeckel forscht in Capri zur marinen Fauna.
14.4.1866
Edvard Grieg denkt bei seinem Besuch der Blauen Grotte an seine Lektüre von Andersens *Improvisator*.
1868
Der 28-jährige Arzt Ignazio Cerio lässt sich nach der Teilnahme an den Unternehmungen Garibaldis auf Capri nieder.
1868
Die Certosa wird Sitz einer Strafkompagnie (bis 1898).
1871
Die Insel zählt 4213 Einwohner.
1872
Der Zoologe Theodor Eimer entdeckt die blaue »Capri-Eidechse« *(Podarcis sicula coerulea)*.
6.11.1874
Theodor und Emilie Fontane (literarisch verarbeitet in *Der Stechlin*).
28.6.1875
Geburt von Edwin Cerio, später Architekt, Bürgermeister und capresischer Universalgelehrter.

9. 10. 1876

Cosima und Richard Wagner reiten auf Eseln zur Villa Iovis. »Ich schämte mich mit, die Tarantella vortanzen zu lassen«.

ca. 1876–1899

Der amerikanische Arzt und Antikensammler John Mackowen in der Casa Rossa in Anacapri.

März 1877

Friedrich Nietzsche (»ohne viel Glück; ich einen Tag krank«).

1879

Der 26-jährige Hermann Moll eröffnet auf der Piazza San Nicola in Anacapri ein Wirtshaus.

26. 9. 1879

Der englische Maler Walter Maclaren und der deutsche Textilfabrikant Adolf Köttgen unterzeichnen einen Vertrag zum Erwerb eines Grundstücks »mit dem Ziel der Errichtung eines Friedhofs für die auf der Insel Capri verstorbenen oder versterbenden Nicht-Katholiken«.

Mai 1880

Engelbert Humperdinck und zwei Freunde singen bei einer Bootsfahrt um die Insel das Rheintöchter-Terzett aus der *Götterdämmerung*.

1880 u.ö.

Claude Debussy *(Les Collines d'Anacapri)*.

1882

Der Arzt und Naturwissenschaftler Vincenzo Cuomo aus Neapel lässt sich in Anacapri nieder und führt eine international angesehene Praxis (bis 1935).

Frühjahr 1883

Gerhart Hauptmann mit Bruder Carl mehrere Wochen bei »Pagano«, dichtet 1923 das Versepos *Die Blaue Blume*.

1. 9. 1884

Nach einer Demonstration der Bevölkerung auf der Piazza wird der Schiffsverkehr mit dem Festland vom 2. 9. bis 25. 11. 1884 eingestellt, um die Übertragung der Cholera aus Neapel zu verhindern. Capri in Quarantäne.

1888

Der 20-jährige Norman Douglas entdeckt Capri.

1888

Giuseppe und Lucia Morgano eröffnen das Café »Zum Kater Hiddigeigei«.

1892

Der Maler Christian Wilhelm Allers baut sich eine Villa an der Via Tragara.

19. 4. 1893

Johannes Brahms unternimmt einen Tagesausflug von Neapel.

1. 6. 1895

Axel Munthe kauft in Anacapri ein Bauernhaus, eine Kapelle und die umliegenden Grundstücke und beginnt mit dem Bau der Villa San Michele.

Oktober 1895 – Mai 1996
Der niederdeutsche Dichter Klaus Groth in der Villa Allers, friert und leidet an der »Ölkrankheit«.

Januar 1896
André Gide (»habe Capri unerträglich gefunden oder doch beinahe«).

Oktober 1897
Oscar Wilde und Lord Alfred Douglas lösen beim Betreten des Speisesaals des »Quisisana« einen Skandal aus.

13. 6. 1899
Henry James besucht Axel Munthe und erlebt das Antonius-Fest in Anacapri (*Italian Hours*, 1909).

1899–1902
Der Essener Industrielle Friedrich Alfred Krupp verbringt jährlich jeweils drei bis vier Monate im Frühjahr im Hotel »Quisisana«.

Oktober 1900
Der Frankfurter Industrielle Hugo Andreae und seine Frau Emma de Simoni stiften für die Fischer an der Marina Piccola die Andreas-Kapelle.

7. 9. 1902
Sigmund Freud (Besuch der Blauen Grotte, Mittagessen bei »Pagano«).

26. 11. 1902
Die Bevölkerung versammelt sich zu einer Trauerfeier für Friedrich Alfred Krupp in den Giardini di Krupp.

3. 12. 1902 – 7. 8. 1903
Der Schriftsteller Hanns Heinz Ewers auf Capri, »entdeckt« die Grotta Meravigliosa.

1904
Der französische Décadent Jacques d'Adelswärd-Fersen lässt sich auf Capri nieder und baut die Villa Lysis.

25. 3. 1904
Kaiser Wilhelm II. besucht seine Cousine, Prinzessin Victoria von Schweden, und Axel Munthe in Anacapri.

21. 1. – 12. 5. 1905
Joseph Conrad, leidet an Zahnschmerzen und empfindet Capri als »a blue nightmare«.

1906
Der Maler Karl Wilhelm Diefenbach eröffnet sein Atelier in der Via Roma.

4. 11. 1906 – Dezember 1913
Maxim Gorki, aus Russland emigriert, schreibt die *Erzählungen aus Italien* und arbeitet mit Bogdanow und Lunatscharski an der Revolution (»Arbeiterschule«).

4. 12. 1906 – 20. 5. 1907
Rainer Maria Rilke im »Rosenhäusl« der Villa Discopoli, schreibt an der Marina Piccola das *Lied vom Meer*.

23. – 29. 4. 1908
Wladimir Iljitsch Lenin als Gast von Gorkis »Arbeiterschule« (zweiter Aufenthalt 1.–13. 7. 1910).

1913–1920
Compton und Faith Mackenzie (*Vestal Fire*, 1927).

20.–28. 5. 1914
Oskar Loerke (»Hier ist das Himmelreich«).

4. – 18. 2. 1915
Victor Klemperer, Lektor an der Universität Neapel, arbeitet im verwaisten Hotel »Pagano« an seiner Habilitationsschrift.

8. 9. 1917
Fortunato Depero eröffnet in der Sala Morgano seine Kunst-Ausstellung »Capri futurista«.

Juli – September 1919
Ottorino Respighi in der Villa Il Rosaio in Anacapri, komponiert *La ballata delle gnomidi*.

Dezember 1919 – März 1920
D. H. Lawrence und Frieda von Richthofen.

1921
Die Insel zählt 7 496 Einwohner.

9. – 11. 7. 1922
Bürgermeister Edwin Cerio veranstaltet den ersten Landschaftsschutzkongress; Gäste sind u.a. Filippo Tommaso Marinetti und Gilbert Clavel.

12. – 19. 11. 1922
Filippo Tommaso Marinetti und Frau im »Pagano«.

Anfang 1924
Die Schauspielerin Marguerite Hoffmann kommt mit ihrem Freund, dem Buchkünstler Melchior Lechter, zu dem Bildhauer Paul Peterich; baut sich 1927 die Casa Eliana auf dem Monte Tiberio (bis 1966).

April bis Oktober 1924
Walter Benjamin, zeitweise in Gesellschaft von Ernst Bloch und Alfred Sohn-Rethel, lernt die lettische Revolutionärin Asja Lacis kennen, schreibt mit ihr zusammen den Essay *Neapel*.

18.4.1924 (Karfreitag)
Bertolt Brecht, von April bis Juni mit Frau Marianne und Tochter Hanne in der »Strandpension«, beobachtet die Karfreitagsprozession (Gedicht *Die Prozession in Capri*).

September 1924
Erster Auftritt Mussolinis auf Capri.

Anfang – Ende September 1925
Theodor W. Adorno (Essay *Der Fischer Spadaro*) und Siegfried Kracauer.

1925–1932
Der Arbeiterdichter Heinrich Lersch zur Kur seines Lungenleidens in Anacapri (Essayband *Capri*, 1926).

4. 1. 1926
Eugen Behle aus Ludwigsburg kommt nach Capri und gründet die Buchhandlung »Arcadia« auf der Piazza (bis 1936).

April 1926
Alberto Savinio (»Hier ist man gleichzeitig in Rom, Paris, New York und in Kalkutta«). Reiseessay *Capri*, 1988.

17. 8. 1926
Theodor Däubler feiert seinen 50. Geburtstag in der Blauen Grotte (weitere Aufenthalte 1925/26 und 1932/33).

1926
Die Wiener Ärztin Elisabeth Moor eröffnet eine Praxis in Anacapri (Graham Greene, *An Impossible Woman*, 1975).

1927
Die Kommune von Anacapri wird auf Befehl Mussolinis Capri eingegliedert.

16. 5. 1928
Der dänische Sozialist Poul Geleff, Gründer der Sozialdemokratischen Partei Dänemarks, stirbt bei einem Erholungsaufenthalt und wird auf dem Fremdenfriedhof beigesetzt.

1933
Die britische Sängerin Gracie Fields (*Isle of Capri*, 1934) erwirbt das ehemalige »Fortino« in Marina Piccola und errichtet in den 1940er Jahren dort den ersten Luxus-Badeplatz »Canzone del mare«.

1936
Simone de Beauvoir und Jean-Paul Sartre klettern »auf der alten Treppe von der Marina nach Anacapri hinauf«.

Anfang 1937
Stefan Zweig sucht bei Axel Munthe Rat über Methoden zum Suizid.

18.–23. 1. 1937
Hermann und Emmy Göring im »Quisisana«.

30. 9. 1937
Marie-Luise Kaschnitz (»überall standen dicke Berlinerinnen in Shorts herum«).

Anfang Januar–Mitte Februar 1938
Franz Werfel und Alma Mahler-Werfel.

August 1938
Die »ausländischen Juden« müssen in Personalbögen ihre Herkunft, Religion, Aufenthaltsdauer etc. deklarieren und werden aufgefordert, Italien innerhalb von sechs Monaten zu verlassen.

August 1938–April 1939
Elsa Morante in Anacapri (»jeden Morgen steige ich Kilometer zum Meer hinunter und liege dort in der Sonne«).

25. 8.–14. 9. 1938
Bimillenario augusteo, Zweitausendjahrfeier der Geburt des Kaisers Augustus.

Winter 1940/41
Der Umweltbiologe Jakob von Uexküll und seine Frau Gudrun ziehen sich aus dem bombardierten Hamburg nach Capri zurück.

2. 2. 1943
Ein Militärfahrzeug stürzt auf der Straße von Anacapri nach Capri in die Tiefe, 21 italienische Soldaten verlieren ihr Leben.

9.9.1943

Die deutschen Soldaten verlassen die Insel.

12.9.1943

Die Alliierten landen auf Capri, die Insel wird US-Restcamp.

Dezember 1943

General Dwight D. Eisenhower, Oberbefehlshaber der alliierten Truppen, für drei Tage auf Capri.

9.5.–12.6.1945

Die deutschen »Sippenhäftlinge« und KZ-Geiseln der SS werden nach ihrer Befreiung durch die Alliierten im Hotel »Eden Paradiso« in Anacapri interniert.

1947

Edwin Cerio gründet das »Centro Caprense ›Ignazio Cerio‹«.

Januar – August 1952

Pablo Neruda, aus Chile geflohen und in Italien von Ausweisung bedroht, wird von Edwin Cerio aufgenommen.

7.2.1952

Norman Douglas stirbt, 84-jährig, in der Villa Tuoro und wird auf dem Fremdenfriedhof beigesetzt.

3.10.1952

Der römische Unternehmer Francesco Uliscia erhält die Erlaubnis zum Bau eines Sessellifts von Anacapri auf den Monte Solaro.

Ende 1954–Mai 1986

Monika Mann in der Villa Monacone bei Antonio Spadaro, schreibt u.a. *Vergangenes und Gegenwärtiges*.

14.4.1954

Der finnische Assyrologe Harri Holma lässt bei seinem Grab auf dem Fremdenfriedhof ein Gästebuch auslegen und bittet seine Landsleute, dort ihren Namen zu hinterlassen.

1.7.1955

Der Astrophysiker Karl-Otto Kiepenheuer nimmt in Anacapri ein Sonnenobservatorium als Außenstelle des »Fraunhofer-Instituts« Freiburg in Betrieb (bis 1988).

19.7.1957

Mit testamentarischer Verfügung von Curzio Malaparte geht seine Villa an die Volksrepublik China über.

Juli 1959

Pier Paolo Pasolini.

5.–23.8.1959

Goffredo Parise (»Estate / Sommer« in *Alphabet der Gefühle*, 1972).

1961

Die Insel zählt 10 845 Einwohner.

1.–20.2.1962

John Steinbeck und Frau (»It has been so cold that we have simply gone to bed after dark«).

1962/63

Jean-Luc Godard dreht mit Brigitte Bardot und Michel Piccoli *Die Verachtung*.

1971

Joseph Beuys bei dem Galeristen Lucio Amelio in der Villa Orlandi in Anacapri (»La rivoluzione siamo noi«).

1981

Die Insel zählt 12 112 Einwohner.

1983

Die Kunstmäzenin Graziella Lonardi Buontempo und der Schriftsteller Alberto Moravia stiften den Premio Malaparte. Anthony Burgess wird erster Preisträger.

25. 4. 1989

Riccardo Esposito und Ausilia Veneruso gründen den Verlag »La Conchiglia«.

1992

Gründung des »Centro Documentale« zur Erforschung der Insel und ihrer Traditionen.

28. 8. 1993

Waldbrand auf dem Monte Solaro; mehrere Fahrgäste des Sessellifts werden schwer verletzt.

25. 7. 1997

Der koreanische Student Son Jeong Min ertrinkt beim Schwimmen in der Blauen Grotte.

30. 9. – 8. 10. 2000

Ökumenische Festwoche zum 100-jährigen Bestehen der Deutschen Evangelischen Kirche.

29. 6. 2008

Der italienische Staatspräsident Giorgio Napolitano eröffnet die jahrelang gesperrte Via Krupp.

2010

Der schwedische Nationalökonom Gunnar Adler-Karlsson gründet an der Migliara den »Philosophischen Park«.

2016

Die Insel zählt 14 204 Einwohner.

14. 4. 2017 (Karfreitag)

11 483 Besucher kommen auf die Insel.

1. 10. 2017

Die südkoreanische Schriftstellerin Han Kang erhält in der Certosa für ihren Roman *Atti umani* den Premio Malaparte.

2018

Der Cimitero Acattolico wird renoviert.

2023

Die Kommunen Capri und Anacapri beantragen die Einrichtung eines Meeresschutzgebietes (»area marina protetta«) rund um die Insel.

Anmerkungen

Faraglioni. Die Insel und das feste Land

1 J.W. Goethe, Italienische Reise, 25. März 1787 (= Frankfurter Ausgabe I/15/1, S. 238).
2 P. Neruda, Las uvas, 1976, 159 (»Capri, reina di rocca …«). Die ersten Verse des Gedichts sind auf einer Gedenktafel für den Dichter am Weg zu den Faraglioni zu lesen.
3 Die blaue Capri-Eidechse, *Podarcis sicula coerulea*, wurde 1872 von dem deutschen Zoologen Theodor Eimer entdeckt. Zu den einzelnen Unterarten auf den Faraglioni vgl. V. Caputo: Le lucertole azzurre di Capri, in: AC 7 (1994), 40–51.
4 R. La Capria, L'occhio, 1994, 7–10.
5 Jean Paul, Werke, VI, 1975, 614.
6 A. Munthe, Buch, 1931, 14f.; T. Steinfeld, Arzt, 2007,174f. Zum Thema Capri und die Sphinx vgl. D. Richter, Jean Paul, 38f.
7 F. Gregorovius, Capri, 1880, 1.
8 C. Mackenzie, Vestal Fire, 1985, 359 (= III,4).
9 P. Sarnelli, Märchen, 1988, 93 f.
10 Das bemerkt mit Erstaunen in Anacapri bereits Luigi Giraldi im Jahr 1775 (L. Giraldi, Descrizione, 1998, 50) und wird von Einwohnern noch heute nicht ohne Stolz bestätigt.
11 W. Benjamin: Brief an Gershom Scholem, Capri, 13. Juni 1924, in: Briefe, 1996, 467.
12 W. Somerset Maugham, The Lotus Eater, in: Short Stories, III, 1951, 1279–1293. Inspiriert ist die Erzählung durch die Figur von John Ellingham Brooks (1863–1929), der zusammen mit Somerset Maugham 1895 nach Capri kam und auf dem dortigen Fremdenfriedhof beigesetzt ist.
13 A. Negri, Canti, 1954, 13 (»Stanchezza«).
14 B. Brecht, Briefe, 1998, 212 f. Brecht lebte mit Frau Marianne und Tochter Hanne von April bis Juni 1924 in der »Strandpension« (vgl. Kap. »Villa Lysis«) und in Positano, ließ sich von der Karfreitagsprozession zu seinem Gedicht *Die Prozession in Capri* inspirieren (Werke, Bd. XIII, 281).
15 L. Lembo, Capri 1656, 2004, 36ff. Der polnische Schriftsteller Gustaw Herling hat die Ereignisse in seiner Erzählung *Die Insel* (1959) literarisch verarbeitet (G. Herling, Insel, 1994, 15–18).
16 L. Giraldi, Descrizione, 1998, 52.

17 H. Zschalig, Märcheninsel, 1925; dazu D. Richter: Die Märcheninsel, in: GdC 44 (2008), 27–30. Zschalig (Aitzendorf 1848 – Dresden 1929) hielt sich seit 1901 mehrfach zu volkskundlichen Forschungszwecken auf Capri auf.
18 R. Mangoni, Ricerche, 1834, 41.
19 N. Hadrawa, Briefe, 1794, 133f.
20 So R. Mangoni, Ricerche, 1834, 43.
21 A. Lembo, Capri, 1990, 24, 31f.
22 Montesquieu, Voyages, 2003, 257; ähnlich F. Gregorovius, Capri, 1880, 70.
23 R. Schoener, Capri, 1892, 48f. schreibt, dass das Tragen von Lasten eine ausschließlich weibliche Arbeit sei.
24 Capri CCIC, cartella »August Weber«.
25 Zu Weber vgl. Kap. »Villa Lysis«.
26 F. Löher, Sizilien, 1864, 491; R. Schoener, Capri, 1892, 3. Löher war Direktor des Bayerischen Staatsarchivs, seine 21-jährige Tochter Marie liegt auf dem Fremdenfriedhof in Capri begraben.
27 Statistica 1840, 114 (nächst »Agricoltori« und »Marinai e pescatori«).
28 W. Wyl, Spaziergänge, 1897, 141.
29 F. Spielhagen, Von Neapel, 1878, 122.
30 E. Reynolds-Ball, Resorts, 1914, 260 (»Guides«).
31 Vgl. Kap. »Marina Grande«.
32 V. M. Coronelli, Isolario, 1696, 114; R. Mangoni, Ricerche, 1834, 20.
33 L. Giraldi, Descrizione, 1775, 43f.
34 J. D. F. Neigebaur, Handbuch, 1826, 26.
35 P. Heyse, Hochzeit, 1896, 316.
36 Zu Douglas vgl. Kap. »Cimitero acattolico«.
37 J. Proelss, Deutsch Capri, 1901, 187.

Phönizische Treppe. Capri – Anacapri. Die geteilte Insel

1 Brief an Clara Rilke, Capri, 6. Dezember 1906, in: R. M. Rilke, Briefe, 1933, 114. Rilke lebte vom 4. Dezember 1906 bis zum 20. Mai 1907 als Gast von Alice und Hugo Andreas Faehndrich im »Rosenhäusl« der Villa Discopoli (via Tragara). Zweiter Aufenthalt Anfang März bis Ende April 1908.
2 R. Esposito: Due anime, un'isola, in: CR 2015, 55–59.
3 Unter Mussolini wurden die Kommunen 1927 verwaltungsmäßig zusammengelegt, seit dem Ende des Faschismus sind sie wieder eigenständig.
4 K. A. Mayer, Neapel, 1842, II, 396.
5 R. Mangoni, Ricerche, 1834, 57.
6 Zur frühen Siedlungsgeschichte E. Di Tucci, L'isola, 2015, 19–32.
7 Claude Debussy kam im Frühjahr 1880 erstmals auf die Insel und besuchte sie in den folgenden Jahren noch mehrfach.
8 R. Mangoni, Ricerche, 1834, 51.

9 R. Mangoni, Ricerche, 1834, 57. Auch K.J. Stegmann, Fragmente, 1798, 171 berichtet, die Capresen gälten in Anacapri als »sittenlos und betrügerisch«.

10 Ausgewertet habe ich Anacapri AM im Zeitraum 1821–1838.

11 F. Gregorovius, Capri, 1880, 60–71.

12 R. M. Rilke, Briefe, 1933, 210, 199 u.ö.

13 Anacapri, Hotel Bellavista, Gästebuch, 29. Juli 1933. Das »Bellavista« wird bereits 1887 vom Baedeker empfohlen.

14 Henry Thompson Green (London 1809 – Anacapri 1887) lebte seit den 1850er Jahren in Anacapri und war in zweiter Ehe mit der Anacapresin Rosa D'Angiola verheiratet. Er praktizierte als Arzt in Via Capodimonte 8 (Anacapri UA) und ist auf dem Friedhof in Anacapri beigesetzt. Nachkommen der Familie leben heute in Neapel.

15 Zu Mackowen vgl. Kap. »Cimitero acattolico«.

16 Es handelt sich dabei um zehn Deutsche, sechs Engländer, drei Amerikaner und jeweils einen Ungarn, Franzosen und Russen.

17 Antal Haan (Békéscsaba 1827 – Anacapri 1888 [Anacapri AM 1888/14]). Eine moderne Tafel auf dem Friedhof in Anacapri erinnert an ihn.

18 Ernst Hanfstaengl (Dresden 1840 – Anacapri 1897) lebte in Via Paradiso 1 (Anacapri AM 1888/14 und 1897/5).

19 Hermann Moll (Schloss Trugenhofen 1852 – Anacapri 1915), Sohn eines Taxis'-schen Revierförsters, war 1879 nach Anacapri gekommen, hatte dort die Anacapresin Margherita D'Angiola geheiratet und betrieb neben dem Café einen Weinhandel (vgl. Anacapri AM 1915/18; Diözesanarchiv Rottenburg, Pfarrei Trugenhofen M 58, Bd.4, S. 59).

20 W. Wyl, Spaziergänge, 1897, 177ff.; J. Proelss, Deutsch Capri, 1901, 180f.; A. Zacher, Assemacher, 1902, 317f.; E. Kawamura, Alberghi, 2005, 201f.

21 Paul Bitter war im Export-Geschäft mit Marsala und Malvasier tätig. Zum Café, das sich an der Stelle des heutigen Hotels »Caesar Augustus« befand, vgl. K. Groth, Capri, 1996, 42. Das Lokal offerierte »Münchener Bier, deutsche Weine« (Baedeker, Unter-Italien, 1895, 153).

22 H. Barth, Osteria, 1908, 226–229.

23 Baedeker, Unter-Italien, 1887, 162 (»billig und still, aber klein und nicht sehr behaglich«).

24 Brief an Giorgio Vigolo, Villa Cesella, Anacapri, 29. August 1938 (Rom, Biblioteca Nazionale Centrale, Raccolta G. Vigolo, Nr.0242). Zu den Liebhabern Anacapris (und Kritikern Capris) gehörten auch der Maler Otto Sohn-Rethel sowie die Schriftsteller Theodor Däubler, Werner Helwig, Alberto Moravia und Graham Greene.

25 F. Spielhagen, Von Neapel, 1878, 120–122.

26 Zu Andreas Haukland (Mosjøen 1873 – Neapel 1933) und dem Unfall vgl. Enrico Gargiulo: Andreas Haukland. Corrispondenza estiva da Anacapri, in: CC 4 (2006), 149–155, ferner Schreiben von Elisabeth Haukland vom 29. April 1936 an Edwin Cerio (Capri, CCIC, Fondo famiglia Cerio, Serie Edwin C., cart. 156).

27 Eine Gedenktafel der Kommune, 1993 angebracht, erinnert daran.

28 M. Cetti Serbelloni, Turismo, 2003, 76. Die Blaue Grotte gehört territorial zur Kommune von Anacapri.

29 R. Schoener, Capri, 1892, 141.

Villa Iovis. Die Insel des Tiberius

1 Sueton, Augustus, 92.
2 Sueton, Augustus, 98.
3 Annalen IV, 67.
4 C. Krause, Villa Jovis, 2003, 93–96.
5 *Timberio* ist die alte dialektale Anverwandlung des Kaisernamens auf Capri, vgl. N. Hadrawa, Ragguagli, 1793, 3f.
6 British Museum, Inv. Nr. 1775.0616.1. Zur Geschichte I. Jenkins/K. Sloan, Vases, 1996, 224.
7 C. Krause, Villa Jovis, 2003, 63ff.
8 Sueton, Tiberius, 62 (»Auf Capri wird noch der Ort der Richtstätte gezeigt …«).
9 A. Maiuri, Capri, 1987, 50f.
10 Ebd., 52.
11 Sueton, Tiberius, 60.
12 Heute im Museo Capodimonte in Neapel.
13 N. Hadrawa, Ragguagli, 1793, 10ff., 55ff.,127ff. Die Ausgrabungen wurden im Zeitraum 1786 bis 1793, anschließend punktuell auch in der Villa Iovis durchgeführt.
14 Carl Weichardt (Nermsdorf 1846 – Dresden 1906) war im März 1874 Gast im Hotel »Pagano«, firmierte im Dezember 1888 im Gästebuch »Hiddigeigei«, arbeitete 1894 und 1895 im *Committee of Management* des Fremdenfriedhofs mit und firmierte im April 1896 und April 1902 im Gästebuch der Villa Allers. 1885 war er an der Ausmalung des Speisesaals des »Pagano« beteiligt (J. Proelss, Deutsch Capri, 1901, 175).
15 C. Weichardt, Schloß, 1900. Die »Villa Tiberius« in Dresden existiert noch heute (Hermann-Prell-Str. 5), sie enthält auch einen dem capresischen Leuchtturm nachempfundenen Turmaufsatz.
16 A. Maiuri, Capri, 1987, 33–60.
17 C. Krause, Villa Jovis, 2003. Krause sieht das Vorbild der Villa Iovis nicht im römischen Atriumhaus, sondern im hellenistischen Königsbau.
18 H. Zschalig, Märcheninsel, 1925, Nr. 29–31. Eine Sage von einer verborgenen Reiterstatue des Tiberius in der Villa Iovis überliefert R. Mangoni, Ricerche, 1834, 90f.
19 D. Richter, Vesuv, 2007, 92f.
20 N. Hadrawa, Ragguagli, 1793, 38. Früheste Erwähnung 1775 bei L. Giraldi, Descrizione, 1998, 31.
21 F. Gregorovius, Capri, 1880, 62–66; Arthur Blaschnik: Ein Besuch auf der Insel Capri, in: Leipziger Illustrierte Zeitung, 9. Juni 1860, 414; A. H. Norway, Naples, 1924, 396.
22 K. Groth, Capri, 1996, 117f. – Groth war von Oktober 1895 bis Mai 1896 Gast in der Villa des Hamburger Malers C.W. Allers.
23 F. Gregorovius, Capri, 1880, 65. – Nach Sueton, Tiberius, 72 hielt sich der Kaiser eine Lieblingsschlange als Haustier.
24 K.A. Mayer, Neapel, 1842, II, 394, ebenso G. Klemm, Reise, 1839, 326.
25 N. Hadrawa, Ragguagli, 1793, 47.

26 E. Fischer von Röslerstamm, Fremdenbücher, 1885, 48 (»voller berühmter Namen«).
27 Kopie in Capri CD.
28 F. Gregorovius, Capri, 1880, 62.
29 J. Money, Capri, 1986, 282.
30 G. Klemm, Reise, 1839, 326f.
31 Baedeker, Unter-Italien, 1895, 152.
32 Carmela Cerrotta, Capri, 6. Januar 1875 – ebd., 31. Juli 1950, verheiratet mit Raffaele Salvia (Capri, UA).
33 Abbildung in: G. Aprea, Villa Jovis, 2012, 55.
34 W. Wyl, Spaziergänge, 1897, 203f.
35 H. Zschalig, Märcheninsel, 1925, 5f.
36 Baedeker, Unter-Italien, 1895, 152; W. Wyl, Spaziergänge, 1897, 203.
37 Zitiert nach E. Settanni, Miti, 1989, 28.
38 Um den Suizid ein wenig zu entdramatisieren, sei gesagt, dass sie sich keineswegs (wie manchmal zu lesen) in den »Salto«, sondern »lediglich« von ihrem Balkon gestürzt hat (E. Settanni, Miti, 1989, 29).
39 Sueton, Tiberius, 42; ähnlich Tacitus, Annalen 57 und 67.
40 Sueton, Tiberius, 42–44.
41 Vgl. zuletzt M. Hausmann, Leserlenkung, 2009, 36–43.
42 Sueton, Tiberius, 39.
43 Vgl. Artikel »Tiberus«, in: E. Frenzel, Stoffe, 1998, 783f.
44 IMP. TIBERIO CAESARI AVG. / QUI SENECTVTEM SICURAM HIC AGEBAT / SENATVS POPVLVSQUE CAPREENSIS / INFAMES POSTERORVM FABVLAS DETESTATI / OPTIMO PRINCIPI VIRO GRAVISSIMO H[OC] M[ONVMENTVM] B[ONAE] M[EMORIAE] P[OSVERVNT] / A.D. MCMXII T.S. JEROME.
45 Zu Thomas Spencer Jerome (Saginaw/Michigan 1854 – Capri 1914) vgl. E. K. Gazda, Pursuit, 1983 u. C. Knight, Avvocato, 2004, 133ff.
46 W. Somerset Maugham, Short Stories, 1951, 1276–1279. Jerome erscheint unter dem Namen »Scudamore« auch in Compton Mackenzies capresischem Schlüsselroman *Vestal Fire* (1927).
47 T. S. Jerome, Roman memoirs, 1914; ders., Aspects, 1923.
48 D. Richter, Giardino, 2015, 128. Das Zitat nach Tacitus, Annalen IV, 38.
49 T. S. Jerome, Aspects, 1923, 350–380.
50 A. Stahr, Tiberius, 1873, IX. Zu den Motiven seines Rückzugs nach Capri ebd., 188–194. Stahr hatte im August 1845 Capri und die Villa Iovis besucht, zu dieser Zeit noch Tiberius' »gräuelvollen Daseins im Schoße aller Lüste« gedenkend (A. Stahr, Jahr, 1853, 4).
51 J. Mackowen, Capri, 1907, 38–66; N. Douglas, Siren Land [1911], 1983, 43–56. Zu Mackowen und Douglas vgl. Kap. »Cimitero acattolico«.
52 C. Knight, Avvocato, 2004, 157.
53 Ebd., 245–249.
54 Ebd., 137.

Quisisana. Die therapeutische Insel

1 George Sidney Clark (Liverpool 1817 – Capri 1868), Grabstein auf dem Friedhof in Anacapri.

2 Anna Lembo (Capri 1832 – ebd. 1902). Der Maler Rudolf Lehmann ist 1853 der damaligen Verlobten Sidney Clarks begegnet, hat sie gemalt (»Graziella«) und berichtet, dass das Mädchen gerade in einem Kloster Lesen und Schreiben lerne sowie dass Clark ihretwegen konvertiert sei (R. Lehmann, Erinnerungen, 1896, 106f.).

3 C. Justi, Briefe, 1922, 95 (Capri, 15. September 1867).

4 Zu Wreford vgl. Kap. »Cimitero acattolico«.

5 Neben Clark und Wreford gehörte dazu auch Brinsley Norton, späterer Lord Grantley (1831–1877), der 1854 beim britischen Konsul in Florenz die (von ihm entführte) Capresin Maria Federico geheiratet hatte (C. Knight, Memorie, 2006, 78).

6 W. Wyl, Spaziergänge, 1897, 150–153, 180–185; R. Lehmann, Erinnerungen, 1896, 105. Literarisch wird die Polemik gegen die britischen Freier aufgenommen in Paul Heyses Novelle *Hochzeit auf Capri* (1895) und in Woldemar Kadens *Ein Novellenstoff von der Insel Capri* (1882).

7 Zur Geschichte des Hotels vgl. E. Kawamura, Alberghi, 2005, 105–119.

8 Hotelwerbung, in: H. Spode, Touristenklasse, 2005, 82.

9 Die Erzählung erschien von 1879 bis 1910 in mehreren Auflagen. Der Autor war 1873 zusammen mit seiner Frau zehn Tage Gast im »Quisisana« gewesen (F. Spielhagen, Von Neapel, 1878, 101–114).

10 E. Kawamura, Alberghi, 2005, 119.

11 Vgl. Kap. »Cimitero acattolico«.

12 Tacitus, Annalen IV, 67.

13 V. M. Coronelli, Isolario, 1696, 114.

14 Statistica, 1840, 117.

15 L. Giraldi, Descrizione, 1998, 50; L. Graf zu Stolberg, Reise, 1971, 51; K. Baedeker, Italien, 1911, 177; H. E. Trower, Book, 1924, 12.

16 E. Förster, Handbuch, 1848, 332. Ganz ähnlich bereits M. Starke, Information, 1828, 357 (»scarse any maladies visit this spot«).

17 E. Förster, Handbuch, 1848, 56 und 302. Über die »giftigen exhalationes« in Neapel J. Chr. Nemeitz, Nachlese, 1726, 269: »Geschieht auch selten, daß ein Frembder ohne eine Krankheit auszustehen wieder [aus Neapel] heraus kommt.«

18 Zu Nathaniel Thorold (Harmston – Capri 1764) vgl. C. Knight: Sir Nathaniel Thorold, primo residente straniero di Capri, in: AC 7 (1994), 7–38.

19 Ch. P. Duclos, Voyage, 1791, 167. – Zur Zeit der Reise Duclos' (1767) war Thorold bereits nicht mehr am Leben, die Informationen stammen vermutlich von Sir William Hamilton, mit dem Duclos im Golf von Neapel unterwegs war.

20 L. Giraldi, Descrizione, 1998, 40; K. J. Stegmann, Fragmente, 1798, 137f.

21 Ch. P. Duclos, Voyage, 1791, 167.

22 Vgl. Kap. »Villa Lysis«.

23 L. Giraldi, Descrizione, 1998, 41.

24 A. Stahr, Jahr, 1863, 210–212. Vgl. auch D. Richter, Neapel, 2005, 218.

25 Kew (London), PRO: PROB 11/9440/174–1, pp.87–89 (englische Übersetzung aus dem Italienischen). Für die Transkription danke ich Astrid Schneider-Kaschke. Das Testament wurde am 10. September 1767 von dem Capreser Notar Francesco Simeoli aufgenommen.

26 Offenbar hatte sich Anna geweigert, den Kredit zurückzuzahlen. Das Testament spricht von einem Prozess, der deshalb beim »Supremo Real Corte« in Neapel anhängig sei.

27 » ... also leaves to his servant Elizabeth Prisco for her good services the bed on which she slept with two pair of sheets an ten ducats in money«.

28 Don Mattia di Pace und Don Nicola Catuogno.

29 L. Lembo, Capri, 1990, 28.

30 F. Spielhagen, Quisisana, 1880, 20.

31 E. Reynolds-Ball, Resorts, 1914, 251–261.

32 Für Informationen zu Vincenzo Cuomo danke ich seiner Enkelin Dr. Bianca Cuomo und ihrem Archiv in Anacapri.

33 V. Cuomo, L'isola, 1894, 71–76.

34 Ebd., 71. Im Zeitraum 1878–1892 starben danach »nur« 12 Prozent der lebend geborenen Kinder im ersten Lebensjahr, »nur« 21 Prozent bis zum fünften Lebensjahr. Der generelle Mortalitätsindex betrug 17,5 auf 1 000 (ebd., 77). Nach der UNICEF-Statistik lag um 1880 die Kindersterblichkeit in Italien tatsächlich wesentlich höher (350:1 000).

35 Zum Folgenden D. Richter, Krupp, 2010, 157ff.

36 V. Cuomo: Astri fuggenti, anime benefattori (Ms. Anacapri, Archiv Bianca Cuomo).

37 Essen, FAH 3G7 und 3M196.

38 Die Straße war am 20. September 1918 in »Via d'Augusto« umbenannt worden, seit 1961 heißt sie wieder »Via Krupp« (zu den Hintergründen C. Knight, Krupp, 2002, 61f.).

39 Projektentwurf vom 30. Juni 1900. Essen, FAH 3D2.

40 Vgl. Kap. »Cimitero acattolico«.

41 J. Money, Capri, 1986, 276.

42 Zu den Einzelheiten seiner sozialen Investitionen und den generösen Geldspenden an mehr oder weniger Bedürftige vgl. D. Richter, Krupp, 2010, 161–165.

43 Brief Essen, 5. August 1902 (Ms. Ambra, Archiv Claretta Cerio). Zu Cerio vgl. Kap. »Cimitero acattolico«.

44 Dazu im Einzelnen D. Richter, Krupp, 2010, 166–168.

45 Artikel »Onore e gloria a Krupp«, in: Propaganda, 18. September 1902.

46 Discorso del dottore Vincenzo Cuomo a nome degli amici di Krupp, 26. November 1902. (Ms. Anacapri, Archiv Bianca Cuomo.)

47 Vgl. U. Enke: »Salvatore dell'infanzia«. Emil von Behring und Capri, in: GdC 51 (2011), 14–22.

48 »Prof. Behring, mit dem ich häufger hier zusammenkomme ...«, schreibt Krupp an Anton Dohrn in Neapel am 28. März 1899 (Ms. Neapel ASZN).

49 Ch. Groeben, Alfred Krupp, 2007, 193–200.

50 Marburg, Ms. Behring-Archiv.
51 Zitiert nach U. Enke, Behring, 2011, 19.
52 Freundlicher Hinweis von Ulrike Enke, Behring-Archiv Marburg.
53 B. Jangfeldt, Munthe, 2008, 15.
54 Zitiert nach ebd., 100 (Brief ohne nähere Angaben). Eintragung im Gästebuch des »Hiddigeigei« im Juni 1888 »Dr. A. Munthe Paris« (Capri AHQ).
55 Villa Sain in Le Boffe, ab 1889 in Villa Damecuta (ebd., 106, 151).
56 Baedeker, Italien, 1908, 384 (»sprechen deutsch«).
57 B. Jangfeldt, Munthe, 2008, 22 u.ö.
58 Ebd., 300–302. Nach Mussolinis Sturz wurde allerdings auch dieses Dekret außer Kraft gesetzt.
59 Zitiert nach ebd., 165 (Brief an Sibbern, 19. Oktober 1996). – Zu Munthes ärztlichem Stil vgl. ebd., 165–167 sowie L. Machtan, Max, 2013, 135–141.
60 Zu ihrem Haus, der »Casa Caprile«, vgl. S. Sonnentag, Spaziergänge, 2003, 107. Die Villa ist heute Hotel.
61 »Der Kaiser in Capri«, in: Vossische Zeitung, Berlin, 30. März 1904; »Zur Mittelmeerfahrt des deutschen Kaisers«, in: Die Post, Essen, 30. März 1904. Der Besuch des Kaisers auf der Insel dauerte nur zwei Stunden und galt ausschließlich Anacapri.
62 L. Machtan, Max, 2013, 119f., 159ff., 177.

Grotta Azzurra. Die romantische Insel

1 Zu August Kopisch vgl. U. Kittelmann/B. Verwiebe (Hrsg.), Kopisch, 2016.
2 A. Kopisch, Entdeckung, 1997, 9.
3 Goethes Capri-Erfahrung ist rein mariner Art: Bei der Rückfahrt von Sizilien drohte sein Schiff bei der Einfahrt in den Golf infolge einer Flaute an den Klippen der Insel zu zerschellen (Italienische Reise, 14. Mai 1787). Sein Begleiter Christoph Heinrich Kniep hat die Insel vom Schiff aus gezeichnet, im Vordergrund der Tiberio (in: G. Striehl, Kniep, 1998, Abb.158).
4 J. G. Keyßler, Fortsetzung, 1742, 350; J. Addison, Anmerkungen, 1752, 203.
5 F. H. v. d. Hagen, Briefe, 1819, 213.
6 M. Starke, Information, 1828, 358.
7 Zu Giuseppe Pagano (Capri 1772 – 1831) und seinem Hotel vgl. E. Kawamura, Alberghi, 2005, 31–34.
8 A. Kopisch, Entdeckung, 1997, 28.
9 Kopisch hat 1838 die Szene in einem Gemälde festgehalten (vgl. U. Kittelmann/B. Verwiebe (Hrsg.), Kopisch, 2016, 16), die Grotte auch selber gemalt (ebd., 125).
10 Das Original ist verschollen. Kopie nach Kopie Bremen, SDR, 7–9. Das Buch stammt aus dem Besitz des Architekten Wilhelm Zahn, der 1824/26 in Pompeji tätig war und es bei Pagano zurückgelassen hat.
11 V. M. Coronelli, Isolario, 1696, 113.
12 A. Kopisch, Entdeckung, 1997, 20.

13 A.de Franciscis, Statue, 1964; H. Kesel, Capri, 1983, 87f. Die Statuen befinden sich heute im Museum der Casa Rossa in Anacapri.

14 A. Kopisch, Entdeckung, 1997, 21 u.ö.

15 Ebd., 49f.

16 Novalis, Werke I, 1978, 241.

17 Ausführlicher D. Richter, in: A. Kopisch, Entdeckung, 1997, 83–96.

18 Gästebuch Pagano, 34 (Bremen, SDR).

19 F. Gregorovius, Capri, 1880, 57.

20 Vgl. U. Kittelmann / B. Verwiebe (Hrsg.), Kopisch, 2016, 235f.

21 »Augusto Conte di Platen, per tre settimane, partito lì 19 Ottobre 1827« (Gästebuch Hotel Pagano, 23).

22 »Guglielmo Waiblinger tornò l'ottobre, visse giorni felicissimi in quest'onestissima casa e partì lì 3 novembre« [1828] (Gästebuch Hotel Pagano, 43). Vorhergehender Eintrag Waiblingers im September 1828, nachfolgender am 9. Juli 1829.

23 W. Waiblinger, Werke, IV, 1988, 485–514.

24 »Giuseppe Führich, Pittore austriaco, dal 25 al 27 Giugno 1829« (Gästebuch Hotel Pagano, 54).

25 W. Waiblinger, Werke, IV, 1988, 673–730. Zitat 689.

26 D. Richter, Spuren, 2007.

27 H.C. Andersen, Improvisator, 302–312 (Kap. 21) und 415–423 (Kap. 28). Zur Literatur der Blauen Grotte vgl. D. Richter, in: A. Kopisch, Entdeckung, 1997, 83–101.

28 Gästebuch Hotel Pagano, 51.

29 Ich nenne nur die Maler Carl Goetzloff, Wilhelm Hensel (1828), Wilhelm Ahlborn, Friedrich Thöming (1829), Friedrich Preller (1830), August Hopfgarten (1831), den Architekten Leo von Klenze (1830) und den Komponisten Felix Mendelssohn-Bartholdy (1831).

30 Zu Gemälden der Blauen Grotte vgl. U. Kittelmann / B. Verwiebe (Hrsg.), Kopisch, 2016, 123–137.

31 A. Kopisch, Entdeckung, 1997, 35.

32 G. Klemm, Reise, 1839, 324.

33 Nach dem Tod von Giuseppe Pagano (1772–1831) übernahm dessen Sohn Michele (1814–1877) das Hotel, der in seinem Testament bestimmte, dass »mittellosen Gästen für eine bestimmte Zeit freie Unterkunft und Verpflegung zu gewähren sei« (E. Kawamura, Alberghi, 2005, 39). In dritter Generation übernahm es dessen Sohn Manfredi Pagano. Das Hotel wurde 1962/64 abgerissen, an seiner Stelle steht heute das »La Palma«.

34 »Ferdinand Gregorovius di Königsberg in Prussia entrato lì 24 Luglio sortito [!] lì 21 Agosto visse felicemente in questa casa ben onesta e gentile.« Gästebuch Hotel Pagano 1853 (Capri, CCIC).

35 F. Gregorovius, Capri, 1880, 75.

36 Ewers lebte zusammen mit seiner Frau Ilna Ewers-Wunderwald vom 3. Dezember 1902 bis zum 7. August 1903 im »Pagano« (Capri, AHQ, Gästebuch Hiddigeigei).

37 H. H. Ewers, Augen, 1923, 74f.; F. Esposito, Pudore, 1995, 103–140. Ewers wurde am Ende freigesprochen.

38 Angelo Ferraro (Capri 1767 – ebd. 1850), in Capri UA, Atti di Morte, als *mendico*, »Bettler«, registriert.
39 V. Morgigni Novella: Angelo Ferraro, in: Poliorama Pittoresco VI/1, Napoli 1841/42, 115.
40 G. Ruocco: La scoperta della Grotta Azzurra nella storia di Capri, in: Archivio Storico Caprese 1934, 39.
41 Capri CCIC, cartella »Angelo Ferraro«.
42 Guida d'Italia, 2001, 569.
43 N. Douglas, Footnote, 1952, 38.

Cimitero acattolico. Die kosmopolitische Insel

1 D. Richter, Giardino, 2015, 144f. Alfred Green (Anacapri 1858 – ebd. 1935) war der Sohn des Londoner Arztes Henry Thompson Green und der Anacapresin Rosa D'Angiola (vgl. Kap. »Phönizische Treppe«).
2 Ebd., 163f.
3 C. Cerio, Bedenken, 1981, 183. Zu August Weber vgl. Kap. »Villa Lysis«. Zu Edwin Cerio vgl. Kap. »Piazzetta«.
4 D. Richter, Giardino, 2015, 134, 139, 149f.
5 W. Helwig, Capri, 1979, 92. – Über das Schicksal dieses (ersten?) Gästebuchs ist mir nichts bekannt. Die Sitte hat sich bis heute (2017) erhalten, das Buch für den Zeitraum 1992–1999 befindet sich in Capri CCIC (vom Verfasser im Oktober 1999 übergeben).
6 Zum Folgenden (auch mit Nachweis der ungedruckten Quellen, vor allem nach Capri, CCIC) siehe D. Richter, Giardino, 2015, 47ff.
7 Vgl. Kap. »Quisisana«.
8 E. v. d. Recke, Tagebuch, 1815, 277.
9 Überblick bei D. Richter, Irrespective, 2016, 220.
10 Die Nachkommen von James Talmage White (London 1833 – Krakau 1905) leben noch in der Gegend.
11 Charles Caryl Coleman (Buffalo 1840 – Capri 1928) kam um 1870 nach Capri, kaufte die Villa Narcissus (Via Madre Serafina) und gestaltete sie im »maurischen« Stil um. Vgl. A. Basilico Pisaturo, Pittori, 1997, 239; D. Richter, Giardino, 2015, 140; T. Fiorani, Case, 2002, 315–326.
12 Zu Allers siehe Kap. »Villa Lysis«.
13 Stand 2013. Es handelt sich dabei um 113 Männer und 104 Frauen.
14 Salvatore Vuotto (Capri 1890 – ebd. 1982) war Antifaschist und mehrfach inhaftiert, arbeitete nach dem Krieg als Kellner (D. Richter, Giardino, 2015, 164).
15 Ebd., 47 u. 110f. Hayward (Bury St. Edmunds 1810 – Capri 1878) hinterließ zu diesem Zweck ein Legat von 3 000 Lire (= ca. 4 200 Mark).
16 D. Richter, Giardino, 2015, 48–50; E. Cerio, Vita, 1921, 24 u.ö. Ignazio Cerio (Giulianova 1840 – Capri 1921), der durch archäologische und historische Forschungen zur Insel bekannt wurde, war ebenfalls im *Commitee* des Friedhofs aktiv. Den

Begräbnisplatz für sich und seine Familie hat er, Einheimischer und Fremder zugleich, zwischen dem Ausländer- und dem kommunalen Friedhof gewählt, an der Rampe, die zu Letzterem führt.

17 D. Richter, Giardino, 2015, 138, 133, 114.

18 Vgl. Kap. »Marina Grande«.

19 Baedeker, Unter-Italien, 1911, 177.

20 E. Grieg, Dagbøker, 1993, 83–85; C. Wagner, Tagebücher, 1976, 1006f.; T. Fontane, Aufzeichnungen, 1997, 1004.

21 Die Überfahrt ist Motiv zahlreicher Reisebeschreibungen und Erzählungen (z.B. P. Heyse, Arrabbiata, 1853). Sie dauerte von Sorrent rund vier Stunden (S. Boisserée, Tagebücher, 1983, 373f. [Reise 1838]).

22 J. Proelss, Deutsch-Capri, 1901, 127. Die Überfahrt dauerte mit dem Dampfschiff von Neapel ca. drei Stunden (1874).

23 A. Lembo, Capri, 1990, 33. Wikipedia »Norddeutscher Lloyd«, »Najade«, »Nixe«. Die Schiffe waren während der Sommermonate im Seebäderdienst in der Nordsee eingesetzt.

24 Baedeker, Unter-Italien, 1880, 157; ebd., 1911, 174.

25 Baedeker, Unter-Italien, 1911, 174f.

26 Entspricht 11–18 Mark (Baedeker, Unter-Italien, 1911, 175). Zum Vergleich: Der Pfarrer der evangelischen Gemeinde in Neapel bezog 1914 von der Kirche ein Jahreseinkommen von 7 000 Lire (Berlin, EZA 5 / 1474).

27 Julius Huethe (Heilsberg 1833 – Capri 1908). D. Richter, Giardino, 2015, 70, 122f.

28 J. Proelss, Deutsch-Capri, 1901, 25.

29 G. Weber, My life, 1994, 75. – Dr. med. Giorgio Weber (Capri 1894 – 1990), Sohn des deutschen Immigranten August Weber, wanderte in den 1930er Jahren wegen seiner antifaschistischen Überzeugung in die USA aus und kehrte erst im Alter wieder zurück. Vgl. J. Money, Capri, 1986, Xf.

30 Vgl. Kap. »Grotta Azzurra«.

31 T. Eimer, Studien, 1873; J. Beloch, Campanien, 1890; R. Schoener, Capri, 1892; F. Furchheim, Bibliographie, 1916.

32 Capri, CCIC.

33 E. Kawamura, Alberghi, 2005, 38–45; D. Richter, Colera, 2007.

34 G. Hauptmann, Beichten, 1966, 493.

35 Joseph Victor von Scheffel lebte vom 11. März bis zum 21. April 1853 im Hotel »Pagano« (Gästebuch Capri, CCIC).

36 Zur Geschichte des Wirtshauses D. Richter, Gatto, 2002; Beschreibung H. Barth, Osteria, 1908, 221f.

37 Vier Bücher (Zeitraum 1888 –1921), bei denen bereits der Titel *Fremden-Buch* oder *Firmen-Buch* (!) die deutsche Majorität erkennen lässt. Eintragung zum Beispiel am 27. Januar 1910 (»Kaisers Geburtstag«): »Deutscher Michel, sei auf deinen Socken / Halt das Schwert stets scharf, das Pulver trocken …«, oder im April 1900: »Deutschland, Deutschland über Alles« (Capri, AHQ).

38 »Dr. A. Munthe, Paris«, am 14. Juni 1888 (Capri, AHQ).

39 Vgl. Kap. »Villa Lysis«.

40 H. Barth, Osteria, 1908, 226–229. Vgl. dazu Kap. »Phönizische Treppe«.

41 Grieben, Neapel, 1904, 134.

42 Brief an Gershom Scholem, Capri, 16. September 1924, in: Briefe, 1996, 480.

43 H. James, Hours, 1968, 482.

44 Zum Folgenden und mit Quellen-Nachweisen D. Richter, Gotteshaus, 2000 sowie www.kirche-capri.de.

45 Hugo Andreae (Frankfurt 1854 – ebd. 1904), Direktor der »Degussa«, war mit der Italienerin Emma De Simoni verheiratet und stiftete zusammen mit ihr auch die katholische Kapelle Sant'Andrea für die Fischer an der Marina Grande. Nachdem er entdeckt hatte, dass seine Frau ein Verhältnis mit dem Architekten der Kapelle, Riccardo Fainardi, begonnen hatte, nahm er sich das Leben.

46 Berlin, EZA, Kirchliches Außenamt, 5 / 508ff.; ferner K. Hüllweck, Impressionen, 1959, 146–182; K. Kob, Wochen, 1965.

47 Gudrun von Uexküll (Weilburg 1878 – Ulm 1969) war die Nichte von Alice Faehndrich, der Gastgeberin Rilkes in der Villa Discopoli.

48 Jutta Bienengraeber (Hamburg 1926 – ebd. 2015) kam 1956 als Journalistin der »Bild«-Zeitung zu einer Recherche nach Capri; sie heiratete später den Capresen Salvatore Ruocco, mit dem sie in der »Villa 3 delfini« (Via Matermania) lebte. Ihre Memoiren erschienen unter dem Titel *Es begann auf Capri* (Mannheim 2006).

49 B. Dawes, Comunità, 1988; R. Ciuni, Lettere, 2012, 81–91.

50 Vgl. Kap. »Quisisana«.

51 Henry Wreford (Bristol 1806 – Capri 1892) kam nach einem Aufenthalt in Rom 1844 nach Capri, wo er zunächst in der Villa Cesina, ab 1874 in der Villa Croce (heute Villa Sarah) zusammen mit Brigida Scoppa lebte. Vgl. D. Richter, Giardino, 2015, 115f.; R. Ciuni, Lettere, 2012, 54ff.

52 Neapel, ASN, Alta Polizia 67 / 1552.

53 Norman Douglas (Thüringen / Vorarlberg 1868 – Capri 1952) kam 1888 zum ersten Mal nach Capri, erneut 1903 und kehrte nach langen Unterbrechungen immer wieder dorthin zurück; von 1946 bis zu seinem Tod lebte er in der Villa Tuoro von Kenneth Macpherson.

54 Mackenzie kam auf Empfehlung von Norman Douglas im Frühjahr 1913 nach Capri und lebte von 1914 bis Mai 1915 mit seiner Frau Faith in der Villa Solitaria (Via Pizzolungo). Mackenzie ist angeblich das Vorbild für D. H. Lawrences Erzählung *The Man Who Loved Islands* (1928). Vgl. C. Mackenzie, Life, 1965, 178–241.

55 James Money hat akribisch die auftretenden Personen der Handlung und die Schauplätze »identifiziert« (J. Money, Capri, 1986, 289–293).

56 Vgl. Kap. »Villa Lysis«. Über Peyrefittes mythenstiftende Fersen-Erzählung vgl. W. Setz, Wilde, 2016, 128–138.

57 Capri, CCIC, cartella »Norman Douglas« (Ms. E.Cerio: »Commiato da Norman Douglas«, 1952).

58 Ein Zitat aus Horaz, Oden, II, 3, 25.

59 Somerset Maugham lebte 1914 in der Villa Cercola bei John Ellingham Brooks (C. Mackenzie, Life, 1965, 233). Seine Erzählung *The Lotus Eater* portraitiert John Ellingham Brooks (vgl. Kap. »Faraglioni«), hinter *Mayhew* steht Thomas Spencer Jerome (vgl. Kap. »Villa Iovis«).

60 Vgl. Kap. »Grotta Azzurra«.

61 Brief an H. D. Davray, Capri, 12. Mai 1905, in: J. Conrad, Letters, 1988, 221.

62 Sie fanden in der Wohnung eines Predigers statt (Artur Blaschnik: Ein Besuch auf der Insel Capri, in: Leipziger Illustrierte Zeitung, 9. Juni 1860).

63 E. Reynolds-Ball, Resorts, 1914, 259. Ein Neubau erfolgte 1911, er existierte bis 1951 (J. Money, Capri, 1986, 72, 108, 116f., 274).

64 J. F. Cooper, Excursions, 1838, 148–150.

65 Bremen, SDR.

66 John C. Mackowen (New Orleans 1842 – ebd. 1901?) lebte von ca. 1876–1899 auf Capri, zusammen mit der Anacapresin Mariuccia Cimmino, von der er zwei Kinder hatte; nach seiner Rückkehr in die Vereinigten Staaten wurde er bei einer Auseinandersetzung über die Sklaverei erschossen (J. Money, Capri, 1986, 35 u. 63). 1884 publizierte er in Neapel sein Buch *Capri*, die erste englischsprachige Monographie über die Insel. Zu seinen verrückten Ideen zählte der Versuch, die Blaue Grotte durch einen Tunnel vom Land her zugänglich zu machen.

67 Sueton, Augustus, 98. Sueton spricht von einer »bei Capri gelegenen«, aber von dort einsehbaren Insel, vermutlich dem Monacone, einem der Faraglioni.

68 Vgl. A. Basilico Pisaturo, Pittori, 1997.

69 Vgl. A. Tamborra, Esuli, 2002, 37–48; M. Talalay, Forestieri, 2005.

70 Elizaveta Sayn-Wittgenstein (St.Petersburg 1876 – Capri 1955) war in zweiter Ehe verheiratet mit Nikolai Fürst Sayn-Wittgenstein (Pawlowsk 1862 – Capri 1934), Eduard von Rahden (Grobin 1862 – Capri 1915) mit Rhea Kirschner (Libau 1866 – Capri 1960). Vgl. D. Richter, Giardino, 2015, 156, 143, 129, 157; M. Talalay, Scrittore, 2006, 150f.

71 Elena Rombro (Sankt Petersburg 1884 – Capri 1952) und ihr Mann Iwan Stepanow (Moskau 1889 – Basel 1960) kamen 1919 nach Capri, lebten dort zunächst in einfachen Verhältnissen und bauten 1930 die Villa Palazzo a mare (D. Richter, Giardino, 2015, 154f., 157; G. Stepanow, Macht, 1954, 134–365).

72 Maxim Gorki lebte zunächst in der Villa Blaesus, vom März 1909 bis Februar 1911 in der Villa Spinola (ehemals Villa Behring), anschließend in der Villa Pierina.

73 Zum Folgenden V. Strada, Rivoluzione, 1994, 65–98; M. Talalay, Scrittore, 2006, 27–42; L. Vergine, Frammenti (Hrsg.), 1993, 208–237.

74 R. Luxemburg, Briefe, 1993, 167 (Brief vom 21. August 1909).

75 Lenin besuchte Gorki vom 23. bis 29. April 1908 in der Villa Blaesus und vom 1. bis 13. Juli 1910 in der Villa Spinola.

76 R. Sesterhenn, Bogostroitel'stvo, 1982, 112ff.

77 D. Richter, Giardino, 2015, 125f., 124 und M. Talalay, Forestieri, 2005.

Villa Lysis. Insel Utopia

1 Zu Fersen (Paris 1880 – Capri 1923), Cesarini (Rom 1889 – ebd. 1943) und der Villa Lysis vgl. W. Setz (Hrsg.), Fersen, 2005, 15–142; F. Esposito, Misteri, 1996; T. Fiorani, Case, 2002, 243–263 und literarisch R. Peyrefitte, L'Exilé, 1959. Die Villa war

lange Zeit verfallen, wurde 2001 von der Kommune gekauft, 2005 komplett restauriert und dient seither gelegentlich als Ort für Ausstellungen und Veranstaltungen.

2 Maurice Barrès: Amori et dolori sacrum. La mort de Venise, Paris 1903. Barrès wiederum hatte die Inschrift auf der barocken Fassade der Kirche S. Maria della Passione in Mailand gefunden.

3 Vgl. Kap. »Cimitero acattolico«.

4 J. d'Adelswärd-Fersen, Feu, 1909, 191–199.

5 A. Sper, Capri, 1903, 9–17; R. Aldrich, Seduction, 1993, 162–172.

6 R. Ciuni, Peccati, 1998, 49; D. Richter, Meer, 2014, 177–179.

7 O. Wilde, Letters, 1962, 659 (Brief an Reginald Turner, Neapel, 15. Oktober 1897).

8 R. Ciuni, Peccati, 1998, 66.

9 W. Setz (Hrsg.), Fersen, 2005, 115f. Die Episode spielt im Jahr 1909, phantasmagoriert wird sie auch in Fersens Roman (Feu, 1909, 214–218). Zur philologischen Kritik der Hypatos-Inschrift vgl. H. Kesel, Capri, 1983, 102–106.

10 Eintragung im Gästebuch des »Hiddigeigei«, 5. Juni 1891 (Capri, AHQ). In diesem Jahr entstanden die Zeichnungen für seinen Folioband *Capri* (1992).

11 G. Fahrenhorst, Gästebuch, 2011.

12 Il Mattino, 24./25. Mai 1903, 4 und R. Ciuni, Peccati, 1998, 46–69.

13 Zum Zirkel um John Ellingham Brooks (1863–Capri 1929), der um 1895 nach Capri gekommen war und 1902 eine Pro-forma-Ehe mit der Malerin Romaine Goddard (Rom 1874–Nizza 1970) eingegangen war, gehörten u.a. William Somerset Maugham und Norman Douglas. Zu Romaine vgl. M. Secrest, Between, 1976, und literarisch C. Mackenzie, Extraordinary, 1928.

14 Saidee Wolcott (Keokuk 1851–Capri 1917) und ihre Cousine Kathryn Perry (Pontiac 1837–Capri 1924) kamen 1897 während einer Europareise nach Capri und errichteten hier die »maurische« Villa Torricella, ein Zentrum der internationalen Capri Society. Auch sie fanden ihr Grab auf dem Fremdenfriedhof. Vgl. D. Richter, Giardino, 2015, 131f.

15 Nach einer Kindheitserinnerung von Giorgio Amendola, zitiert bei W. Setz (Hrsg.), Fersen, 2005, 107.

16 Der Deutsche Botschafter in Rom teilte dem Außenminister in Berlin im Dezember 1901 mit, der italienische König Viktor Emanuel III. habe ihm gegenüber die Befürchtung geäußert, der Umgang des Großherzogs, der »oft nur für kurze Zeit nach Capri komme« und sich dort »in einer höchst verrufenen Gesellschaft bewege«, könne zu einem öffentlichen Skandal führen (nach L. Machtan, Max, 2013, 556). Auch die Aufenthalte von Prinz Max von Baden bei Axel Munthe wurden von Kaiser Wilhelm II. anzüglich kommentiert (ebd., 169).

17 Information Claretta Cerio (März 1995). Edwin Cerio habe daraufhin die Eltern gewarnt, sie seien jedoch einverstanden gewesen. Vgl. auch M. Holloway, Douglas, 1976, 317f.

18 G. Weber, My life, 1994, 77.

19 Der Maler und passionierte Entomologe Otto Sohn-Rethel (Düsseldorf 1877–Anacapri 1949) ließ sich in den 1920er Jahren in der »Villa Lina« in Anacapri nieder und brachte bei seinen Streifzügen über den Monte Solaro eine der größten

Schmetterlingssammlungen zusammen, vgl. C. Cerio: Die Vergessenen (1): Otto Sohn-Rethel, in: GdC 54 (2013), 37–40.

20 Information Giovanni Tessitore (2003).

21 Manfred Gräter (Ulm 1928 – Köln 1989), Musikredakteur beim WDR, liegt auf dem Fremdenfriedhof unter einem Grabstein mit dem Namen »Dottore Amato« begraben (vgl. D. Richter, Giardino, 2015, 167).

22 Capri. Zeitschrift für schwule Geschichte (Hamburg, Nr. 49/2015). Zu den schwulen Capri-Romanen gehört Adi M. Michaels: Die Melodie der Faraglioni, Babenhausen 2013, mit dem Namen der Insel spielt Rüdiger Lautmanns Sachbuch *Capricen* (Hamburg 2014).

23 Zu August Weber (München 1846 – Capri 1928) vgl. die Erinnerungen seiner Enkelin C. Cerio, Bedenken, 1981, 16–26; dies., Ex libris, 1999, 20–22; dies., Capri, 2010, 21f.

24 A. Weber, Biografia, 1990, 19–21.

25 Dies und die folgenden Zitate nach Capri, CCIC, cartella »August Weber«.

26 Baedeker, Unter-Italien, 1911, 175. Zur Geschichte des Hotels E. Kawamura, Alberghi, 2005, 249ff.

27 C. Cerio, Capri, 2010, 117–133; dies., La sfinge, 2017, 19–44.

28 Zu Hans Paule (Wien 1879 – Capri 1951), der um 1900 nach Capri kam, vgl. A. Basilico Pisaturo, Dionisio, 2004, 11–21; G. Verbena/G. Schettino, Caprile, 2009, 84f. In den 1920er Jahren lebte Paule für längere Zeit in Sardinien, »wo das Leben im Gegensatz zu dem auf Capri noch unberührt geblieben ist« (Brief an Cerio, Tonara, 10. September 1921, in: Capri, CCIC, cartella »Paule«).

29 W. Bonsels, Begegnungen, 1940, 8. Als »ein altes persönliches Erlebnis, dass [!] sich wirklich zugetragen«, charakterisiert Paule die Geschichte in einem Brief an den Autor (Capri, 18. Dezember 1926, in: München, SBM, WB B 544). Bonsels kam erstmals 1913 nach Capri und kehrte nach dem Krieg regelmäßig dorthin zurück (Casa Romita). Rund einhundert Briefe von Paule an Bonsels (Zeitraum 1919–1951) im Bonsels-Nachlass in der Münchner Stadtbibliothek/Monacensia dokumentieren Paules capresisches Leben.

30 Brief an Waldemar Bonsels, Capri, 23. Juli 1946 (in: München, SBM, WB B 544).

31 Brief an Waldemar Bonsels, Capri, 4. Juli 1950 (ebd.).

32 Einiges findet sich im Hotel »La Reginella«, dessen Besitzer Paolo Falco mit Paule befreundet war, außerdem in Capri, CCIC, cartella »Paule«. Abbildungen aus Privatbesitz, in: A. Basilico Pisaturo, Dionisio, 2004. Von Paule stammt ferner das Titelbild der Zeitschrift *Die Jugend*, Nr. 3/1931, die Tänzerin Edith von Schrenck darstellend.

33 E. Settanni: Hans Paule, ultimo mito vivente soggiornò a Capri coi suoi fantasmi, 15. Juli 1962 (Capri, CCIC, cartella »Paule«).

34 Zu Diefenbach (Hadamar 1851 – Capri 1913) vgl. C. Wagner, Diefenbach, 2007; A. Tafuri/R. De Martino, Diefenbach, 2013; P. Kort/M. Hollein (Hrsg.), Künstler, 2015, 15–55.

35 Eine erste Eintragung von Karl Wilhelm und Lucidus Diefenbach im Gästebuch der Villa Allers, 26.–29. Dezember 1899 (G. Fahrenhorst, Gästebuch, 2011, 252).

36 P. Kort/M. Hollein (Hrsg.), Künstler, 2015, 15.

37 Über Diefenbach auf Capri vgl. Ulrich Schuch: Diefenbachs Schattenfries, in: GdC 14 (2009), 25–27; ders.: Zum 100. Todestag von K.W. Diefenbach, in: ebd., 55 (2013), 16f.

38 Dazu gehörten außer Hans Paule und Hugo Höppener (»Fidus«) auch Bruno Wersig (Altwasser 1882 – München 1970), der 1907 und 1912–1914 bei Diefenbach auf Capri lebte; vgl. Ulrich Schuch: Der Maler Bruno Wersig auf Capri, in: GdC 48 (2010), 27–31.

39 T. Däubler, Hymne, 1919, 15.

40 Aufenthalte Däublers auf Capri: Oktober 1925 bis Januar 1926, August bis Oktober 1926, Dezember 1931, September 1932 bis Juni 1933. – Paul Peterich lebte seit 1922/23 auf Capri, seine Frau Elisabeth ist auf dem dortigen Fremdenfriedhof beigesetzt (D. Richter, Giardino, 2015, 146).

41 T. Rietzschel, Däubler, 1988, 308–318. Ein Gedicht Däublers mit dem Titel *An Capri* liegt in Capri, CCIC, Fondo E. Cerio, cart. 85 (»So ernste Stirn bedenkst du Heiterkeiten …«).

42 Zu Willy Kluck (Berlin 1888 – Anacapri 1978) vgl. K. Hüllweck, Impressionen, 1959, 147–152; W. Helwig, Capri, 1979, 116–134, 274–281 u.ö.; U. Prause, Helwig, 2014, 431–442.

43 Aus dem »Grundgesetz« der von Kluck gegründeten Vereinigung I.P.S., zitiert bei H. G. Werner: Der Migliara-Eremit, in: GdC 14 (1993), 10.

44 Brief an Werner Helwig, Anacapri-Migliara, 1. Juni 1960 (Barßel, AWH).

45 Brief an Dorothee Lessing in Saloniki, Anacapri, 26. August 1961 (Barßel, AWH).

46 Zitiert bei H. G. Werner: Der Migliara-Eremit, in: GdC 14 (1993), 10 (aus Klucks »Grundgesetz«).

47 Brief vom 1. Juni 1960, in: U. Prause, Helwig, 2014, 436–439.

48 Zu Helwig auf Capri vgl. ebd., 199–204, 431–442.

49 W. Helwig, Capri, 1973 u. 1979. Den Begriff der »magischen Insel« übernimmt Helwig von Kluck (vgl. dessen Brief an Helwig, 1. Juni 1960, in: U. Prause, Helwig, 2014, 438). Das »Magische« ist einer der zentralen Begriffe der Ich-Philosophie Friedlaenders, bezeichnet dort die verändernde Kraft des Geistigen.

50 W. Helwig, Capri, 1979, 38.

51 Aus den Kindheitserinnerungen von Dieter von Boetticher, um 1940 (D.v. Boetticher, Jugend, 2008, 51).

52 E. Cerio, Welttheater, 1954, 139.

53 Horst G. Werner, Brief an Gerda Helwig, Bad Kissingen, 5. November 1986 (Barßel, AWH). Zwei Portraits sowie eine Büste des Geigers Paolo Falco von der Hand Klucks befinden sich im Hotel »Reginella«. Briefe Klucks an Werner Helwig (1953–1962) in Barßel, AWH, Briefe an Arved Hohlfeld (1964) in Berlin, EZA 88/102, Korrespondenz Capri.

54 Gunnar Adler-Karlsson (*Karlshamn 1933), Schüler von Gunnar Myrdal, war von 1974 bis 1988 Professor an der Universität Roskilde.

55 G. Adler-Karlsson, Gedanken, 2004, 5, 161 u. 164.

Piazzetta. Die politische Insel

1 Zum Folgenden G. Giannico, Investimenti, 2007, 41–47.

2 Das bis 2017 aktive Kraftwerk der SIPPIC steht an der Talstation der Funicolare; seit 2017 erfolgt die Stromversorgung durch ein 31 Kilometer langes Unterwasserkabel der halbstaatlichen Firma TERNA von Torre Annunzia aus.

3 Armando Diaz (Neapel 1861 – Rom 1928) war italienischer Oberbefehlshaber, 1918 Sieger in der Schlacht von Vittorio Veneto gegen die Österreicher.

4 E. Cerio (Hrsg.), Convegno, 1923, 7. Edwin Cerio (Capri 1875 – ebd. 1960), Sohn von Ignazio Cerio und Elizabeth Grimmer, Schiffbauingenieur, Architekt, Schriftsteller, von 1920 bis 1923 Bürgermeister von Capri. Edwin war in erster Ehe verheiratet mit Elena Hosmann (Tochter Laetitia [Buenos Aires 1908 – Neapel 1997]) und heiratete 1952 Claretta Wiedermann (*Capri 1927). Vgl. J. Knigge, Capri, 2017.

5 Vgl. Kap. »Cimitero acattolico«.

6 M. Cetti Serbelloni, Turismo, 2003, 54f.

7 A. Zacher, Assemacher, 1902, 316.

8 Ein Jahr später folgt ein Kongress in Paris (J. Radkau, Ära, 2011, 462).

9 E. Cerio (Hrsg.), Convegno, 1923, 41. Eintragung im Gästebuch Hotel »Pagano«, 12.–19. November 1922. Im Garten des Hotels »Manfredi Pagano« pflanzte Marinettis Frau Benedetta eine Pinie, die noch heute gezeigt wird (Mitteilung Teodoro Pagano).

10 E. Cerio (Hrsg.), Convegno, 1923, 38.

11 Ebd., 36.

12 Ebd., 38; L. Vergine (Hrsg.), Frammenti, 1993, 137–161; U. Piscopo, Capri, 2001.

13 Zitiert nach Futurismo, 1996, 189.

14 E. Cerio (Hrsg.), Convegno, 1923, 86–90.

15 Villa Malaparte, 1938–1942 errichtet, durch testamentarische Verfügung nach dem Tod des Schriftstellers 1957 der Volksrepublik China vermacht, ist heute im Besitz der Giorgio Ronchi Foundation.

16 Jean-Luc Godard drehte in der Villa Malaparte 1963 den Film *Le Mépris*, deutsch *Die Verachtung*, Karl Lagerfeld widmete ihr 1998 seinen Bildband *Casa Malaparte*. Zur Villa vgl. T. Steinfeld, Arzt, 2007, 214–219.

17 E. Cerio (Hrsg.), Convegno, 1923, 92.

18 Ada Negri (1870–1945) kam 1923 auf Einladung von Cerio nach Capri, lebte u.a. in Cerios Casa Solitaria, veröffentlichte 1924 den lyrischen Zyklus *I canti dell'isola*.

19 Zu Compton Mackenzie vgl. Kap. »Cimitero acattolico«.

20 Marguerite Yourcenar schrieb die Erzählung bei ihrem Capri-Aufenthalt 1925. Eine Gedenktafel am Haus in der Via Matermania 4 erinnert an die Autorin.

21 Aufenthalt 1926, Publikation 1933/34.

22 Soldati lebte in den 1940er Jahren auf Capri, sein Roman erschien 1954.

23 Überblick in der capresischen »Literaturgeschichte« von F. Durante, Richiamo, 2000, 93–118, und topographisch S. Sonnentag, Spaziergänge, 2003.

24 Über deren Interaktionen und mögliche philosophische Konsequenzen ihres Aufenthalts vgl. M. Mittelmeier, Adorno, 2013.

25 Walter Benjamin lebte von April bis Oktober 1924 auf Capri, zunächst im Hotel »Gaudeamus« (Via Le Botteghe 12), dann Via Sopramonte 18, schließlich in Villa Dana. Während seines Aufenthalts in Neapel von Mitte September bis Mitte Oktober 1925 verbrachte er einige Tage auf Capri.

26 W. Benjamin, Briefe, 1996, 465.

27 W. Benjamin, Schriften IV / 1, 1972, 379 (»Pranzo Caprese«).

28 W. Benjamin, Briefe, 1996, 486.

29 W. Benjamin, Schriften III, 1972, 133 (Rezension Jakob Job, 1928).

30 W. Benjamin, Schriften IV / 1, 1972, 122 (»Reiseandenken«).

31 W. Benjamin, Briefe, 1996, 473. Über die Begegnung A. Lacis, Revolutionär, 1971, 41–51.

32 Ernst Bloch trifft mit Frau Linda Mitte September 1924 auf Capri ein.

33 E. Bloch, Aufsätze, 1965, 512 (»Italien und die Porosität«).

34 A. Kantorowicz, Kleider, 1968, 21–23 (»Der Mantel aus Positano«).

35 E. Bloch, Hoffnung, I, 1973, 430–435 (»Schöne Fremde«).

36 Alfred Sohn-Rethel lebte mit Frau und Kind 1924–1927 bei seinem Onkel Otto in Villa Lina in Anacapri und bei Karli Sohn-Rethel in Positano. Vgl. C. Freytag, in: A. Sohn-Rethel, Ideal, 2008, 47–56.

37 Adorno und Kracauer kommen Anfang September 1925 nach Capri, logieren dort im Hotel »La Palma«, bleiben bis Ende September.

38 Gilbert Clavel (Basel 1883 – ebd. 1927) kam im ersten Jahrzehnt des 20. Jahrhunderts nach Capri, lebte in der Villa Saida in Anacapri und ab 1908 auch in einem aragonesischen Turm am Fornillo-Strand in Positano. Befreundet mit Fortunato Depero, den er 1917 nach Capri einlud, und Teilnehmer an Cerios »Landschaftskongress«.

39 S. Kracauer, Felsenwahn, 1964, 58 u. 59.

40 T. W. Adorno, Briefe II, 1997, 33f.

41 Francesco Spadaro (1856–1937) posierte jahrzehntelang als »typischer« Capri-Fischer mit roter Masaniellomütze, Rauschebart und Tonpfeife. Objekt zahlloser Gemälde, Zeichnungen, Bildpostkarten, Fotos.

42 T. W. Adorno, Spadaro, 1970, 583.

43 M. Cetti Serbelloni, Turismo, 2003, 54.

44 W. Benjamin, Briefe, 1996, 480.

45 R. Ciuni, Piazzetta, 2001, 31.

46 Nach M. Leone de Andreis, Capri, 2002, 210–218.

47 D. Richter, Giardino, 2015, 136f.

48 Teodoro Pagano (Capri 1893 – Meta 1996) lebte bis kurz vor seinem Tod im leerstehenden Hotel »Manfredi Pagano«, umgeben von zahlreichen historischen Erinnerungsstücken, die sukzessive verschwanden. Zu Pagano und Giorgio Weber (1894–1990) in der Nachkriegszeit vgl. auch S. Hazzard, Greene, 2000, 118f.

49 R. Ciuni, Piazzetta, 2001, 65f.

50 Mona Williams-Bismarck (Kentucky 1897 – Paris 1983) erwarb 1936 einen Komplex oberhalb der Bagni di Tiberio und baute ihn zu einer luxuriösen Villenanlage aus.

51 »'Twas on the Isle of Capri that I found her …« (Text Jimmy Kennedy, Musik Wilhelm Groß). Der Schlager – eine Art englisches Pendant zu den deutschen »Caprifischern« – wurde durch Frank Sinatra in den 1950er Jahren erneut prominent.

52 D. Richter, Lettere, 2012, 97.

53 Il Mattino, 14. April 1933, 2. Aufenthalt 15.–17. April 1933.

54 E. Hancock, Röhm, 2008, 139 u. 217. Für den Hinweis danke ich Lothar Machtan. Zu der Gruppe, die im »Quisisana« wohnte, gehörten Röhms Adjutant und Liebhaber Hans Erwin von Spreti, die SA-Führer Edmund Heines und Karl Ernst, Alfred Martin, dazu Baldur von Schirach und Ernst Udet. Auf Capri wurde gelästert, Röhm habe »seine sämtlichen Bräute mitgebracht« (nach dem Befragungsprotokoll von Alfred Martin, 18. Dezember 1951, in: München, IfZ, ZS 268, 12).

55 Anacapri, Gästebuch Hotel »Bellavista«, 21./22. August 1935.

56 Il Mattino, 7. April 1936, 5. Aufenthalt 6.–7. April 1936. Frank wird begleitet von seiner Frau, dem deutschen Konsul in Neapel und verschiedenen italienischen Politikern.

57 Ein Foto aus dem Scherl-Verlag, datiert 4. November 1937, zeigt Hess im Restaurant »Le Sirene« in Marina Grande, dem capresischen Sänger Giuseppe Savarese, genannt »Scarola«, zuhörend (Alamy Stock Foto). Vgl. auch M. Leone De Andreis, Capri, 2002, 359.

58 Il Giornale d'Italia, 16. Juni 1933, 7.

59 Il Mattino, 7. November 1937.

60 Il Mattino, 19., 20., 21. und 22. Januar 1937. Aufenthalt vom 18. bis 23. Januar 1937. Göring hatte in Rom Gespräche mit Mussolini geführt.

61 Fotos der Begegnung in der Library of Congress, Fotoarchiv Göring.

62 Il Mattino, 22. Januar 1937, 2.

63 Brief von Axel Munthe an Hermann Göring, Capri, 17. November 1937, in: T.R. Emessen (Hrsg.), Schreibtisch, 1947, 24. Dort, 19–28, auch die weitere Korrespondenz. Der Kaufpreis sollte 500 000 schwedische Kronen betragen.

64 K. Voigt, Zuflucht, I, 1989, 17–65.

65 D. Richter/M. Romito, Andres, 2000.

66 Mitteilung Dorothee Andres, Rom.

67 Dekret Nr. 1381 vom 7. September 1938. Ausgenommen waren Personen, die älter als 65 Jahre oder mit einem italienischen Staatsbürger verheiratet waren.

68 Schede di censimento degli ebrei residenti nel Comune di Capri (Neapel, ASN Prefettura, II versamento, busta 960, fasc.7). Die Einträge basieren auf Selbstauskünften der Betroffenen in einer Art »Haushaltsbogen«. Anzugeben war neben den biographischen Daten und der Konfession auch das Datum der Niederlassung auf Capri.

69 Ernst Neufeld (Berlin 1888–Capri 1950), seit 1. Februar 1937 in Capri. Ausreise am 21. Juni 1939 (Neapel, ASN ebd., Elenco nominativo degli stranieri di razza ebraica che hanno lasciato il Regno, 27. 9. 1939). Vgl. D. Richter, Giardino, 2015, 152f., ferner Datenbank »Jüdische Gewerbebetriebe in Berlin«.

70 Hedwig Borman (Austinlanken bei Gumbinnen 1891 – Capri 1979) deklarierte sich als »arianisch« und »evangelisch«. Erneute Zulassung des Geschäfts für *abbigliamento* in der Via Vittorio Emanuele 7 am 16. August 1948 (CC, Registro delle Delibere). Über ihr Leben vgl. den Bericht von Kurprediger Fritz Böckler an die EKD (Berlin, EZA 88/151).

71 Erna Kahn (*Berlin 1889), verwitwet, in Capri seit 4. Juli 1934, reiste am 19. Oktober 1938 nach Paris aus (Neapel, ASN Prefettura, Elenco nominativo, 19. März 1939). Unter dem Pseudonym »Madame Bismarck« portraitiert sie W. Helwig, Capri, 1979, 145–151.

72 Stella Signer, verw. Fisch (*Wien 1898, nach Nizza); Rudolf (*Berlin 1921) und Susanne Simm (*Berlin 1920, nach London) [Ebd., Elenco nominativo, 5. Mai 1939]; Alice Eger, verw. Simm (*Berlin 1893, nach London); Isabella Hendler (*Wien 1908, nach Kopenhagen) [Ebd., Elenco nominativo, 27. September 1939]. Nicht im *Censimento* registriert ist Pina Francke-Talamona aus Berlin, die nach Schweden emigrierte und nach dem Krieg zurückkehrte (M. Leone de Andreis, Capri, 2002, 368f. und D. Richter, Giardino, 2015, 9).

73 Julius Hans Spiegel (Berlin 1891 – Capri 1974) deklarierte sich im *Censimento* als katholisch und seit 31. Mai 1937 auf Capri lebend.

74 Programmzettel bei L. Vergine (Hrsg.), Frammenti, 1993, 144.

75 M. Leone de Andreis, Capri, 2002, 366f.

76 Klaus Sator: J. H. Spiegel. Ein Deutschjude wird zum Sinnbild Capris, in: GdC 48 (2010), 21–23.

77 Karten und Briefe von Julius Spiegel an Manfred George und den *Aufbau* (Zeitraum 1953–1966) in Marbach, DLA, A: George/Aufbau. Spiegels Masken und Gewänder befinden sich im Deutschen Tanzarchiv Köln und im Völkerkundemuseum München.

78 F. Werfel, Zwischen, 1975, 809.

79 Zum Capri-Aufenthalt vgl. A. Mahler-Werfel, Leben, 1960, 270f.

80 Stefan Zweig hielt sich vom 4. Januar bis zum 6. Februar 1937 in Neapel auf.

81 Zitiert nach B. Jangfeldt, Munthe, 2008, 318.

82 Mitteilung Hugo Staab (Hofheim 1921 – Frankfurt 2013), von 1991 bis 2005 Redakteur der deutschen Zeitschrift *Die Möwe von Capri*, im Februar 2007. Bereits 1950 reiste er nach dem Krieg wieder nach Capri.

83 Gästebuch Hotel »Bellavista«, 1. Januar 1943.

84 G.v. Uexküll, Jakob, 1964, 233–236; R. Ciuni, Strisce, 2005, 59–71.

85 Eintragung vom September 1943. »Spitzfeur« = das britische Jagdflugzeug »Spitfire«.

86 A. Boralevi, Capri, 2001, 112.

87 N. Lewis, Neapel, 1996, 110.

88 Zur Geschichte vgl. H.-G. Richardi, SS-Geiseln, 2005; H. M. Enzensberger, Hammerstein, 2009, 302–311.

89 I. Vermehren, Reise, 1947, 227.

90 Paolo Falco (Capri 1909 – ebd. 2001) studierte 1929–1933 in Düsseldorf Musik, heiratete 1939 Elisabeth Rüdorff und kehrte mit ihr nach Capri zurück.

91 Vgl. G.v. Uexküll, Jakob, 1964, 209–259 und K. Hüllweck, Impressionen 1959, 108–110.

92 Hotel »La Reginella«, noch heute in der dritten Generation im Familienbesitz.

Marina Grande. Insel und Nicht mehr Insel

1 E. Noelle u.a. (Hrsg.), Jahrbuch, 1957, 41.

2 Melodie: Gerhard Winkler (1943), populär geworden in der Interpretation von Rudi Schuricke (1949).

3 August von Platen, *Die Fischer von Capri*, 1827; Wilhelm Waiblinger, *Lieder aus Capri*, Nr.8, 1830; Ida von Hahn-Hahn, *Der Fischer von Capri*, 1845.

4 M. Cetti Serbelloni, Turismo, 2003, 101.

5 N. Douglas, Footnote, 1952, 41.

6 »Raffronto movimento portuale 1999–2016«, nach: www.capritourism.com/it/statistical-data (Juli 2017). Die Zahlen sind seit 1999 insgesamt leicht ansteigend, mit gelegentlichen »Einbrüchen«, so 2008, 2009 und 2012.

7 Marie-Luise Kaschnitz: Das Recht der Massen auf die Sixtinische Kapelle [1955], in: dies.: Engelsbrücke, 1975, 205–207.

8 1997: 128 968; 2007: 172 284; 2016: 217 445. Gezählt sind die »Ankünfte«. Dies und das Folgende nach »Riepilogo Movimento Turistico registrato nell'isola di Capri 1997–2016«, in: www.capritourism.com/it/statistical-data (Juli 2017).

9 »Movimento delle correnti straniere 2003–2015«, in: www.capritourism.com/it/statistical-data (Juli 2017).

10 M. Cetti Serbelloni, Turismo, 2003, 59 u. 100.

11 ISTAT: *Cittadini stranieri Capri/Anacapri* (Juli 2017). Die meisten von ihnen sind Deutsche (24), gefolgt von Briten (12), Schweden (11) und US-Amerikanern (7) [Stand 2015].

12 Dekret vom 3. Oktober 1952.

13 La Repubblica, 29. August 1993.

14 M. Cetti Serbelloni, Turismo, 2003, 121–123 u. 171–179; A. Boralevi, Capri, 2001, 146.

15 Die Anzeige der Umweltschutzorganisation Legambiente hatte keinen Erfolg.

16 Alberto Moravia und Elsa Morante kamen seit 1938 immer wieder nach Anacapri, Morante lebte hier von August 1938 bis April 1939, schrieb dort 1942 *Menzogna e sortilegio* (»Lüge und Zauberei«). Zu ihrer Villa vgl. S. Sonnentag, Spaziergänge, 2003, 104.

17 Graham Greene erwarb 1948 von Cerio die Villa »Il Rosaio« in Anacapri, die er bis 1988 temporär bewohnte; er wurde 1978 Ehrenbürger von Anacapri. Vgl. S. Hazzard, Greene, 2000. Neben dem Kinderbuch *The Monster of Capri* (1985) publizierte Greene auch *An Impossible Woman* (1975), die Erinnerungen der österreichischen Ärztin Elisabeth Moor (1886–1975), die seit 1926 in Anacapri praktizierte.

18 C. Cerio, Ex libris, 1999, 120–142. Vgl. die Zyklen *Los versos del Capitán* (1952) und *Las uvas y el viento* (1954).

19 Raffaele Castello (Capri 1905–1969) studierte in Warschau, Düsseldorf und Paris, war in Kontakt mit Klee, Schlemmer und Gropius, kam 1934 nach Capri zurück, wo sein Atelier ein Zentrum intellektueller Begegnungen wurde. Vgl. L. Vergine (Hrsg.), Frammenti, 1993, 111–128; W. Helwig, Insel, 1979, 173ff. u.151ff.

20 Giovanni Tessitore (Capri 1929–2006), Schüler von Otto Sohn-Rethel, Ausstellungen ab 1949 u.a. in Neapel, Capri und Paris, betrieb das »Gradola«-Bad in Anacapri.

21 Zu Carmelina Alberino (Capri 1920–2004) vgl. W. Helwig, Capri, 1960; J. Ruocco-Bienengraeber, Capri, 2006, 314–316.

22 Lucio Amelio (Neapel 1931–1994) lebte 1954–1958 in Deutschland, eröffnete 1964 seine erste Galerie in Neapel und erschloss der Stadt die internationale künstlerische Moderne. Er liegt auf dem Cimitero acattolico unter einem Grabstein mit der Aufschrift »L'isola del sonno« begraben, dem Titel eines Objekts von Joseph Beuys.

23 Francesco Durante: Amelio, in: CR 30 (2010), 60–65. Zu den Capri thematisierenden Arbeiten des Künstlers gehört auch seine Zeichnung *Blaue Grotte verschlossen* (1971) und das Objekt *Die Insel des Schlafes*.

24 Graziella Lonardi Buontempo (Neapel 1928 – ebd. 2010).

25 www.premiomalaparte.it (August 2017).

26 Zu Monika Mann (in Capri von Ende 1954 bis Mai 1986) vgl. K. Andert, Mann, 2010, 112–137.

27 R. La Capria, Capri, 1991, 105, 107.

28 M. Mann, Vergangenes, 2001, 9. Zu ihrem Leben auf Capri vgl. M. Mann, Haus, 2007, 11–27; J. Ruocco-Bienengraeber, Capri, 2006, 325.

29 M. Mann, Haus, 2007, 13.

30 Brief an Werner Helwig, Capri, 28. Juni 1970 (Barßel, AWH).

31 Brief an Jean Améry, Capri, 3. Juli 1975 (Marbach, DLA, A: Améry 81.2077/1–2).

32 Antonio Spadaro (Capri 1907–1985). 78 italienisch geschriebene Briefe von Monika Mann an Spadaro (Zeitraum 1959–1975) in München, SBM. Ich danke Frau Claudia Beck-Mann für die Erlaubnis zur Einsicht.

33 Mitteilung Enzo Di Tucci. Über seine Arbeit (*fare le barchettine*) auch in den Briefen von M. Mann an A. Spadaro vom 13. August und vom 16. August 1964 (München, SBM, M/Sp B1).

34 »Tu sei la mia anima [...] Tu puoi credermi che io ti tengo il più caro del mondo« (Brief vom 29. Juni 1964, in: München, SBM, M/Sp B1).

35 R. La Capria, Capri, 1991, 109; ähnlich M. Mann, Haus, 2007, 14.

36 www.capritourism.com/it/statistical-data (Juli 2017). Zum Vergleich: 2003 verfügten von 55 registrierten Hotels 18 über fünf und vier Sterne, 18 über drei, 12 über zwei und 7 über einen Stern (Hotelliste Azienda Autonoma Cura Soggiorno, 2003). Heute gibt es nur noch drei Hotels im Zweisterne- und sechs im Einsternebereich. Nach dem von www.hotels.com 2013 ermittelten Preisindex lag Capri weltweit an erster Stelle, gefolgt von Genf und New York (April 2013).

37 Villa Discopoli, Villa Capricorno, Villa Allers, Villa Torricella, ferner das Zwei-Sterne-Hotel »Belsito«.

38 Die Zahl gilt bereits für das Jahr 1981 (M. Cetti Serbelloni, Turismo, 2003, 124) und dürfte sich seitdem entschieden erhöht haben. Über das Portal AirBnB werden Hunderte von Wohnungen (auch »ganze«) auf Capri angeboten.

39 A. Boralevi, Capri, 2001, 123.

40 Corriere della Sera, 19. August 2009.

41 Gespräch mit dem Autor, 19. August 2009.

42 Corriere del Mezzogiorno, 2. September 2009.

43 Krupp e la cultura tedesca a Capri (28. Juni 2008 – 30. April 2009), veranstaltet von der Region Kampanien und der Kommune Capri.

44 Begründung: Gefährdung der Sicherheit der Besucher durch die Fragilität der überhängenden Felsen (Mitteilungsblatt des Bürgermeisters 2014).

45 Carlo Knight (*Neapel 1929), aus einer im 19. Jahrhundert eingewanderten Familie stammend, ist Autor zahlreicher Bücher zur Geschichte Capris und des Königreichs Neapel, außerdem streitbarer Publizist in der lokalen und nationalen Presse. Er lebt in Neapel und Capri.

46 Öffentliche Diskussion in der Buchhandlung La Conchiglia, Capri, 5. August 2015, aus Anlass einer Buchvorstellung.

47 Zu nennen sind u.a. das 1947 gegründete »Centro Caprense ›Ignazio Cerio‹« und das 1991 entstandene »Centro Documentale«.

48 A. Lembo, Capri, 1990, 24–26.

49 Ebd., 227f.

50 ISTAT: *Censimento popolazione Capri/Anacapri 1861–2011* und *Popolazione Capri/Anacapri 2001–2016* (Juni 2017).

51 M. Cetti Serbelloni, Turismo, 2003, 145 (Stand 1991); neuere Daten waren mir nicht zugänglich.

52 A. Boralevi, Capri, 2001, 155 (»Man spricht von 80 Millionen pro Kopf«).

53 ISTAT: *Cittadini stranieri Capri/Anacapri 2016* (Juli 2017). In Capri sind 11,5% der ansässigen Bevölkerung Ausländer (Anacapri 7,2%), davon sind 39,4% (35,5%) Srilankesen, 21,1% (14,3%) Ukrainer und 13,4% (11,2%) Rumänen.

54 Gespräche mit dem Autor im Sommer und Herbst 2017.

55 Aus dem Bericht eines nach Capri entsandten Inspekteurs an den Minister in Neapel, 1830 (G. Feola, Rapporto, 1894, 41, 46).

56 Heinz Hoffmeister (Saarlouis 1851 – Berlin 1894), Maler und Bildhauer, hielt sich im Winter 1884/85 mit Freunden im Hotel »Pagano« auf, malte den Speisesaal aus und hinterließ im Gästebuch einen 31 Seiten starken Bericht über die Insel, die damals wegen der in Neapel herrschenden Cholera unter Quarantäne stand (Capri, CCIC, Gästebuch Pagano 1873–1894). 1887 kehrte er auf einer Mittelmeerfahrt zurück. Zitat aus: H. Hoffmeister, Von Capri, 1887, 121.

57 Brief an Hans Henny Jahnn, Anacapri, 10. August 1939 (Barßel, AWH).

58 R. La Capria, Capri, 1991, 194 (Neuauflage 2000).

Quellen

Ungedruckte Quellen

Ambra
Archiv Claretta Cerio
Anacapri
AM: Comune di Anacapri, Atti di Morte
Archiv Bianca Cuomo
Archiv Giovanni Schettino
Hotel Bellavista, Gästebuch 1921–1950
UA: Comune di Anacapri, Ufficio Anagrafe
Barßel
AWH: Archiv Werner Helwig
Berlin
EZA: Evangelisches Zentralarchiv, Kirchliches Außenamt
Bremen
SDR: Sammlung Dieter Richter
Capri
AHQ: Archiv Hotel Quisisana
Café Zum Kater Hiddigeigei, Gästebücher 1888–1921 (AHQ)
CCIC: Centro Caprense »Ignazio Cerio«
CD: Centro Documentale Eremitaggio S. Maria del Soccorso, Gästebücher 1905–1923 (CD)
Hotel Reginella, Gästebücher 1960–2017
Hotel Pagano, Gästebücher 1825–1839 (Kopie SDR) und 1839–1972 (CCIC)
UA: Comune di Capri, Ufficio Anagrafe
Essen
FAH: Historisches Archiv Krupp, Familien-Archiv Hügel
Kew (London)
The National Archives
Marbach
DLA: Deutsches Literaturarchiv
Marburg
Philipps-Universität, Behring-Archiv
München
SBM: Stadtbibliothek Monacensia, Handschriftenabteilung
IfZ: Institut für Zeitgeschichte
Neapel
ASN: Archivio di Stato di Napoli
– Prefettura, II / 960 und II / 962 (Stranieri ebrei)
– Questura, busta 96 (Stranieri di razza ebraica)
ASZN: Archiv der »Stazione Zoologica«
Rom
Biblioteca Nazionale Centrale, Handschriftenabteilung, Raccolta *Giorgio Vigolo*

Gedruckte Quellen

Addison, John: Remarks on Several Parts of Italy in the Years 1701, 1702, 1703, London 1705 (dt. Anmerkungen über verschiedene Theile von Italien, Altenburg 1752).
d'Adelswärd-Fersen, Jacques: Et le feu s'éteignit sur la mer …, Paris 1909.
d'Adelswärd-Fersen, Jacques: Oppio. Poesie scelte, a cura di Mariano Bàino, Napoli 1990.
Adler-Karlsson, Gunnar: Meditation upon Western Wisdom: Guide to the Capri Philosophical Park, Capri 2004 (dt. Gedanken zur abendländischen Weisheit. Ein Führer durch den Philosophischen Park von Capri).
Adorno, Theodor W.: Der Fischer Spadaro. In: Gesammelte Schriften,

hrsg. v. R. Tiedemann, Bd. 20/2, Frankfurt am Main 1970, S. 583–584.

Adorno, Theodor W.: Briefe und Briefwechsel, hrsg. vom Theodor W. Adorno-Archiv, Bd. II, Frankfurt am Main 1997, und Bd. VII, ebd. 2008.

Allers, C[hristian] W[ilhelm]: Capri, München 1892.

Andersen, Hans Christian: Der Improvisator [1835], Berlin 1926.

Baedeker, Karl: Italien, Handbuch für Reisende. 3.Theil: Unter-Italien und Sicilien, Leipzig 1880 (6. Aufl.), 1887 (8. Aufl.), 1895 (11. Aufl.), 1911 (15. Aufl.).

Baedeker, Karl: Italien von den Alpen bis Neapel. Kurzes Reisehandbuch, Leipzig 1908 (6. Aufl.).

Barth, Hans: Osteria. Kulturgeschichtlicher Führer durch Italiens Schenken von Verona bis Capri, Stuttgart 1908.

Beloch, Julius: Campanien. Geschichte und Topographie des antiken Neapel und seiner Umgebung, Breslau 1890.

Benjamin, Walter: Gesammelte Schriften, Bd. III, hrsg. v. Hella Tiedemann-Bartels, und IV/1, hrsg. v. Tilman Rexroth, Frankfurt am Main 1972.

Benjamin, Walter: Gesammelte Briefe, Bd. II, hrsg. v. Christoph Gödde und Henri Lonitz, Frankfurt am Main 1996.

Bloch, Ernst: Literarische Aufsätze, Frankfurt am Main 1965.

Bloch, Ernst: Das Prinzip Hoffnung, 3 Bände, Frankfurt am Main 1973.

Boetticher, Dieter von: Eine glückliche Jugend. Erinnerungen 1926 bis 1949, Bremen 2008.

Boisserée, Sulpiz: Tagebücher, Bd. III, 1835–1843, Darmstadt 1983 [Reise 1838].

Bonsels, Waldemar: Begegnungen. Erzählungen, Berlin 1940.

[Bouchard, Jean Jacques:] Viaggio di un Francese spia e libertino nella Capri del 1600, a cura di Bruno Cannavale, Capri 1987.

Brecht, Bertolt: Werke, hrsg. v. Werner Hecht u.a., Bd. XIII, Berlin und Weimar 1993.

Brecht, Bertolt: Briefe, hrsg. v. Günter Glaeser, Frankfurt am Main 1998.

Capaccio, Giulio Cesare: Antiquitates et historiae Campaniae felicis. In: Thesaurus antiquitatum et historiarum Italiae, vol. III/4, Lugduni 1723.

Cerio, Claretta: Mit Bedenken versetzt, München 1981.

Cerio, Claretta: Arietta di Capri. Erinnerungen an eine liebenswerte Insel, Wiesbaden 1981.

Cerio, Claretta: Ex libris. Incontri a Capri con uomini e libri, Capri 1999.

Cerio, Claretta: Nulla fluat … Ricordi capresi del passato prossimo e rimoto, Capri 2002.

Cerio, Claretta: Mein Capri, Hamburg 2010.

Cerio, Claretta: La sfinge pittrice. Lucy Flannigan, un mistero di Capri, Capri 2017.

Cerio, Edwin: La vita e la figura di un uomo: Ignazio Cerio, Roma 1921.

[Cerio, Edwin (a cura di)]: Il convegno del paesaggio, Napoli 1923 (Nachdruck Capri 1993).

Cerio, Edwin: L'ora di Capri, Capri 1950 (dt. Capri, ein kleines Welttheater im Mittelmeer, München 1954).

Ciano, Edda: La mia vita. Intervista di Domenico Olivieri, Milano 2001.

Conrad, Joseph: The Collected Letters, vol. III, Cambridge 1988.

Cooper, James Fenimore: Excursions in Italy, Paris 1838.

Coronelli, Vincenzo Maria: Isolario. Descrittione geografico-historica […] di tutte le isole, vol. I, Venezia 1696.
Corrà, Bruno / Marinetti, Filippo: L'isola dei baci. Romanzo erotico-sociale, Milano 1918.
Cuomo, Vincenzo: l'isola di Capri come stazione climatica, 1894.
Däubler, Theodor: Hymne an Italien, Leipzig 1919.
Douglas, Norman: Siren Land [1911], London 1983.
Douglas, Norman: Capri. Materials for a Description of the Island, Florenz 1930.
Douglas, Norman: Footnote on Capri, London 1952.
Duclos, Charles Pinot: Voyage en Italie ou considérations sur l'Italie, Paris 1791 [Reise 1767].
[Ebert, Adam:] Auli Apronii Reise-Beschreibung zu Villa Franca Der Chur-Brandenburg Durch […] gantz Italien …, Villa Franca [Frankfurt / Oder] 1723 [Reise 1680].
Eimer, Theodor: Zoologische Studien auf Capri, Würzburg 1873.
Emessen, T.R. (Hrsg.): Aus Görings Schreibtisch. Ein Dokumentenfund, Berlin 1947.
Esposito, Riccardo: Capri-Odio. Brevissimo manuale ad uso di chi vuol tentare inutilmente di cambiar religione, Capri 2004.
Ewers, Hanns Heinz: Mit meinen Augen. Fahrten durch die lateinische Welt, 2. Aufl., München 1923 [Aufenthalt 1902 / 03].
Fahrenhorst, Gerd (Hrsg.): Gästebuch der Villa Allers auf Capri 1892–1902. Auf Basis der handschriftlichen Eintragungen im Gästebuch des Hamburger Malers und Zeichners C.W. Allers. Privatdruck, 3. Aufl., Hannover 2011.
Feola, Giuseppe: Rapporto sullo stato attuale dei ruderi augusto-tiberiani nella Isola di Capri. Manoscritto inedito del 1830, Neapel 1894.
Fischer von Röslerstamm, Eduard: Fremdenbücher auf Capri. In: Mittheilungen für Autographensammler, Bd. II, Leipzig 1885, S. 30–34, 40–41, 47–49, 59–61 [Aufenthalt 1884 / 85].
Förster, Ernst: Handbuch für Reisende in Italien, 4. Aufl., mit einem Wegweiser für Leidende von Dr. Rudolph Wagner, München 1848.
Fontane, Theodor: Italienische Aufzeichnungen 1874 und 1875. In: Werke III, 3, 2, München 1997.
Friedlaender, Immanuel: Capri, Roma 1938.
Furchheim, Friedrich: Bibliographie der Insel Capri und der Sorrentiner Halbinsel sowie von Amalfi, Salerno und Paestum, Leipzig 1916.
Giraldi, Luigi: Descrizione dell'isola di Capri (1775). A cura di Peter Tigler, Neapel 1998.
Gorki, Maxim: Skazki ob Italii. Moskau 1923 (dt. Geschichten aus Italien, Leipzig 1968).
Gor'kij, Maksim: Sobranie sočinenij [Gesammelte Werke], vol. 29, Moskau 1955.
Greene, Graham: An Impossible Woman. The Memories of Dottoressa Moor of Capri, London 1975.
Greene, Graham: The Monster of Capri, Capri 1985.
Gregorovius, Ferdinand: Die Insel Capri, Idylle vom Mittelmeer, Leipzig 1880.
Grieg, Edvard: Dagbøker, Bergen 1993.
Groth, Klaus: Klaus Groth auf Capri.

Die Chronik einer Winterreise, hrsg. v. Joachim Hartig, Heide 1996 [Aufenthalt 1895/96].
Guida d'Italia: Napoli e dintorni, Mailand 2001.
Hadrawa, Norbert: Ragguagli di varii scavi e scoverte di antichità fatte nell'isola di Capri, Neapel 1793 (dt. Freundschaftliche Briefe über verschiedene auf der Insel Capri entdeckte und ausgegrabene Alterthümer, 1794).
Hagen, Friedrich Heinrich von der: Briefe in die Heimath aus Deutschland, der Schweiz und Italien, Bd. III, Breslau 1819.
Hatzfeld, Adolf von: Positano, Freiburg 1925.
Hauptmann, Gerhart: Die großen Beichten, Berlin 1966 [Aufenthalte 1883 und 1933].
Helwig, Werner: Capri, München 1960.
Helwig, Werner: Capri, magische Insel, Wiesbaden 1973, Neuauflage Frankfurt am Main 1979.
Herling, Gustaw: Die Insel, München 1994 [Polnische Originalausgabe 1960].
Heyse, Paul: Hochzeit auf Capri. In: P. Heyse: Geschichten aus Italien, Stuttgart 1896, S. 309–331 (= Gesammelte Werke, Bd. II).
Heyse, Paul: L'arrabbiata. In: P. Heyse: Italienische Novellen, Stuttgart 1853, S. 3–21 (= Gesammelte Werke, Bd. III).
Hoffmeister, Heinz: Von Capri nach Jerusalem, Berlin 1887.
Hüllweck, Karl: Italienische Impressionen, Berlin 1959 [Aufenthalt 1958].
James, Henry: Italian Hours, New York 1968 [Aufenthalt 1909].
Jean Paul: Werke in zwölf Bänden, hrsg. v. Norbert Miller, München 1975.
Jerome, Thomas Spencer: Roman Memoirs in the Landscape seen from Capri, London 1914.
Jerome, Thomas Spencer: Aspects of the Study of Roman History, New York und London 1923.
Justi, Carl: Briefe aus Italien, Bonn 1922 [Reise 1867–1869].
Kaden, Woldemar: Ein Novellenstoff von der Insel Capri. In: W. Kaden: Pompejanische Novellen und andere, Stuttgart 1882, S. 447–462.
Kantorowicz, Alfred: Gespenstergeschichten in Positano. In: Vossische Zeitung, 30. 1. 1927.
Kantorowicz, Alfred: Der Mantel aus Positano. In: A. Kantorowicz: Meine Kleider, Hamburg 1968, S. 21–23.
Kaschnitz, Marie-Luise: Engelsbrücke. Römische Betrachtungen, München 1975.
Keyßler, Johann Georg: Fortsetzung Neuester Reisen durch Teutschland, Böhmen, Ungarn, die Schweitz, Italien und Lothringen, Hannover 1742.
Klemm, Gustav: Reise durch Italien, Dresden und Leipzig 1839 [Reise 1838].
Kob, Konrad: Acht Wochen auf Capri, Berlin 1965 [Aufenthalt 1961].
Kopisch, August: Entdeckung der Blauen Grotte auf der Insel Capri, hrsg. v. Dieter Richter, Berlin 1997.
Kracauer, Siegfried: Felsenwahn in Positano [1925]. In: S. Kracauer: Straßen in Berlin und anderswo, Frankfurt am Main 1964, S. 57–66.
Kracauer, Siegfried: Werke, hrsg. v. I. Mülder-Bach u. I. Belke, Frankfurt am Main 2004ff.
La Capria, Raffaele: Capri e non più Capri, Milano 1991.
La Capria, Raffaele: L'occhio di Napoli, Milano 1994.

Lacis, Asja: Revolutionär im Beruf, hrsg. v. Hildegard Brenner, München 1971.

Lagerfeld, Karl: Casa Malaparte, Göttingen 1998.

Lehmann, Rudolf: Erinnerungen eines Künstlers, Berlin 1896 [Reise 1853].

Leone de Andreis, Marcella: Capri 1939, Roma 2002.

Lewis, Norman: Naples '44. An Intelligence Officer in the Italian Labyrinth, London 1978 (dt. Neapel '44. Ein Nachrichtenoffizier im italienischen Labyrinth, Wien 1996).

Löher, Franz: Sizilien und Neapel. Theil II: Neapel, München 1864.

Luxemburg, Rosa: Gesammelte Briefe, Bd. VI, hrsg. v. Annelies Laschitza, Berlin 1993.

Mackenzie, Compton: Vestal Fire, London 1985.

Mackenzie, Compton: My life and times, vol. IV, London 1965.

Mackowen, John: Capri. The Island Revisited. John Clay Mackowen's classic text with comprehensive new material, ed. by Anna M. Palombi Cataldi, Beaconsfield Publ., 2012 [Original Napoli 1884].

Macpherson, Kenneth: Omnes eodem cogimur. Some notes written following the death of Norman Douglas, Torino 1953.

Mahler-Werfel, Alma: Mein Leben, Frankfurt am Main 1960.

Mangoni, Rosario: Ricerche topografiche ed archeologiche sull'isola di Capri da servire di guida a' viaggiatori, Napoli 1834.

Mann, Monika: Vergangenes und Gegenwärtiges. Erinnerungen, Reinbek 2001.

Mann, Monika: Das fahrende Haus. Aus dem Leben einer Weltbürgerin, hrsg. v. Karin Andert, Reinbek 2007.

Maugham, William Somerset: The Complete Short Stories, vol. III, London 1951.

Mayer, Karl August: Neapel und die Neapolitaner. Briefe aus Neapel in die Heimat, 2 Bde., Oldenburg 1842 [Aufenthalt 1834].

Montesquieu, Charles-Louis de Secondat: Voyages, Paris 2003 [Reise 1729].

Munthe, Axel: The Story of San Michele, London 1929 (dt. Das Buch von San Michele, Leipzig 1931).

Negri, Ada: I canti dell'isola [1925], Milano 1954.

Neigebaur, Johann Daniel Ferdinand: Handbuch für Reisende in Italien, Leipzig 1826.

Nemeitz, Joachim Christoph: Nachlese besonderer Nachrichten von Italien, Leipzig 1726.

Neruda, Pablo: Las uvas y el viento, Barcelona 1976.

Nietzsche, Friedrich: Briefe, Bd. III, Berlin 1980.

Noelle, Elisabeth u.a. (Hrsg.): Jahrbuch der öffentlichen Meinung, Allensbach 1957.

Novalis: Werke, Tagebücher und Briefe, hrsg. v. Hans-Joachim Mähl u. Richard Samuel, München 1978.

Peyrefitte, Roger: L'exilé de Capri, Paris 1959 (dt. Exil auf Capri, Karlsruhe 1960).

Proelss, Johannes: Deutsch Capri in Kunst, Dichtung, Leben. Historischer Rückblick und poetische Blütenlese, Oldenburg und Leipzig [1901] [Capri-Aufenthalt 1889].

Recke, Elisa von der: Tagebuch einer Reise durch einen Theil Deutschlands und durch Italien in den Jahren 1804 bis 1806, Bd. III, Berlin 1815.

Reynolds-Ball, Eustace: Mediterranean Winter Resorts. A Complete and

Practical Handbook to the Principal Health and Pleasure Resorts on the Shores of the Mediterranean, vol. I, 7th ed., London 1914.

Richter, Dieter: Il colera a Napoli nel 1884 e la vita a Capri in quarantena. In: Conoscere Capri 5 (2007), S. 119–151.

Richter, Dieter (Hrsg.): Lettere da Capri. Descrizioni, appunti, riflessioni in epistolari originali dal 1826 al 2007, Capri 2012.

Rilke, Rainer Maria: Briefe aus den Jahren 1907 bis 1914, Leipzig 1933.

Ruocco-Bienengraeber, Jutta: Es begann auf Capri, Mannheim 2006.

Sarnelli, Pompeo: Die fünf Märchen vom Gastmahl in Neapel, Frankfurt 1988 (Original: Posileccheata, Napoli 1684).

Savinio, Alberto: Capri, Milano 1988 (dt. Capri, eine Reiseerzählung, Frankfurt am Main 2001).

Schoener, Reinhold: Capri. Natur, Volksthum, Geschichte und Alterthümer der Insel, Wien u. Leipzig 1892.

Settanni, Ettore: Miti, uomini e donne di Capri, Capri 1989.

Sohn-Rethel, Alfred: Das Ideal des Kaputten, hrsg. v. Carl Freytag, Bremen 2008.

Sper, A. [= Hans Rau]: Capri und die Homosexuellen. Eine psychologische Studie 2. Aufl., Berlin, 1903.

Spielhagen, Friedrich: Von Neapel bis Syrakus. Reiseskizzen, Leipzig 1878 [Reise 1873].

Spielhagen, Friedrich: Quisisana. Novelle, Leipzig 1880.

Stahr, Adolf: Ein Jahr in Italien, Bd. I, 3. Aufl., Oldenburg 1863, Bd. II, 2. Aufl., ebd. 1853 [Reise 1845/46].

Stahr, Adolf: Tiberius. Leben, Regierung, Charakter, 2. Aufl., Berlin 1873.

Starke, Mariana: Information and Directions for Travellers on the Continent, 6th ed., London 1828.

Statistica fisica ed economica dell'isola di Capri. In: Esercitazioni accademiche degli aspiranti naturalisti, vol. II/1, Napoli 1840.

[Stegmann, Karl Josef:] Fragmente über Italien aus dem Tagebuche eines jungen Deutschen, Bd. II, Tübingen 1798.

Stepanow, Giovanni: Die Macht der Töne. Gespräche. Erinnerungen an eine große Künstlerin 1914–1930, Frauenfeld 1954.

Stolberg, Leopold Graf zu: Reise in Deutschland, der Schweiz, Italien und Sicilien, Bd. II, Bern 1971 [Reise 1792].

Striehl, Georg (Hrsg.): Der Zeichner Christoph Heinrch Kniep. Landschaftsauffassung und Antikenrezeption, Hildesheim 1998.

Trower, Harold E.: The Book of Capri, 2th ed., Naples 1924.

Uexküll, Gudrun von: Jakob von Uexküll, seine Welt und seine Umwelt. Eine Biographie, Hamburg 1964.

Valtolina, Amelia: Rilke auf Capri. Gedichte, Tagebuchaufzeichnungen, Erzählungen, Gespräche, Capri 1999.

Verbena, Gino/Schettino, Giovanni: Caprile. Volto solare di Anacapri, Castellammare 2009.

Verdile, Nadia: Abbiamo perduto la bussola. Lettere da Capri di Ferdinando IV a Maria Carolina, Pisa 2010.

Vermehren, Isa: Reise durch den letzten Akt. Ein Bericht, Hamburg 1947.

Wagner, Cosima: Die Tagebücher, hrsg. v. Martin Gregor-Dellin, Bd.I, München 1976.

Waiblinger, Wilhelm: Werke und Briefe, hrsg. v. Hans Königer, 5 Bände, Stuttgart 1981ff.

Weber, August: La mia biografia. In: Almanacco Caprese 1 (1990), S. 13–29.

Weber, Giorgio: My life and Capri. In: Almanacco Caprese 7 (1994), S. 71–82 [Interview 1983].

Weichardt, Carl: Das Schloß des Tiberius und andere Römerbauten auf Capri, Leipzig 1900.

Werfel, Franz: Zwischen Oben und Unten. Prosa, Tagebücher, Aphorismen, Literarische Nachträge, München 1975.

Wilde, Oscar: The Letters, ed. by Rupert Hart Davis, London 1962.

Wyl, Wilhelm [d.i. Wilhelm von Wymetal]: Spaziergänge in Neapel, Sorrent, Pompeji, Capri, Amalfi, Paestum und im Museo Borbonico [1877], 3. Aufl., Zürich 1897 [Aufenthalt 1875].

Zacher, Albert: Assessor Assemacher in Italien. Freuden und Leiden eines rheinischen Jubiläumspilgers, Frankfurt 1902.

Zschalig, Heinrich: Die Märcheninsel. Märchen, Legenden und andere Volksdichtungen von Capri nach mündlichen Mitteilungen, Dresden 1925.

Mündliche Quellen

Für mündliche Mitteilungen unterschiedlicher Art und für Geleit im Capri-Kosmos danke ich:

Giuseppe Aprea, Capri
Claretta Cerio, Ambra
Roberto Ciuni, Capri (1933–2010)
Bianca Cuomo, Anacapri
Enzo Di Tucci, Capri
Francesco Durante, Anacapri
Renato Esposito, Capri
Riccardo Esposito, Capri
Sergio Gargiulo, Capri
Luciano Garofano, Capri
Pia Green, Neapel
Christiane Groeben, Neapel
Doris Heldmann, Capri
Carlo Knight, Capri
Raffaele La Capria, Rom
Teodoro Pagano, Capri (1893–1996)
Ursula Prause, Barßel
Jutta Ruocco-Bienengraeber, Capri (1926–2015)
Beniamino Sarnelli, Neapel (1925–1999)
Rita Sepe Sarnelli, Neapel
Giovanni Schettino, Anacapri
Stefanie Sonnentag, Capri
Hugo Staab, Frankfurt (1921–2013)
Michail Talalay, Neapel
Giovanni Tessitore, Anacapri (1929–2006)
Ausilia Veneruso, Capri

Literatur

Aldrich, Robert: The Seduction of the Mediterranean. Writing, Art and Homosexual Fantasy, London 1993.

Andert, Karin: Monika Mann. Eine Biographie, Hamburg 2010.

Aprea, Giuseppe: Villa Jovis. Il palazzo dell'imperatore Tiberio a Capri, Napoli 2012.

Aprea, Giuseppe: 'O Re, Capri 2012.

Basilico Pisaturo, Antonella: Pittori a Capri 1850–1950. Immagini, personaggi, documenti, Capri 1997.

Basilico Pisaturo, Antonella: Dionisio tra le isole. Hans Paule, un'artista ed il suo tempo, Capri 2004.

Billig, Volkmar: Inseln. Geschichte einer Faszination, Berlin 2010.

Boralevi, Antonella: Capri, Bologna 2001.

Brittnacher, Hans Richard (Hrsg.): Inseln, München 2017.

Cetti Serbelloni, Maura: Cinquant'anni di turismo a Capri. La sacralità dell'immagine e la profanazione del territorio, Bari 2003.

Cirillo, Teresa: Neruda a Capri. Sogno di un'isola, Capri 2001.

Ciuni, Roberto: I peccati di Capri, Roma 1998.

Ciuni, Roberto: La Piazzetta di Capri. Storia, protagonisti e stravaganze, Capri 2001.

Ciuni, Roberto: Stelle e strisce sui faraglioni. Gli americani a Capri (1943–1945), Capri 2005.

Ciuni, Roberto: Lettere al »Times« da Capri borbonica. Le corrispondenze di Henry Wreford che mutarono l'opinione politica d'Europa sul Regno delle Due Sicilie, Capri 2012.

Dawes, Barbara: La comunità inglese a Napoli nell' 800 e le sue istituzioni, Napoli 1988.

De Angelis Bertolotti, Romana: Capri, la natura e la storia, Roma 1990.

Di Tucci, Enzo: L'isola di Capri nel ducato di Amalfi (sec. IX–XII). Le origini della comunità, Capri 2008.

Di Tucci, Enzo: L'isola di Capri nell'età normanno-sveva (XII–XIII secolo). In: Almanacco Caprese 15 (2015), S. 7–70.

Durante, Francesco: Il richiamo azzurro. Storia letteraria dell'isola di Capri, Capri 2000.

Enzensberger, Hans Magnus: Hammerstein oder Der Eigensinn. Eine deutsche Geschichte, Frankfurt am Main 2009.

Esposito, Fausto: Pudore caprese. Cinque casi giudiziari a Capri, Capri 1995.

Esposito, Fausto: I misteri di Villa Lysis. Testamento e morte di Jacques Fersen, Capri 1996.

Esposito, Riccardo: Delle isole, dell'isola. Manuale teorico-pratico da servire al navigante, Capri 2006.

Fiorani, Tito: Le case raccontano. Storie e passioni nelle dimore del mito a Capri, Capri 2002.

Franciscis, Alfonso de: Le statue della Grotta Azzurra nell'isola di Capri, Capri 1964.

Frenzel, Elisabeth: Stoffe der Weltliteratur, Stuttgart 1998.

Futurismo e Meridione. Ausstellungskatalog, Napoli 1996.

Gazda, Elaine K.: In pursuit of Antiquity: Thomas Spencer Jerome and the Bay of Naples 1899–1914. Ausstellungskatalog, Ann Arbor 1983.

Giannico, Gianluca: Investimenti nella ricettività alberghiera nel sud Italia: dai primi albergatori di Capri all'arrivo dei »milanesi«. In: Annunziata Berrino (Hrsg.): Storia del turismo, Annale 2005, Milano 2007, S. 35–51.

Groeben, Christiane: Alfred Krupp, Anton Dohrn und Salvatore Lo Bianco. Pelagische Tiefseekampagnen um Capri 1900–1902. In: Verhandlungen zur Geschichte und Theorie der Biologie 13 (2007), S. 187–200.

Hausmann, Michael: Die Leserlenkung durch Tacitus in den Tiberius- und Claudiusbüchern der Annalen, Berlin/New York 2009.

Hazzard, Shirley: Greene on Capri. A Memoir, New York 2000.

Holloway, Mark: Norman Douglas. A Biography, London 1976.

Jangfeldt, Bengt: En osalig ande. Berättelsen om Axel Munthe, Stockholm 2003 (engl. The Road to San Michele, London 2008).

Jenkins, Ian/Sloan, Kim: Vases and Volcanoes. Sir William Hamilton and his Collecion, London 1996.

Kawamura, Ewa: Alberghi storici dell'isola di Capri. Una storia dell' ospitalità tra Ottocento e Novecento, Capri 2005.

Kesel, Humbert: Capri. Biographie einer Insel [1971], München 1983.

Kittelmann, Udo/Verwiebe, Birgit (Hrsg.): August Kopisch. Maler, Dichter, Entdecker, Erfinder. Ausstellungskatalog, Berlin 2016.

Knigge, Jobst: Edwin Cerios Capri. Ein kleines Welttheater im Mittelmeer. Ein Beitrag zur Kulturgeschichte Capris, Berlin (epubli) 2017.

Knight, Carlo: Sir Nathaniel Thorold, primo residente straniero di Capri. In: Almanacco Caprese 7 (1994), S. 1–38.

Knight, Carlo: Die Capri-Utopie von Krupp, Capri 2002.

Knight, Carlo: L'avvocato di Tiberio. La tormentata esistenza e la quasi tragica morte di Thomas Spencer Jerome, Capri 2004.

Knight, Carlo: Le memorie postume di Lord Grantley (1831–1877), Capri 2006.

Kort, Pamela/Hollein, Max (Hrsg.): Künstler und Propheten. Eine geheime Geschichte der Moderne 1872–1972, Köln 2015.

Krause, Clemens: Villa Jovis. Die Residenz des Tiberius auf Capri, Mainz 2003.

Lembo, Attilio: Capri nel 1800. Popolazione e toponomastica, Capri 1990.

Lembo, Luigi: Capri 1656. L'anno della peste, Capri 2004.

Leone de Andreis, Marcella: Capri 1939, Roma 2002.

Machtan, Lothar: Prinz Max von Baden, der letzte Kanzler des Kaisers. Eine Biographie, Berlin 2013.

Maiuri, Amedeo: Capri. Its history and its monuments, Roma 1987.

May, Markus: Capri – Irdisches Paradies und Friedhof der Zivilisation. Literarische Reflexe von Goethe bis Stadler. In: H. R. Brittnacher (Hrsg.): Inseln, München 2017, S. 161–179.

Melino, Carmine/Garofano, Anna Maria: Il caprese Gennaro Arcucci e la Scuola Medica Napoletana nella rivoluzione di Napoli del 1799, Roma 2010.

Mittelmeier, Martin: Adorno in Neapel. Wie sich eine Sehnsuchtslandschaft in Philosophie verwandelt, München 2013.

Money, James: Capri. Island of Pleasure, London 1986.

Noering, Dietmar: Edwin Cerio oder Der Gesang der Sirenen. In: Die Horen 1986, S. 119–127.

Norway, Arthur H.: Naples. Past and Present 6. Aufl., London, 1924.

Piscopo, Ugo: Capri futurista, Napoli 2001.

Prause, Ursula: Werner Helwig. Eine nachgetragene Autobiographie, Bremen 2014.

Radkau, Joachim: Die Ära der Ökologie. Eine Weltgeschichte, München 2011.

Reise ins unterirdische Italien. Grotten und Höhlen in der Goethezeit. Ausstellungskatalog, Frankfurt am Main 2002.

Richardi, Hans-Günter: SS-Geiseln in der Alpenfestung. Die Verschleppung prominenter KZ-Häftlinge aus Deutschland nach Südtirol, Bozen 2005.

Richter, Dieter: Il giardino della memoria. Il Cimitero acattolico di Capri. Storia di un luogo, Capri 1996. 2., erw. Aufl. 2015.

Richter, Dieter (Hrsg.): Das Gotteshaus an der Via Tragara. 100 Jahre Deutsche Evangelische Kirche auf Capri, Capri 2000.

Richter, Dieter / Romito, Matilde: Stefan Andres und Positano. Ein Schriftsteller und Künstler »am Rande der Welt«. Ausstellungskatalog, Salerno 2000.

Richter, Dieter: Un gatto, un kater, un caffè. In: Donna Lucia Morgano e lo Zum Kater Hiddigeigei, Capri 2002., S. 48–65

Richter, Dieter: Norman Douglas, Tod auf Capri. In: Norman Douglas-Symposium II, Bregenz 2002, S. 74–83.

Richter, Dieter: Jean Paul und Italien, Joditz 2002.

Richter, Dieter: Neapel. Biographie einer Stadt, Berlin 2005.

Richter, Dieter: Der Vesuv. Geschichte eines Berges, Berlin 2007.

Richter, Dieter: Verborgene Spuren einer Reise. Hans Christian Andersens Autographen im Gästebuch des Hotels »Pagano« auf der Insel Capri. In: Anderseniana, (Odense) 2007, S. 37–48.

Richter, Dieter: Friedrich Alfred Krupp auf Capri. Ein Skandal und seine Geschichte. In: Michael Epkenhans / Ralf Stremmel (Hrsg.): Friedrich Alfred Krupp, ein Unternehmer im Kaiserreich, München 2010, S. 157–177.

Richter, Dieter: Das Meer. Geschichte der ältesten Landschaft, Berlin 2014.

Richter, Dieter: Irrespective of Race or Religion. Heterodoxe Friedhöfe in Italien. In: Alexander Berner u.a. (Hrsg.): Das Mittelmeer und der Tod. Mediterrane Mobilität und Sepulkralkultur, Paderborn 2016, S. 210–221.

Rietzschel, Thomas: Theodor Däubler. Eine Collage seiner Biographie, Leipzig 1988.

Sandomenico, Ciro: Leggere Capri. Bibliografia dell'isola di Capri, Capri 1993.

Secrest, Meryle: Between Me and Life. A Biography of Romaine Brooks, New York 1976.

Sesterhenn, Raimund: Das Bogo stroi tel'stvo bei Gor'kij und Lunačarskij bis 1909. Zur ideologischen und literarischen Vorgeschichte der

Parteischule von Capri, München 1982.
Setz, Wolfram (Hrsg.): Jacques d'Adelswärd-Fersen. Dandy und Poet, Hamburg 2005.
Setz, Wolfram: Oscar Wilde u. Co. Historisch-literarische Spurensicherungen, Hamburg 2016.
Sonnentag, Stefanie: Spaziergänge durch das literarische Capri und Neapel, Zürich/Hamburg 2003.
Spode, Hasso: Die paneuropäische Touristenklasse. Zum Potential der historischen Tourismusforschung. In: R. Hohls (Hrsg.): Europa und die Europäer, Stuttgart 2005, S. 75–83.
Steinfeld, Thomas: Der Arzt von San Michele. Axel Munthe und die Kunst, dem Leben einen Sinn zu geben, München 2007.
Strada, Vittorio: L'altra rivoluzione. Gor'kij, Lunacarskij, Bogdanov. La »Scuola di Capri« e la »Costruzione di Dio«, Capri 1994.
Tafuri, Antonia/De Martino, Roberta: Diefenbach e Capri, Napoli 2013.
Talalay, Michail: Capri in russo. In: »Conoscere Capri« 3 (2005), S. 165–174.
Talalay, Michail: Forestieri dell'Est a Capri. Testimonianze malinconiche. In: M. Böhmig (Hrsg.): Capri mito e realtà nelle culture dell' Europa centrale e orientale, Salerno 2005, S. 329–346.
Talalay, Michail (Hrsg.): Uno scrittore »amaro« nel paese »dolce«. Maksim Gor'kij fra Capri, Sorrento e Mosca, Capri 2006.
Tamborra, Angelo: Esuli russi in Italia dal 1905 al 1917, Roma 1977 (2. Aufl. Soveria Mannelli 2002).
Vergine, Lea (Hrsg.): Capri 1905–1940. Frammenti postumi, Capri 1993.
Voigt, Klaus: Zuflucht auf Widerruf. Exil in Italien 1933–1945, 2 Bände, Stuttgart 1989.
Wagner, Claudia: Der Künstler Karl Wilhelm Diefenbach. Meister und Mission. Mit einem Werkkatalog aller bekannten Ölgemälde, Berlin 2007.

Abgekürzt zitierte Zeitschriften

AC – Almanacco Caprese. Capri (Edizione La Conchiglia) 1 (1990)ff.
GdC – Il Gabbiano di Capri/Die Möwe von Capri, Nr. 1 (1986) bis Nr. 11 (1991) hrsg. von Klaus Kindler und Susanne Sürie-Kindler, Dürnzhausen; Nr. 12 (1992) bis Nr. 39 (2005) hrsg. von Hugo Staab, Frankfurt; Nr. 40 (2005) bis Nr. 57 (2014) hrsg. von Ulrich Schuch, Mannheim.
CC – Conoscere Capri. Studi e materiali per la storia di Capri. A cura di Marco Amitrano, Eduardo Federico e Carmelina Fiorentino. Capri (Associazione Oebalus) 1 (2003)ff.
CR – Capri Review. Cultura, turismo, attualità e lifestyle dell'isola di Capri. Rom (PRC) 1 (1994)ff.

Bildnachweis

S. 8: Rosario Mangoni, Ricerche topografiche ed archeologiche sull'isola di Capri, Napoli 1834; S. 14, 16, 22, 28, 50, 80, 88, 93, 101, 107, 117, 133, 158, 164u., 169: Foto Dieter Richter; S. 25: C. W. Allers, Capri, München 1892; S. 31, 56, 57, 77, 84, 96, 100, 111, 121, 128, 138, 142, 148, 150, 163: Sammlung Dieter Richter; S. 37: Künstleralbum Café »Zum Kater Hiddigeigei«; S. 40: Carl Weichardt, Das Schloß des Tiberius und andere Römerbauten auf Capri, Leipzig 1900; S. 42: Musei Vaticani, Rom; S. 47: Clemens Krause, Villa Jovis, Mainz 2003; S. 65: Bianca Cuomo, Anacapri; S. 67: Lumenphoto Frankfurt (Karlheinz Oswald); S. 68: Wikicommons; S. 86: August Kopisch. Ausstellungskatalog Berlin (Alte Nationalgalerie) 2016; S. 112: Foto Herbert List © Herbert List / Herbert List Estate / Agentur Focus; S. 122: Künstler und Propheten. Eine geheime Geschichte der Moderne. Ausstellungskatalog Frankfurt am Main (Schirn-Kunsthalle) 2015; S. 124: Foto Willy Kluck. Nachlass Werner Helwig (Ursula Prause, Barßel); S. 125: Foto Felix Benedikt Blatter (Sammlung D. Richter); S. 144, 164 o.: Centro Documentale dell'Isola di Capri; S. 154: Hotel La Reginella, Capri; S. 164 u.: © VG Bild-Kunst, Bonn 2018.

Dieter Richter bei Wagenbach

Das Meer

Geschichte der ältesten Landschaft

Das Meer ist die größte Region der Erde. Fast drei Viertel der Oberfläche des wasserblauen Planeten sind davon bedeckt. Die marinen Lebensräume umfassen sogar das Vierzehnfache der terrestrischen. Gleichzeitig ist das Meer die unbekannteste Region; vor allem seine Tiefenschichten bergen noch immer die größten Geheimnisse. Mit dem Meer ist die Geschichte fast aller Kulturen der Erde eng verbunden. Eine reich bebilderte Kulturgeschichte!

Gebunden mit aufgeklebtem Schildchen. 240 Seiten mit vielen Abbildungen

Der Süden

Geschichte einer Himmelsrichtung

Vom Süden in der antiken Welt zur Capri-Sonne der 1950er Jahre, von der Entdeckung der Südseeinsel Tahiti bis zur heutigen Sehnsucht nach Strand, Palmen und blauem Meer: Der Süden leuchtet! Dorthin zeigt die Kompassnadel des Glücks.

Leinen mit Prägung und aufgeklebtem Schildchen. 208 Seiten mit vielen Abbildungen

Neapel

Biographie einer Stadt

Eine umfassende Kulturgeschichte Neapels von den vorchristlichen Anfängen über die »Grand Tour« bis heute. Leicht fasslich, mit vielen Neuentdeckungen und sogar: konkurrenzlos!

WAT 509. Broschiert. 304 Seiten mit vielen Abbildungen

Goethe in Neapel

An der dauernden Italiensehnsucht der Deutschen hat Goethes Italienische Reise großen Anteil. In Neapel kulminieren Glücksgefühl und Befremden des fahrenden Nordmenschen. Dieter Richter begibt sich – gewohnt kenntnisreich – auf eine höchst unterhaltsame Spurensuche.

SVLTO. Rotes Leinen. Fadengeheftet. 144 Seiten

Noch mehr Italien bei Wagenbach

Klaus Wagenbach Mein Italien kreuz und quer

Klaus Wagenbach macht eine vielseitige Liebeserklärung an Italien: Autorinnen und Autoren erzählen von ihrem Land, seinen Städten und Landschaften, Gebräuchen und Eigenheiten und immer wieder von seinen Bewohnern.

Aktualisierte und erweiterte Ausgabe letzter Hand
WAT 827. Broschiert. 400 Seiten

Tiziano Scarpa Venedig ist ein Fisch

Tiziano Scarpa führt durch seine Heimatstadt und lässt uns Venedigs Stadt- und unsere Körperteile auf ungeahnte Art entdecken – ein ungewöhnlicher Reisebegleiter.

Erweiterte Neuausgabe
WAT 871. Broschiert. 160 Seiten

Alice Vollenweider Italiens Provinzen und ihre Küche

Eine Reise und 88 Rezepte

Eine Reise durch Italien und seine höchst verschiedenen regionalen Küchen mit vielen Rezepten und anderen nützlichen Hinweisen auf Leute, Orte, Unterhaltungen. Von einer großen Kennerin der heutigen italienischen Schriftsteller und Kochtöpfe.

SVLTO. Rotes Leinen. Fadengeheftet. 160 Seiten mit vielen Abbildungen